本书为国家社会科学基金重大项目"文明形态变革的哲学理念创新"（18ZDA015）、
文化名家暨"四个一批"人才自主选题资助项目
"构建当代中国马克思主义哲学学术体系研究"的阶段性研究性成果

The Idea of Dialectics

辩证法的观念

王庆丰 著

吉林大学出版社
·长春·

图书在版编目（CIP）数据

辩证法的观念 / 王庆丰著. — 长春 : 吉林大学出版社, 2020.12
ISBN 978-7-5692-7335-9

Ⅰ. ①辩… Ⅱ. ①王… Ⅲ. ①唯物辩证法 – 研究 Ⅳ. ①B024

中国版本图书馆CIP数据核字(2020)第201404号

书　　名：辩证法的观念
BIANZHENGFA DE GUANNIAN

作　　者：王庆丰　著
策划编辑：代景丽
责任编辑：代景丽
责任校对：刘　丹
装帧设计：刘　瑜
出版发行：吉林大学出版社
社　　址：长春市人民大街4059号
邮政编码：130021
发行电话：0431–89580028/29/21
网　　址：http://www.jlup.com.cn
电子邮箱：jdcbs@jlu.edu.cn
印　　刷：吉广控股有限公司
开　　本：787mm×1092mm　　1/16
印　　张：19.5
字　　数：320千字
版　　次：2020年12月　第1版
印　　次：2022年8月　第2次
书　　号：ISBN 978-7-5692-7335-9
定　　价：168.00元

目　录

下篇　辩证法的哲学观

导言　辩证法研究的理论自觉

辩证法这一概念歧义丛生，人们对辩证法的讨论往往众说纷纭、莫衷一是。辩证法"作为一个哲学术语，没有一个共同的意义，在哲学史上不同的哲学家使用它时给予不同的意义"。① 在讲坛哲学中，辩证法这个概念及其公式化了的理论内容早已为人们所耳熟能详，辩证法理论开始逐渐被抽象化和教条化，成为人们随意卖弄的语录词汇和任意套用的刻板公式。今天说东，明天就变成了西，不论说东或者改口说西，真理总在他们那一边，他们也总能从辩证法的原理中找到根据。辩证法与诡辩论之间不过毫厘之差，辩证法的声誉就是在这样任意"玩弄"中给败坏的。相对于讲坛哲学这种一成不变的现状，在论坛哲学领域，学界关于辩证法理论的研究却各异其是、众说纷纭。人们总是在不同的，甚至截然相反的意义上使用辩证法概念，就连在谈论同一个哲学家的辩证法思想时亦是如此。② 这种研究状况由来已久，在某种意义上，我们可以认为辩证法理论的研究现状混乱不堪。究竟什么是辩证法？这个最基本的问题依旧处于晦暗不明之中。

我们都是在何种意义上谈论或使用辩证法这一概念呢？我们又如何能够正确地研究和运用辩证法这一理论呢？要想廓清辩证法研究的理论地平，这就需要对"辩证法""辩证思维""辩证观"这样一些基本概念进行澄清，在此基础上才能辨析出我们究竟是在何种意义上使用辩证法这一概念，从而达到一种辩证法研究的理论自觉。

---

① 陈康. 论希腊哲学 [M]. 北京：商务印书馆，1990：193.

② 这种情况非常普遍，不仅国内如此，国外亦是如此。就连辩证法大师黑格尔在谈论亚里士多德的辩证法时，他所谓的亚里士多德辩证法和亚里士多德自己所谓的辩证法也不一样。

一、辩证法

毋庸置疑，辩证法是古希腊人的发明，是"希腊理性和城邦的女儿"。城邦是古代希腊独特的政治体制，也是古希腊文明区别于其他古代文明的重要标志。城邦制度最显著的特征就是独立的主权在民与直接民主制度。城邦的政治主权属于公民，公民们直接参与城邦的治理，而不是通过选举代表，组成议会或代表大会来治理国家。雅典的直接民主是通过公民大会的形式来实现的。全体公民都要出席"公民大会"，通过公民大会来解决城邦的一切重大事件。公民大会是通过辩论和商谈的形式来最终决定城邦的一切公共事务，其中辩谈的形式主要有两种，即辩证法和修辞术。其中辩证法被认为是对逻各斯的正确地使用，是一种必然性的推论。这样，古希腊人就把政治的决断转化为一种知识论判断。可见，正是城邦这种独特的政治形式导致了辩证法的产生。但是，究竟谁是辩证法的真正创始人，这又是一个无定论之事。赫拉克利特、巴门尼德、芝诺、苏格拉底、柏拉图都被看作辩证法的开创者。对辩证法起源的不同理解，其实际上植根于对辩证法本身的不同理解。

我们把苏格拉底的辩证法称之为"对话辩证法"。辩证法"dialectics"中的"dia"在希腊文中原是"分开"和"通过"的意思，"lek"就是说话，可见"dialectics"就是分开说话、通过说话，简而言之，辩证法本身就有"对话"的意思。但真正的辩证法决不是孤独的思想家同他本人的对话，而是"我"和"你"的对话。思想家同他本人的对话是理性独白，而"我"和"你"的对话才是真正的对话。辩证法的对话并不是一种随意的交谈，而是带有论辩的味道。因而辩证法并不是平心静气地交流感想和观点，更不是阿谀奉承，辩证法是具有竞争性的交谈技艺。毫无疑问，辩证法首先是一种竞争性的交谈技艺，但是如果仅仅将其看作交谈技艺的话，辩证法必将沦为"修辞术"。其实，这种论辩或者竞争性的交谈与真理具有本质相关性，更确切地说，辩证法以真理为目的。

因此，苏格拉底的对话就是各种意见的竞赛，真理就是在众多意见中脱颖而出的"意见"。苏格拉底的辩证法通过交谈使交谈参与者的生活习惯、信念、原则、追求被卷入推敲和检验当中。辩证法就像个理性的法庭，每个人都要在其中为自己的生活方式、价值观念和政治主张进行辩护。一般说来，生活的规定包括思维方式、价值观念和发展愿景其实都由习惯所生成，是一个松散的聚集，如果不作彻底的检讨，人人都能凭借自己的生活阅历来谈论公共事务的决断并且俨然成理。因此，苏格拉底的谈伴通常在开始时都不觉得事情是如何严重，都率尔开口，有的甚至还能长篇大论一番。因为任何人都可以基于自己的阅历和经验对生活的根据和意义表达自己的见解。可是，苏格拉底就因为这样的"对话"辩证法而被鸩杀，这又是为什么呢？

苏格拉底的对话辩证法是哲学自由本性的体现。在对话中，双方的地位是平等的，对话的目的是为了获得普遍性的真理。苏格拉底首先打破对话人原有的知识观念，让其自知其无知，但最后并不给出一个确定无疑的答案。苏格拉底反对原有的独断与教条，但难能可贵的是苏格拉底并没有把对话人引向更大的独断和教条，而是引向了更高的迷茫，引入了"思"的境域。这对于雅典人（尤其是其中的统治者）来说当然是无法容忍的，因为苏格拉底这只"牛虻"促使人们去反思他们原有的价值观念与道德标准，更确切地说，反省他们的城邦制度与宗教信仰。所以，在古希腊城邦的公民看来，苏格拉底的不安分是那样可恶至极、不可原谅，苏格拉底被雅典人不依不饶地用鸩酒毒杀也就在情理之中了。可以说，苏格拉底是第一个为哲学的自由本性殉道的人。

柏拉图记录苏格拉底这些谈话，并非教导人们某些固定的道理，而是揭示矛盾——并非解释感觉世界的矛盾，而是揭示道理上的矛盾，以及理性的矛盾。长期以来，学者们为柏拉图的对话之缺乏明确正面答案而大伤脑筋，他们并没有意识到苏格拉底对话的真实的意义所在。苏格拉底运用这种方法所得到的结果首先是形式的，也就是说，谈话使人们相信，虽然他们自以为对这些事情如此熟悉，却是现在才开始意识到：我们所知道的东西是彼此相互矛盾的。"这就使人们的意识混乱起来，对先前习以为常的观念发生了动摇，人们陷入困惑从而催生了努力求知的渴望。柏拉图的多数对话，对于所提问题，以诘难的方式展开讨论，不少辩论，逻辑相当严谨，引人入胜。诘难的目的，企求达到一个一致同一的结论，为所设定的概念，给出一个正反双方都能接受的"定义"；但往往以"失败"而告终，不了了之。

"柏拉图求形而上学知识的辩证法与苏格拉底教训道德的辩证法并非根本反对，亦非各不相干，而前者乃是后者的必然的发展。盖苏氏的辩证法偏重于'破执'，破除矛盾，使人自知其无知。而柏氏的辩证法，则注重由破执进而'显真'，显示矛盾的统一，绝对的真如。"[1]苏格拉底的辩证法侧重于"破"，而柏拉图的辩证法则侧重于"立"，二者之间并无根本上的对立。与苏格拉底把辩证法称为"真理的催生术"一样，柏拉图也把辩证法直接同"第一原理""纯实在"等关联起来。"辩证法是唯一的这种研究方法，能够不用假设而一直上升到第一原理本身，以便在那里找到可靠根据的。"[2]辩证法成为不依靠假设，而自求坚实基础的科学。此门科学打开灵魂之眼，使之向上望。因此柏拉图强调，当灵魂的眼睛真的陷入了无知的泥沼时，辩证法能轻轻地把它拉出来。每一个能正确论证每一事物的真实存在的人应该把他叫作"辩证法家"。辩证法就是"能不用眼睛和其它的感官，跟随着真理达到纯实在本身"。[3]柏拉图明确把只用推理而不要任何感觉以求达到每个事物本身的思想进程叫作辩证法。更简洁地说，辩证法就是认识真理的逻辑进程。

黑格尔之所以称柏拉图为古代世界的辩证法大师，就在于他认为柏拉图把握住了辩证法的理论本性及其根本任务。黑格尔明确地把哲学定义为"关于真理的科学"。在《小逻辑》中，黑格尔明确指出，"真理的王国是哲学

---

① 贺麟. 贺麟选集[M]. 长春: 吉林人民出版社, 2005: 85.

② 柏拉图. 理想国[M]. 郭斌和, 张竹明, 译. 北京: 商务印书馆, 1986: 300.

③ 柏拉图. 理想国[M]. 郭斌和, 张竹明, 译. 北京: 商务印书馆, 1986: 306.

所最熟习的领域，也是哲学所缔造的，通过哲学的研究，我们是可以分享的。凡生活中真实的伟大的神圣的事物，其所以真实、伟大、神圣，均由于理念。哲学的目的就在于掌握理念的普遍性和真形相。"①通过这一段话，我们可以清晰地看到柏拉图和黑格尔之间的本质性关联。换句话说，黑格尔就是一个彻头彻尾的柏拉图主义者。无论是柏拉图还是黑格尔，其哲学的目的都是认识和掌握普遍性的理念，即真理，其通达真理的方法都是辩证法。"哲学的最高目的就在于确认思想与经验的一致，并达到自觉的理性与存在于事物中的理性的和解，亦即达到理性与现实的和解。"②如果说柏拉图只是把辩证法定义为认识真理的逻辑进程，但他也仅仅是指明了辩证法的这一使命，其具体的逻辑进程却是被黑格尔的哲学揭示出来的。

二、辩证思维

黑格尔认为，哲学是关于事物的思维着的考察，而哲学之所以能承载这样的使命，则在于"哲学乃是一种特殊的思维方式，——在这种方式中，思维成为认识，成为把握对象的概念式的认识"。③黑格尔也把这种概念思维称之为"思辨的思维方式"。真正的哲学思想亦即达到真正必然性的知识的反思，就是思辨的思维，亦即真正的哲学思维。这种思辨思维所特有的普遍形式，就是概念。

黑格尔由此批判地分析和考察了"表象思维""形式思维"与"思辨思维"三种思维方式。黑格尔指出："表象思维的习惯可以称为一种物质的思维，一种偶然的意识，它完全沉浸在材料里，因而很难从物质里将它自身摆脱出来而同时还能独立存在。与此相反，另一种思维，即形式推理，乃以脱离内容为自由，并以超出内容而骄傲；而在这里，真正值得骄傲的是努力

---

① 黑格尔. 小逻辑 [M]. 贺麟, 译. 北京: 商务印书馆, 1980: 35.

② 黑格尔. 小逻辑 [M]. 贺麟, 译. 北京: 商务印书馆, 1980: 43.

③ 黑格尔. 小逻辑 [M]. 贺麟, 译. 北京: 商务印书馆, 1980: 38.

放弃这种自由，不要成为任意调动内容的原则，而把这种自由沉入于内容，让内容按照它自己的本性，即按照它自己的自身而自行运动，并从而考察这种运动。"①也就是说，"表象思维"陷入"各个环节的必然性"中根本无法实现"全体的自由性"；与此相反，第二种思维方式"形式推理"，"乃是以脱离内容为自由，并以超出内容而骄傲"。这种思维方式的问题则在于"全体的自由性"离开了它的根基即"各个环节的必然性"。由此，黑格尔提出了哲学层次的思维方式——思辨思维，这正是黑格尔本人所倡导的思维方式。由辩证法而派生出来的辩证思维要求同一思维主体内在的各种视角和思路的互相碰撞与完善，它超越了以经验直观性为特点的感性思维，也超越了以肯定态度和确定性概念为特点的知性思维。在黑格尔哲学的意义上，它是一种必须把自由沉入内容——让内容按照它自己的本性而自行运动的思维方式，是在否定中包含肯定、在有限中包含无限的概念的辩证运动。

黑格尔是最早系统批判知性思维方式的哲学家。在黑格尔看来，知性思维也就是形式逻辑思维，也就是实证科学中运用的思维方法。黑格尔对知性逻辑的批判主要体现在以下三个方面：一是知性逻辑的形式性。它使思维脱离具体的思想内容，而作单纯的形式推演，这就避免不了形式推理的主观任意性。二是知性逻辑的抽象性。知性逻辑通过外在的比较从对象中抽取出共同之点，并使共同点脱离对象内容而成为经验归纳和科学概括的知识，这种知识是一种抽象的普遍性。三是知性逻辑的外在性。主体与客体的二元对立是知性逻辑的前提，它把知识或科学看作主体站在客体之外的观察、控制和整理，进而也把客体对象看作外在的，从而可以进行比较、编排的东西。思辨思维必须克服知性思维的缺陷，超越知性思维方式，才能真正实现"理性与现实的和解"。

在近代哲学中，理性的内在矛盾问题被康德以二律背反的方式提了出来。在康德看来，理性一旦进行形而上学使用的话，就会超出自己的边界，陷入"二律背反"。"康德这种思想认为知性的范畴所引起的理性世界的矛

---

① 黑格尔.精神现象学：上卷[M].贺麟，王玖兴，译.北京：商务印书馆，1979：45.

盾，乃是本质的，并且是必然的，这必须认为是近代哲学界一个最重要的和最深刻的一种进步。"①虽然康德理性矛盾说在破除知性形而上学的僵硬独断，指引到思维的辩证运动的方向而论，是一个很重要的推进。但康德却停留在物自体不可知的消极后果里，而没有看到理性矛盾所具有的真正积极的意义。黑格尔认为，康德对于理性的矛盾缺乏更深刻的研究，所以它只列举了四种矛盾，但"不仅可以在那四个特别从宇宙论中提出来的对象里发现矛盾，而且可以在一切种类的对象中，在一切的表象、概念和理念中发现矛盾。认识矛盾并且认识对象的这种矛盾特性就是哲学思考的本质。这种矛盾的性质构成我们后来将要指明的逻辑思维的辩证的环节（das dialektische Moment）。"②

知性的范畴是属于有限的范围，并使人确信，在这些范畴内活动的知识没有达到真理。知性范畴的有限性却并不由于其主观性，而是由于其本身性质，即可从其本身指出其有限性。知性式的思维将每一有限的抽象概念当作本身自存和存在着的东西。"不过由知性所建立的普遍性乃是一种抽象的普遍性，这种普遍性与特殊性坚持地对立着，致使其自身同时也成为一特殊的东西了。知性对于它的对象既持分离和抽象的态度，因而它就是直接的直观和感觉的反面，而直接的直观和感觉只涉及具体的内容，而且始终停留在具体性里。"③黑格尔用辩证法的整体性原则、发展原则消解知性逻辑的僵死性、凝固性，事物的自身发展、自我否定、自己运动成为辩证法的核心，全体的自由性和各个环节的必然性的统一是黑格尔逻辑学体系的构建原则。

"辩证法却是一种内在的超越，由于这种内在的超越过程，知性概念的片面性和局限性的本来面目，即知性概念的自身否定性就表述出来了。凡有限之物莫不扬弃自身。因此，辩证法构成科学进展的推动的灵魂。只有通过辩证法原则，科学内容才达到内在联系和必然性，并且只有在辩证法里，

---

① 黑格尔. 小逻辑 [M]. 贺麟，译. 北京：商务印书馆，1980：131.

② 黑格尔. 小逻辑 [M]. 贺麟，译. 北京：商务印书馆，1980：132.

③ 黑格尔. 小逻辑 [M]. 贺麟，译. 北京：商务印书馆，1980：172–173.

一般才包含有真实的超出有限，而不只是外在的超出有限。"①在辩证的阶段，这些有限的规定扬弃它们自身，并且过渡到它们的反面。思辨的阶段或肯定理性的阶段在对立的规定中认识到它们的统一，或在对立双方的分解和过渡中，认识到它们所包含的肯定。绝对理念由于在自身内没有过渡，也没有前提，一般地说，由于没有不是流通的和透明的规定性，因此它本身就是概念的纯形式，这纯形式直观它的内容，作为它自己本身。它自己本身就是内容，这个内容就是逻辑体系。

辩证法尤其是黑格尔的辩证之所以被发明，是为了消解思想与物自体之间存在的不可逾越的鸿沟，否则就无法真正地实现思维的客观性。"辩证法是事物本身固有的、真正的本质，不是一种外在于事物的艺术。……哲学家的思想是辩证的，因为这种思想反映（揭示）辩证的实在事物。"②黑格尔自己也说，他的方法就是对事物自身运动过程的反映。"从这个方法与其对象和内容并无不同看来，这一点是自明的；——因为这正是内容本身，正是内容在自身所具有的、推动内容前进的辩证法。显然，没有一种可以算作科学的阐述而不遵循这种方法的过程，不适合它的单纯的节奏的，因为它就是事物本身的过程。"③正是在这个意义上，辩证逻辑克服了知性逻辑的弊端。黑格尔强调辩证逻辑应该让思想沉入内容之中，按照事物固有的节奏去运动，把主观逻辑与客观逻辑统一起来。黑格尔强调真正的普遍性是具体的，而知性逻辑的普遍性仅仅是抽象的共同之点。知性逻辑把各种知识看作相互隔绝的，至多只能寻求到一些外在的共同点。辩证逻辑认为普遍性逻辑是内在于对象的，逻辑先在于人的认识和知识，只不过是人类精神对自在理性的自我意识。

黑格尔的辩证法对对象的把握不能没有概念、判断、推理。概念、判断、推理在康德的知识论中讲的是必然性，在黑格尔那里则包含了自由。黑

---

① 黑格尔. 小逻辑 [M]. 贺麟, 译. 北京: 商务印书馆, 1980: 176.

② 科耶夫. 黑格尔导读 [M]. 姜志辉, 译. 南京: 译林出版社, 2005: 36-37.

③ 黑格尔. 逻辑学: 上卷 [M]. 杨一之, 译. 北京: 商务印书馆, 1976: 37.

格尔的逻辑学不是形式逻辑，形式逻辑只是一个工具，也不是康德的必然的逻辑，而是自由的概念之间的关系。他的概念是必然中的自由，自由中的必然，逻辑必然推理形式体现了概念自身运动的逻辑。黑格尔的逻辑学不是僵硬的公式，而是要让概念从抽象到具体，自己完成自己。"概念以它的自在存在为中介，它的差异，和对它的差异的扬弃而达到它自己与它自己本身的结合，这就是实现了的概念。"①辩证思维或辩证逻辑就是概念自我运动的内涵逻辑。

三、辩证观

辩证观就是辩证法理论的转识成智。辩证观意义上的辩证法已经不再是一种纯粹理论哲学意义上的辩证法，而要求把辩证法作为或理解成一种实践智慧。"至于辩证观，严格讲来，可称为'矛盾统一观'乃是出于生活的体验（特别是精神生活的体验）。理智的直观，每为大诗人、小说家、戏剧家、政治家、宗教家所同具，且每于无意中偶然得之。此种辩证的直观，既是出于亲切的体验，慧眼的识察，每每异常活泼有力（绝不是机械呆板的口号或公式）。足以给他们对于宇宙人生一个根本的看法，且足以指导他们的行为，扩大他们的度量。而哲学家的特点，就是不单是从精神生活或文化历史的体验中，达到了这种辩证的直观或识度，且能慎思明辨，用谨严的辩证方法，将此种辩证的直观，发挥成为贯通的系统。"②至于哲学史上如希腊的赫拉克利特和中国的老子，都可以说是最早提出辩证观的哲学家，但不能说他们有辩证法。因为有辩证观的人，不一定有辩证法。辩证法是一种理论体系，而辩证观则是这种理论体系的转识成智。因此，辩证法是哲学家所公用的方法，而辩证观则为每位哲学家与大诗人、大政治家、大科学家所共有。我们经常说，任何一位真正的大科学家都是哲学家，就是在此种意义上

① 黑格尔.小逻辑[M].贺麟，译.北京：商务印书馆，1980：426.
② 贺麟.贺麟选集[M].长春：吉林人民出版社，2005：80-81.

而言的。

辩证法理论的转识成智，其合法形态就是能够作为实践智慧而发挥作用。何谓实践？在亚里士多德哲学中，人类活动被划分为理论、实践和创制三种基本方式。在每一种人类活动中，都有一种与之相匹配的品质和行为的能力。理论的对象是出于必然而无条件存在的东西，即"永恒的东西"，这是一种理论智慧。我们可以发现，从柏拉图到黑格尔的理性辩证法传统就是这样一种理论智慧；创制和实践都以可变的事物为对象，对于创制而言，是技艺；对于实践而言，便是实践智慧。实践智慧既不同于理论智慧，也不同于技艺。所谓实践智慧"就是善于考虑对于他自身是善的和有益的事情，不过，这不是指在某个具体的方面善和有益，例如对他的健康或强壮有利，而是指对于一种好生活总体上有益"。①所以，像伯利克里那样的人，就是一个有实践智慧的人，"他们能分辨出那些自身就是善、就对于人类是善的事物。我们把有这种能力的人看作管理家室和国家的专家。"②实践以它自身为目的，实践智慧就是能够明察对人而言的善和恶，因此，实践智慧亦被称为"明智"。

真正的实践智慧需要摆脱传统形而上学或者说理论哲学的范式。实践智慧对于事物的把握不似理论智慧那样具有一种绝对的普遍性，而是具有一种相对或有限的普遍性。正是在传统形而上学终结的意义上，哈贝马斯强调："理性对于实践的经典优先地位不得不让位于越来越清楚的相互依存关系。"③在传统形而上学的视域中，辩证法所把握到的真理是绝对的客观真理。因此，理论之于实践具有绝对的优先地位，对于实践具有指导作用。传统形而上学终结之后，辩证法就必须放弃其掌握真理和理论的神圣意义的特权，理论和实践之间的关系变成了相互依存的辩证关系。所以，实践就变成了理论的反义词，实践就变成了对理论的反驳。

---

① 亚里士多德. 马各尼可伦理学[M]. 廖申白，译注. 北京：商务印书馆，2003：188.

② 亚里士多德. 马各尼可伦理学[M]. 廖申白，译注. 北京：商务印书馆，2003：189.

③ 哈贝马斯. 后形而上学思想[M]. 曹卫东，付德根，译. 南京：译林出版社，2001：33.

"人的思维是否具有客观的真理性，这不是一个理论的问题，而是一个实践的问题。人应该在实践中证明自己思维的真理性，即自己思维的现实性和力量，自己思维的此岸性。"①在此，马克思颠覆了传统的真理观，不再把真理理解为主客体的统一，而理解为是否具有"现实性和力量"。马克思主义哲学认为十分重要的问题，不在于懂得了客观世界的规律性，而能够解释世界，而在是于拿了这种对于客观规律性的认识去能动地改造世界。客观现实世界的变化运动永远没有完结，人们在实践中对于真理的认识也就永远没有完结。马克思并不像黑格尔那样去追求和呈现绝对真理，发现绝对真理其实也就等同于结束了真理本身。历史唯物主义是在实践中不断地开辟认识真理的道路。实践是检验真理的唯一标准，不只是肯定了检验真理的实践标准，而且是从认识的深化、真理的发展深切地阐述了认识与实践的辩证关系。

在《哲学笔记》中，列宁揭示了认识论和实践论之间的这种辩证统一关系。列宁明确地提出，"人的意识不仅反映客观世界，并且创造客观世界。"②在此，我们自然而然会想到马克思的《关于费尔巴哈的提纲》第十一条。立足于认识论和实践论的辩证关系，立足于实践智慧的辩证法，我们就会发现认识世界和改变世界就不再是抽象对立的，而是统一的。马克思的实践智慧就是马克思改变世界的智慧，就是马克思改变世界的辩证法。"实践智慧，是以实践观点的思维方式对待人与世界关系的智慧，是实现'合目的性'与'合规律性'相统一的智慧，也就是尊重客观规律与发挥主观能动性相统一的智慧。它不同于理论智慧，也不同于生活智慧，但又与理论智慧、生活智慧密不可分。理论智慧主要是指超然于实践的形上智慧，生活智慧主要是指基于经验的常识智慧。实践智慧是融形上智慧于生活智慧之中，又是把生活智慧提升为理论的形上智慧。"③辩证观就是在实践论的意

---

① 马克思恩格斯文集：第1卷[M]. 北京：人民出版社，2009：500.

② 列宁. 哲学笔记[M]. 北京：人民出版社，1993：182.

③ 孙正聿. 马克思主义哲学智慧[M]. 北京：现代出版社，2016：248.

义上总结和升华了以矛盾分析方法为核心的辩证智慧。

列宁指出，"世界不会满足人，人决心以自己的行动来改变世界"。[①]
人对世界的改变可以分成两个方面：人对自然界的改变和人对生活世界的改变。人在自己的实践活动中面向外部的客观世界，但绝不能把自然界当作人类支配、奴役和掠夺的对象。人与自然界之间是和谐共生的关系，归根结底人也是自然界的一部分；人对生活世界的改变，就是改变国家、社会，更确切地说马克思改变世界是生产关系意义上的改变。人与世界之间是一种否定性的统一关系。

在此，我们需要特别注意的是：作为实践智慧的辩证法不应当在理论哲学的意义上，而应当在实践哲学的意义上成为可能。在理论哲学的意义上，作为实践智慧的辩证法容易把辩证法的绝对真理到处套用，从而形成同一性形而上学的暴力。理论哲学与实践哲学是两种对立的哲学道路。这两种哲学道路，是由理论与生活实践的关系所决定的。一种是理论哲学的道路：如果认为理论理性可以超越于生活，在生活之外的彼岸世界找到自己的阿基米德点，追寻绝对的永恒的先验真理，理论对于实践的优先地位，这就是理论哲学的理路。一种是实践哲学的道路：理论思维并不能从根本上超出生活，并不能在生活之外找到立足点，理论思维是生活实践的一个构成部分，它所追寻的是相对的绝对真理，理论与实践之间是相互缠绕的辩证关系，这就是实践哲学的理路。作为实践智慧的辩证法不是把辩证法的原理教条化、僵化和绝对化，然后放之四海而皆准，而是具体问题具体分析，在理论与实践的辩证关系中，一方面深化对理论的认识，另一方面推动实践的进展。

辩证法研究的理论自觉，就是觉解到我们在何种意义上使用辩证法这一术语。但更重的是要自觉到辩证法的理论性质，自觉到运用辩证法的艰巨性。我觉得我们应当谨记关于辩证法的两个判断：第一句是关于辩证法本身的，第二句是关于运用辩证法的。黑格尔在《小逻辑》中指出："正确地认

---

① 列宁. 哲学笔记 [M]. 北京: 人民出版社, 1993: 183.

识并掌握辩证法是极关重要的。辩证法是现实世界中一切运动、一切生命，一切事业的推动原则。同样，辩证法又是知识范围内一切真正科学认识的灵魂。"[①]辩证法对于人类认识的重要性，可见一斑。无怪乎柏拉图把辩证法置于整个城邦教育的顶端。与此相应，贺麟先生在《辩证法与辩证观》一文中指出，"真正作辩证法的思考是异常难的，比科学的实验，归纳，演绎都较为困难。因为这需要天才的慧眼，逻辑的严密和纯思辨的训练。在哲学史上真正善于应用辩证法的哲学家乃是不出世的天才。"[②]柏林大学教授哈特曼在其著作《黑格尔》中也有类似的表达。他认为，辩证法的天才，是很少有的，且亦不可仿效，辩证法永远是天才者的权利。[③]当我们在宣称使用辩证方法的时候，我们可能依旧停留在知性思维的水平上。希望我们在深入研究辩证法的基础上，能够做到运用辩证法。通过深沉的劳作，也许我们能够欣赏到理念的美妙！但愿如此。

---

① 黑格尔. 小逻辑 [M]. 贺麟, 译. 北京: 商务印书馆, 1980: 177.

② 贺麟. 贺麟选集 [M]. 长春: 吉林人民出版社, 2005: 80.

③ 马克思整部《资本论》都没有提到过"辩证法"一词，但却在跋中大谈特谈辩证法，认为《资本论》运用的正是辩证的方法。《资本论》不是一部研究辩证法的著作，而是一部运用辩证法的典范。诚然，能够运用辩证法分析我们时代和世界的都是天才般的人物。

辩证法的哲学史

上篇

第一章　苏格拉底与辩证法的源初涵义

　　"辩证法"是古希腊人的发明，也是其所独有的。如果想澄清辩证法的源初涵义，就必须"回到苏格拉底"。苏格拉底的辩证法主要体现在"苏格拉底的诘问法"中。在前苏格拉底时代，主要是以"格言—诗"的文体形式来表述思想，哲学从"格言—诗"的表达形式发展成"对话"的形式，这种哲学形式是由柏拉图的对话著作所开创的。这不单单是一种哲学文体的转换，更重要的是它是哲学"自由精神"的一种进步。独断教条束缚了哲学的"自由思想"，而哲学的"对话"体裁，则使哲学直接进入问题之探讨。黑格尔认为"就在这种谈话中产生了苏格拉底的哲学和以其名为名的苏格拉底方法，这种方法，根据它的性质，就应当是辩证的方法"。[①]"对话"是辩证法的原始形式，在对话中能找到辩证法的根源和一切潜在的因素。因此，其辩证法可以被称之为"对话辩证法"，苏格拉底对话辩证法契合了哲学的爱智本性。探讨辩证法在苏格拉底那里的源初含义，对于我们深化和发展辩证法思想具有重要的理论意义。

---

① 黑格尔. 哲学史讲演录: 第二卷[M]. 贺麟, 王太庆, 译. 北京: 商务印书馆, 1960: 52.

一、苏格拉底辩证法的理论旨趣

哲学史家通常以"苏格拉底"为理论坐标区分为前苏格拉底哲学和苏格拉底哲学，这意味着哲学发展到苏格拉底发生了一个根本性的变化。前苏格拉底哲学经常被称为"自然哲学"，而苏格拉底被认为是创造了第二种哲学："道德哲学"。早在罗马时期西塞罗就认定："苏格拉底受教于阿那克萨戈拉的弟子阿凯劳斯，在他以前的古代哲学研究数和运动，研究万物产生和复归的本原；这些早期思想家热衷于探究星辰和一切天体的大小、间距和轨程。是苏格拉底第一个将哲学从天空召唤下来，使它立足于城邦，并将它引入家庭之中，促使它研究生活、伦理、善和恶。"①这就使哲学的追问从物之理转向了事之理。苏格拉底"并没有致力于对世界的起源和实在的结构进行思辨，而是献身于在人类的社会生活和政治生活这种最普通的背景中找寻我们的认识和信念的依据"，致力于"思考有关诸如勇气、虔诚、义务、死亡以及对死亡的恐惧这类平常问题"。②这样，苏格拉底就"把哲学从天上带到了地上"，使人们意识到"未经审视的生活是无价值的生活"。

柏拉图在《斐多篇》中描述了苏格拉底的这一转折。苏格拉底因为听到了阿那克萨戈拉探讨心灵力量著作的相关内容而欣喜异常，结果读了之后却大失所望。苏格拉底言道："我听某人说，他读了阿那克萨戈拉的一本书，书上断言产生秩序的是心灵，它是一切事物的原因。这种解释使我感到高兴。在某种意义上它似乎是正确的，心灵应当是一切事物的原因，我想如果心灵是原因，那么心灵产生秩序使万物有序，把每一个别的事物按最适合它的方式进行安排。因此，如果有人希望找到某个既定事物产生、灭亡或持

---

① 西塞罗：《在图库兰姆的谈话》，弗格逊：《苏格拉底史料》第193页。转引自汪子嵩，范明生，陈村富，姚介厚. 希腊哲学史：第2卷[M]. 北京：人民出版社，1993：364.

② 瓦托夫斯基. 科学思想的概念基础——科学哲学导论[M]. 范岱年，吴忠，金吾伦，林夏水，等译. 北京：求实出版社，1989：112.

续的原因，那么他必须找出对该事物的存在、作用或被作用来说是最好的方式。对这个观点来说，人只需要考虑一件事，既涉及人也涉及其他任何事物，即最优秀、最高尚的善，尽管这一点必定包含知道较不善的事物，因为同一种知识就包含着这两者。"①在没有读到阿那克萨戈拉的著作而仅仅是听说他的观点的时候，苏格拉底以为自己找到了符合自己观点的权威。所以，苏格拉底谈到，阿那克萨戈拉的"这些想法使我高兴地假定，在阿那克萨戈拉那里我找到了一位完全符合自己心意的关于原因问题的权威"。②但结果却是阿那克萨戈拉也还仅仅是一个自然哲学家。苏格拉底指出，"我从未想过，一个断言事物的秩序在于心灵的人会给这些事物提供其他任何解释，而不是去说明什么样的存在状态对它们来说是最好的。"③

苏格拉底一刻也不耽误地搞来了那些书，并开始尽快地阅读这些著作，但阿那克萨戈拉到底还是让苏格拉底失望了。苏格拉底说道，"这个希望是多么美妙啊，但它马上就破灭了。当我读下去的时候，我发现心灵在这个人手中变成了无用的东西。他没有把心灵确定为世界秩序的原因，而是引进了另一些原因，比如气、以太、水，以及其他许多稀奇古怪的东西。在我看来，他的前后不一致就好比有人说，苏格拉底所做的一切事情的原因是心灵，然后在试图解释我的某些行为时，起先说我躺在这里的原因是我的身体是由骨头和肌肉组成的，骨头是坚硬的，在关节处分开，但是肌肉能够收缩和松弛，肌肉和其他肉一道包裹着骨头，而皮肤把它们全都包起来，由于骨头能在关节处自由移动那些肌肉，通过收缩和松弛使我能够弯曲我的肢体，这就是我能盘腿坐在这里的原因。……如果说没有这些骨头、肌肉，以及其他所有东西我就不能做我认为是正确的事情，那么这样说是对的。但如果说我做了我在做的事的原因在于它们，——尽管我的行为受心灵支配，但并没有经过对最佳事物的选择，——那么这是一种非常不严

---

① 柏拉图. 柏拉图全集：第一卷 [M]. 王晓朝，译. 北京：人民出版社，2002：106.
② 柏拉图. 柏拉图全集：第一卷 [M]. 王晓朝，译. 北京：人民出版社，2002：106.
③ 柏拉图. 柏拉图全集：第一卷 [M]. 王晓朝，译. 北京：人民出版社，2002：106-107.

格、不准确的表达法。"①

可见，苏格拉底不满于阿那克萨戈拉等把人的行为原因归结为外在的物理条件和生理条件，认为这是一种"非常不严格、不准确的表达法"，因为他们"不能区别事物的原因和条件"，而苏格拉底主张把人的行动的原因真正归于心灵，"骨头、肌肉"等的收缩和松弛仅仅是人的行动的生理条件和物理条件。苏格拉底指出很多人都混淆了行动原因和行动条件。"在我看来，有许多人在黑暗中摸索，把条件称作原因，给条件加上这个并不正确的名称。由于这个原因，有人说一道漩涡围绕着大地，诸天使大地固定在原处；又有人说空气支撑着大地，尽管大地是一个很大的浅盘。至于在任何特定时刻以有可能最好的方式安排事物的力量，他们从来就不去寻找，也不相信有超自然的力量。他们幻想有一天能够发现一个更加伟大的、不朽的、包容一切的阿特拉斯，而不认为万物实际上是受到善或道德义务的约束才结合在一起的。"②

可见，苏格拉底认为产生事物的秩序是心灵，心灵是一切事物的原因，人的行动也受心灵的支配，而心灵的实质和目的则在于生活的正义与至善。因此苏格拉底才会认为"万物实际上是受到善或道德义务的约束才结合在一起的"。也正是正义与至善才使人区别于行尸走肉。否则，正如苏格拉底所表明的："如果我不认为待在这里接受雅典的任何惩罚比撒腿就跑更加光荣，如果我的这些肌肉和骨头受到何种状态对它们最好这种信念的推动，那么它们早就去了麦加拉或波埃提亚这些邻邦！（指越狱逃亡——引者注）"③

苏格拉底通过关于人的行动的原因的探讨对以阿那克萨戈拉为代表的从前的自然哲学展开了质询和批判，由此苏格拉底开启了扭转希腊哲学发展方向的进程，苏格拉底因此在希腊哲学史上占有一个十分独特的地位。"这是

---

① 柏拉图. 柏拉图全集: 第一卷 [M]. 王晓朝, 译. 北京: 人民出版社, 2002: 107-108.
② 柏拉图. 柏拉图全集: 第一卷 [M]. 王晓朝, 译. 北京: 人民出版社, 2002: 108.
③ 柏拉图. 柏拉图全集: 第一卷 [M]. 王晓朝, 译. 北京: 人民出版社, 2002: 107.

一个根本的方向性的改变。早期自然哲学家探索中的困难并不是说他们的工作做得不够，而是说明了他们探索的方向有问题。"①对于苏格拉底而言，哲学当然还是要追求真理的，但所求的真理不能和现实生活无关，不能和生活可能达到的善无关，不能和人尤其是普通人的选择无关。与此同时，对真理的追求也只能在现实生活中进行，在现实的人中间进行。这就决定了苏格拉底对话辩证法的理论旨趣，辩证法在其最原初的意义上毫无疑问是对真理的追求，但是其所追求的真理并不是对自然世界的本原、始基的追求，而是对生活世界（政治生活和社会生活）中人们的生活信念、价值标准等问题的追问。所以，苏格拉底对话的主题包括诸如：美德、正义、善、勇气、死亡等问题。简而言之，苏格拉底之前的自然哲学追求物之理，而苏格拉底的道德哲学开始反思和追问事之理。

苏格拉底切断了物理地解释人事的通道，单凭物理条件和生理条件是不能解释人事的，人事的原因应当是独立于物理条件的。这就十分明确地提出了一种针对人事的哲学要求，即与心灵力量相关、与选择相关、与善相关的对目的的探求。关于纯粹的物的世界，苏格拉底几乎置之度外。亚里士多德这样评价苏格拉底，"苏格拉底正忙着谈论伦理问题，他遗忘了作一整体的自然世界，却想在伦理问题中求得普遍真理；他开始用心于为事物觅取定义。"②虽然亚里士多德是在消极的意义上指认苏格拉底忙于伦理却忽视了自然世界，但苏格拉底是从阿那克萨戈拉的自然哲学那里失望后才转向他自己最为关心的世事伦理领域的。对苏格拉底来说，人们即使在自然哲学领域取得了可观的进展，世事伦理仍然是一个问题丛生未被触及的领域，而苏格拉底的对话辩证法正是对这一领域的探讨，正是"事之理"构成了苏格拉底对话辩证法的理论旨趣。

---

① 叶秀山. 苏格拉底及其哲学思想 [M]. 北京: 人民出版社, 1986: 72.

② 亚里士多德. 形而上学 [M]. 吴寿彭, 译. 北京: 商务印书馆, 1959: 16.

二、苏格拉底辩证法的理论本性

我们把苏格拉底的辩证法称之为"对话辩证法",辩证法"dialectics"中的"dia"在希腊文原是"分开"和"通过"的意思,"lek"就是说话,可见"dialectics"就是分开说话、通过说话。简而言之,辩证法本身就有"对话"的意思。但是辩证法的对话并不是一种随意的交谈,而是带有论辩的味道。因而辩证法并不是平心静气地交流感想和观点,更不是阿谀奉承,辩证法是具有竞争性的交谈技艺。这种论辩或者竞争性的交谈与真理具有相关性,更确切地说辩证法以真理为目的。

在古希腊至少在柏拉图之前,真理主要不是与谬误相对立的,而是与意见相对立,爱利亚派和智者派都是这样理解真理的。我们讨论苏格拉底的辩证法也不能忽视这种精神习惯的背景。古希腊对真理的这种理解颇具深意:如果真理与谬误相对,那么真理首先是在与客观事物的实情相对照的情况下呈现出来;如果真理与意见相对,则真理是在诸多意见的竞争当中呈现出来的。这当然不是说,那时的人们所理解的真理与客观事物的实情毫无关系,而是说真理首先是展开在人们的意见中而不是首先发生在人的看法与事物的实情之间。真理与实情本身相符合是晚近的哲学理论对真理的主要理解框架。尤其是近代哲学认识论转向之后,更是明确把"思维与存在的统一性"当作哲学追求真理的目标。

因此,苏格拉底的对话就是各种意见的竞赛,真理就是在众多意见中脱颖而出的"意见"。苏格拉底的辩证法通过对话使交谈参与者的生活习惯、信念、原则、追求被卷入推敲和检验当中,辩证法是个法庭,每个人都要在其中为自己的生活辩护。一般说来,生活的规定往往由习惯所生成,是一个松散的聚集,如果不做彻底的检讨,人人都能凭检验来谈论经验并且俨然成理。因此,苏格拉底的谈伴通常在开始时都不觉得事情是如何严重,都率尔开口。有的甚至还能长篇大论一番。因为任何人都可以基于自己的阅历和经验对生活的根据和意义表达自己的见解。可是苏格拉底就因为这样的"对话"辩证法而被鸩杀，这又是为什么呢？

"苏格拉底之死"绝对是西方哲学史上的一个重大哲学事件。从柏拉图、色诺芬一直到近代的利奥·施特劳斯、斯东等，对"苏格拉底之死"，哲学家们始终保持着极高的兴致，至今仍津津乐道。这是因为"苏格拉底之死"不仅仅是一个普通的个人事件，它更是一个重大的哲学事件，这个事件向我们昭示了很多有关辩证法本性的东西，昭示了辩证法的力量、辩证法与政治的冲突以及哲学家自身的社会生存境遇。

苏格拉底为什么要被古希腊人处死？苏格拉底并没有偷盗抢劫，更没有杀人放火，也就是说并没有犯下什么不赦之罪，可是雅典人却一定要置苏格拉底于死地。在法庭上，苏格拉底面临着两项指控："苏格拉底有罪，他腐蚀青年人的心灵，相信他自己发明的神灵，而不相信国家认可的诸神。"[①]这是苏格拉底哲学，确切地说是苏格拉底辩证法导致的后果。尽管苏格拉底为自己作了充分的辩护，也极具说服力，但是并没有说服雅典人。在辩护中，苏格拉底指出自己在与别人的对话中并没有得出一个确定的结论，也没有告诉人们应该怎么做，更没有承认自己就是真理的掌握者，相反还认为自己自知其无知。但是，正是因为对话没有得出任何确定的结论，这让雅典人视苏格拉底如芒刺在背。所以说苏格拉底之死获罪的根源就在于哲学的本性，在于苏格拉底所开创的对话式的辩证法。

苏格拉底的对话辩证法是哲学自由本性的体现，在对话中，双方的地位是平等的，目的是为获得普遍性的真理。苏格拉底首先打破对话人原有的知识观念，让其自知其无知，但最后并不给出一个确定无疑的答案，苏格拉底反对原有的独断与教条，但是最重要的是苏格拉底并没有把对话人引向更大的独断和教条，而是引向了更高的迷茫，引入了"思"的境域。这对于雅典人（尤其是其中的统治者）来说当然是无法容忍的，因为苏格拉底这只"牛虻"促使人们去反思他们原有的价值观念与道德标准。更确切地说，反省他

---

① 柏拉图. 柏拉图全集: 第一卷 [M]. 王晓朝，译. 北京：人民出版社，2002：10.

们的城邦制度与宗教信仰。所以在古希腊城邦的公民看来，苏格拉底的不安分是那样可恶至极、不可原谅，苏格拉底被雅典人不依不饶地用鸩酒毒杀也就在情理之中了，可以说苏格拉底是第一个为哲学殉道的人。

关于哲学（辩证法）与政治的这种冲突关系，关于辩证法的这种批判本性，黑格尔看得十分清楚："从前人们都以为思想是无足重轻，不能为害的，不妨放任于新鲜大胆的思想。他们思考上帝、自然和国家，他们深信只是通过思想，人们就可以认识到真理是什么，不是通过感官，或者通过偶然的表象和意见所能达到。当他们这样思想时，其结果便渐渐严重地影响到生活的最高关系。传统的典章制度皆因思想的行使而失去了权威。国家的宪章成为思想的牺牲品，宗教受到了思想的打击；许多素来被认作天启的坚固的宗教观念也被思想摧毁了，在许多人心中，传统的宗教信仰根本动摇了。"[①]可见，国家的典章制度和宗教的天启观念在哲学思想面前都失去了权威，其坚固的根基被动摇了，生活的根据和意义被连根拔起。这一切都是因为哲学或辩证法所蕴含的强大的思想力量。接着黑格尔谈到了苏格拉底之死，他明确地指出，"例如在希腊，哲学家起来反对旧式宗教，因而摧毁了旧式宗教的信仰。因此便有哲学家由于摧毁宗教，动摇政治，而被驱逐被处死的事，因为宗教与政治本质上是联系在一起的。这样，思维便在现实世界里成为一种力量，产生异常之大的影响。于是人们才开始注意到思维的威力，进而仔细考察思维的权能，想要发现，思维自诩过甚，未能完成其所担负的工作。思维不但未能认识上帝、自然和精神的本质，总而言之，不但未能认识真理，反而推翻了政府和宗教。"[②]虽然黑格尔认识到了哲学和政治之间的这种本质上的冲突关系，但是他认为哲学的任务也就是思维应该认识真理，推翻政府和宗教的哲学偏离了哲学的目的。因此，他认为"亟须对于思维的效果或效用，加以辩护，所以考察思维的本性，维护思维的权能，便

---

① 黑格尔. 小逻辑 [M]. 贺麟，译. 北京：商务印书馆，1980：67-68.

② 黑格尔. 小逻辑 [M]. 贺麟，译. 北京：商务印书馆，1980：68.

构成了近代哲学的主要兴趣"。[①]

三、苏格拉底辩证法的三个特质

在思维方式的意义上，哲学起源于苏格拉底–柏拉图。"从古代自然哲学的观察方法到逻辑推论的方法，从'望天者'到'辩论者'，意味着哲学在寻找适合于自己本质的方法上前进了一步。哲学终于有了自己的方法——辩证法。"[②]在此种意义上，抛弃辩证法就等于抛弃哲学，重思辩证法就等于重思哲学。探讨苏格拉底辩证法的特质，是为了更好地确立我们时代辩证法理论的合理形态。概括而言，苏格拉底的对话辩证法具有三个本质性的特征，这三个特征并非彼此独立，而是具有一种内在的关联或根本的一致性。

（一）对话而非思辨

"对话"是苏格拉底辩证法最首要和最外在的特点。"对话"这种辩证法的形式和智者学派不无关系。"这种辩论的方法在形式上就是所谓'诘问法'或'问答法'。'诘问法'是'辩证法'的一种普遍的形式，已为《克拉底鲁》篇所印证（390c），可能也是来自智者学派的创造，但考虑到智者们大都为修辞学家，而《高尔吉亚》篇又表明他们似乎善于长篇大论，所以不妨将这种形式的成熟的运用归于苏格拉底。"[③]"对话"作为苏格拉底辩证法的表现形式不单单是因为受到智者学派的影响，更重要的是因为和苏格拉底辩证法的理论主题有关。苏格拉底辩证法的理论主题所谈论的矛盾具有两个重要的性质：第一，本质性的矛盾；第二，关于人本身或自我的矛盾。这两个特征决定了辩证法更适宜采取"对话"的形式，而非思辨。

"古代哲学宇宙论的辩证法，从大的'有定'、'无定'的矛盾到小

---

① 黑格尔. 小逻辑 [M]. 贺麟，译. 北京: 商务印书馆，1980: 68.

② 叶秀山. 苏格拉底及其哲学思想 [M]. 北京: 人民出版社，1986: 150–151.

③ 叶秀山. 苏格拉底及其哲学思想 [M]. 北京: 人民出版社，1986: 174.

的'可分'、'不可分'的矛盾，从'至大无外'到'至小无内'，已经走完了它自己的路程，即经过爱利亚学派的巴门尼德和芝诺，已由感性的现象的辩证法过渡为理智的、本质的辩证法。"①可见，自巴门尼德区分了"存在"与"非存在"始，辩证法就已经从感觉的矛盾发展为本质的矛盾。本质的矛盾是理性的矛盾，而非感性或感觉的矛盾。苏格拉底对话辩证法所谈到的矛盾首先是理性的矛盾。"造成困难的从来就是思维"，所以康德揭示理性在形而上学领域的"先验幻相"是非常深刻的，这是因为感觉上的矛盾在理论原则上是可以克服的；然而，"理性的矛盾"，因其不受限制而不可解决或不可克服。"理性"并非在一切问题上都会陷入不可克服的矛盾，而只有在涉及"本质"或"本体"时，亦即涉及"事物自身"时，才会陷入此种矛盾。于是，此种道理就不是单面的而是双面的，就是要允许说两面的话——dialectics。理性在遇到"本质"问题时所发生的矛盾方为"辩证法"。苏格拉底的对话辩证法就是在谈论普遍性的、根本性的本质问题时才出现的。亚里士多德在《形而上学》中高度评价了苏格拉底的这一贡献。"两件大事尽可归之于苏格拉底——归纳思辨与普遍定义，两者均有关一切学术的基础。"②正是在这个意义上，我们可以确定无疑地指认苏格拉底辩证法的第一个贡献："苏格拉底把古代'辩证法'从主观的、感觉式的运用中解脱出来，成为理性的哲学思维的方法。"③

相对于前苏格拉底哲学而言，苏格拉底辩证法的主题已经发生了根本性的转向。苏格拉底对话中所涉及的问题，诸如："美德""正义""善"等议题都与人自身相关。"对于苏格拉底来说，唯有'人间的'才是重要的。色诺芬曾记录了，各种科学都未能解答苏格拉底提出的问题。因此，第欧根尼·拉尔修写道：为了只关心道德问题，苏格拉底很快就停止了对自然之学

① 叶秀山. 苏格拉底及其哲学思想 [M]. 北京: 人民出版社, 1986: 166.

② 亚里士多德. 形而上学 [M]. 吴寿彭, 译. 北京: 商务印书馆, 1959: 266-267.

③ 叶秀山. 苏格拉底及其哲学思想 [M]. 北京: 人民出版社, 1986: 171.

（physique）的关注。"①苏格拉底重新确定了哲学的方法和目的，把哲学的主题从天上拉回了地上。哲学家从"望天者"变成了"论辩者"。哲学不再思考与人无关的万物的始基或本源，转而思考"自我"。这样，辩证法的主题就和价值、德性等联系起来。"对于灵魂来说，那个能够呼唤它、吸引它、领导它、统治它、调动它的东西，就是形形色色价值（les valeurs）。德性，乃是人皆有之的在其自身之中实现这种或那种价值的能力。正义、爱、虔诚、勇敢等等，有多少种不同的德性，就有多少种不同主题的苏格拉底对话。"②所有这些对话最后都不可避免地指向了善。因此成为一切价值之价值的，乃是善。它照亮一切价值并为人们所接受。因此，作为一切价值的原则，善是绝对的价值。

综合苏格拉底辩证法论题的这两个特征，我们可以将其理论主题概括为"关于自我的本质性矛盾"。这一理论主题决定了其辩证法形式是"对话"而非"思辨"。苏格拉底把辩证法视为"真理的接生术"，柏拉图把辩证法定义为"通向真理的途径"。表面上看来，关于辩证法的理论对象，苏格拉底和柏拉图并没有本质的区别。问题在于两者关于辩证法所达到的"真理"的内容本身有着迥然不同的理解，因而采取了不同的达到真理的方式。苏格拉底是通过对话催生真理，而柏拉图则认为需要通过理性的沉思即思辨达到对最普遍理念的认识。对话与思辨两者有着本质的不同，对话是主体间性的，而思辨则是主体性的。作为"物之理"的理念也许我们可以通过思辨性的沉思去通达，而作为"事之理"的价值、德性则只能通过对话、辩谈去达成时代性的共识。这是因为，"物之理"是单一的、先验的，而关于人的存在价值的"事之理"则永远是多元的，没有任何一种生活方式对所有人来说都是最好的。这时候，对话就成为最为恰当的哲学方法和生活方式。

---

① 居古拉·格里马尔迪. 巫师苏格拉底［M］. 邓刚，译. 上海：华东师范大学出版社，2007：11-12.

② 居古拉·格里马尔迪. 巫师苏格拉底［M］. 邓刚，译. 上海：华东师范大学出版社，2007：12.

（二）无定论而非定论

"dialectics"中的"dia"在希腊文中原是"分开"和"通过"的意思，"分"而后"通"，只有"分开—分裂"才能通过。意味着原本"混"而不"通"。"dia"与"lectic"和在一起，指"分开来说""说两面的话"，正面说，反面说都可以"通"。这就意味着，它要说的"事"，原本是"矛盾"的，包含了相反的两层意思在内。"正题"蕴含着"反题"，"反题"也蕴含着"正题"。如同理性之辩证法——"分"而后"通"，"分"后"人"才有路，这也是"事"的本质可被理解的唯一途径。这应当是苏格拉底—柏拉图对于哲学问题的真切体会。这样，辩证法就成为哲学思考的核心方式，一种哲学的思维方式。这种范式源于古代希腊的苏格拉底—柏拉图。在这里，我们看到，苏格拉底—柏拉图的问题一直延续到康德、黑格尔那里，成为欧洲的思想传统。但是哲学问题的探讨一遇到"本质"的问题，由于本质的"自由性"，由于本质"存在—不存在"之不可分割性，就显示出哲学的局限性。"充分揭示这种局限性的是苏格拉底—柏拉图的'辩证法'，也就是柏拉图以'对话'方式'记录'下来的'二律背反'——正反双方命题都具有很强的论证力量，但却无'定论'。"[①]

因此，柏拉图记录苏格拉底这些谈话，并非教导人们某些固定的道理，而是揭示矛盾——并非揭示感觉世界的矛盾，而是揭示道理上的矛盾，亦即理性的矛盾。苏格拉底如此，柏拉图亦如此。在此问题上，康德关于理性超越可能经验范围的使用必然陷入二律背反境地的论述，无疑是极其深刻的。正是这种二律背反或矛盾，表明了理论的有限性。长期以来，学者们为柏拉图的对话之缺乏明确正面答案而大伤脑筋，他们并没有意识到苏格拉底对话的真实的意义所在。苏格拉底运用这种方法所得到的结果首先是形式的，也就是说，谈话使人们相信，虽然他们自以为对这些事情如此熟悉，却是现在才开始意识到："我们所知道的东西是彼此相互矛盾的。"这就使人们的意

---

① 叶秀山.西方哲学观念之变迁[M]//西方哲学史：第一卷.南京：江苏人民出版社，2004：80.

识混乱起来，对先前习以为常的观念产生了动摇，人们陷入困惑从而催生了努力求知的渴望。柏拉图的多数对话，对于所提问题，以诘难的方式展开讨论，其中不少辩论，逻辑相当严谨，引人入胜。诘难的目的，企求达到一个一致同一的结论，为所设定的概念，给出一个正反双方都能接受的"定义"；但往往以"失败"而告终，不了了之。在《会饮篇》中讨论"美"的本质，"从一个美的形体到两个美的形体，从两个美的形体到所有美的形体，从形体之美到体制之美，从体制之美到知识之美，最后再从知识之美进到仅以美本身为对象的那种学问，最终明白什么是美。"①但是苏格拉底最后用了一句双关成语"美是最难的——好事多磨"结束全篇。

苏格拉底从不给问题以明确的答案，这种问题的"无定论"使人们意识到自己的无知，促使人们去探寻问题本身。这样，"苏格拉底便使同他谈论的人们认识到他们一无所知；不仅如此，他自己就说过他一无所知；因此也没有什么可以教人。实际上也可以说苏格拉底一无所知，因为他并没有做到建立一种哲学和建立一种科学。这一点他是意识到的，而且他也完全没有建立一种科学的企图。"②黑格尔虽然是在批评的意义上谈论苏格拉底式的"无知"的，但苏格拉底对话辩证法所体现的这种无知的智慧正是哲学的本性所在。自知自己的无知，乃是智慧的开端，只有这样人类才能不断地超越自身。从某种意义上来讲，知识意味着教条和锁闭，而无知则意味着多元性和可能性。苏格拉底的"自知其无知"正是哲学或者说辩证法的根本精神。也正是在这个意义上，苏格拉底永远是哲学的标识性人物。

苏格拉底辩证法的"无定论"保持了问题的开放性，体现了哲学的爱智本性。之所以将后世的辩证法称为南辕北辙之举，就在于此。这种哲学把哲学的爱智之忱变成了对智慧的把握。康德指出这是形而上学的幸运。"但在这方面形而上学也有其难得的幸运，这种幸运是任何别的与对象打交道的理性科学（因为逻辑学只是和思维的一般形式打交道）所不能分享的，这就

---

① 柏拉图. 柏拉图全集：第二卷[M]. 王晓朝，译. 北京：人民出版社，2003：254.

② 黑格尔. 哲学史讲演录：第二卷[M]. 贺麟，王太庆，译. 北京：商务印书馆，1960：57.

是：一旦它通过这部批判而走上了一门科学的可靠道路，它就能够完全把握住属于它的整个知识领域，因而完成它的工作，并将其作为一种永远不能再有所增加的资本存放起来供后人使用，因为它只和原则及它给自己的原则所规定的限制打交道。"①在康德看来，只要通过"纯粹理性批判"，我们就能够达到客观的知识，使形而上学走上客观的道路。黑格尔在《精神现象学》的序言中也揭示了哲学的这一转变："只有真理存在于其中的那种真正的形态才是真理的科学体系。我在本书里所怀抱的目的，正就是要促使哲学接近于科学的形式，——哲学如果达到了这个目标，就能不再叫作对知识的爱，而就是真实的知识。"②无论是康德，还是黑格尔都认为哲学是能够获得永恒的、绝对的知识的。这一转变，表面上看起来是哲学的进步，是哲学使命的实现，而实际上却背离哲学的本性，背离了苏格拉底对话辩证法的无定论。

苏格拉底"对于他所提出的问题他并不作出解答，而是证明一旦这些问题被批判地加以考察，那么提出的解答常常是不能被理性所接受的。这个辩证法的积极内容就是它坚持合理性，坚持公开地和有意识地用一种一贯的和明晰的观点批判每个事物"。③解答的无定论所体现的正是辩证法的批判精神。因此，苏格拉底对话辩证法的无定论使哲学永远保持着反思和批判的理论空间，哲学反思从而也获得了一种勃勃生机。

（三）自由而非独断

正是苏格拉底辩证法的无定论使哲学自由批判的理论精神成为可能。因此，从苏格拉底的哲学观念来说，"辩证法"所具有的自由的、反独断的特点，是哲学这门学科的本性所在。其实不仅苏格拉底，后世的哲学家们也都

① 康德.纯粹理性批判[M].邓晓芒，译.北京：人民出版社，2004：序19.
② 黑格尔.精神现象学：上卷[M].贺麟，王玖兴，译.北京：商务印书馆，1979：序4.
③ 瓦托夫斯基.科学思想的概念基础——科学哲学导论[M].范岱年，吴忠，金吾伦，林夏水，等译.北京：求实出版社，1989：112.

把成为"自由思想"作为自己追求的最高目标。亚里士多德就曾说过："我们认取哲学为唯一的自由学术而深加探索，这正是为学术自身而成立的唯一学术。"①黑格尔也同样说道："哲学的出现属于自由的意识，则在哲学业已起始的民族里必以这自由原则作为它的根据"，②在黑格尔看来，思想的自由是哲学和哲学史起始的条件。"思想必须独立，必须达到自由的存在，必须从自然事物里摆脱出来，并且必须从感性直观里超拔出来。思想既是自由的，则它必须深入自身，因而达到自由的意识"。③在西方哲学上，对自由思想的追寻不胜枚举。他们所表达的是一个共同观点，即"自由思想"是哲学之所以为哲学的灵魂。反过来讲，"自由思想"的消失，所意味着的便是哲学的死亡。

但是，正是在此出现了一个思想的吊诡。苏格拉底之后的传统形而上学哲学观虽然把成为"自由思想"视为哲学追求的最高目标，但事实却是，传统哲学怀着"自由思想"的憧憬而开端，却以"自由思想"的失落为结局。这构成了传统哲学观一个根本性的悖论。这一根本性的原因就在于我们遗忘了苏格拉底对话辩证法的本真意蕴。

苏格拉底之后的传统哲学以追求绝对真理为己任、以捕获终极知识为归宿。这种哲学观为哲学设定了一个根本不可能完成的任务，使自己背上了一个根本不能够承受的重负，结果哲学或被"科学化"，或被"神圣化"，哲学的"自性"和"自我"反而被遗忘了，而一种失去了"自我"和"自性"的哲学必然与"自由思想"无缘。哲学的"科学化"是传统哲学的重要特征。对于整个西方哲学来讲，哲学都一直试图成为科学。"自最初的开端起，哲学便要求成为严格的科学，而且是这样的一门科学，它可以满足最高的理论需求，并且在伦理—宗教方面可以使一种受纯粹理性规范支配的生活成为可能。这个要求时而带着较强的力量，时而带着较弱的力量被提出来，

---

① 亚里士多德. 形而上学 [M]. 吴寿彭，译. 北京: 商务印书馆，1959: 5.
② 黑格尔. 哲学史讲演录: 第一卷 [M]. 贺麟，王太庆，译. 北京: 商务印书馆，1959: 94.
③ 黑格尔. 哲学史讲演录: 第一卷 [M]. 贺麟，王太庆，译. 北京: 商务印书馆，，1959: 93.

但它从未被完全放弃过。即使是在对纯粹理论的兴趣和能力处于萎缩危险的时代，或者在宗教强权禁止理论研究自由的时代，它也从未被完全放弃过。"①可见，成为科学是整个西方传统哲学的目标，而整个西方哲学的理论基底就是柏拉图主义。胡塞尔指出，"正是由于柏拉图，这些纯粹的理念：真正的认识，真正的理论和科学，以及——包含着它们全部的——真正的哲学，才进入到人类的意识；同样，柏拉图也是将它们认作哲学上最重要的（因为是最根本的）研究课题并加以研究的第一人。柏拉图还是有关方法的哲学问题和科学的创立者，即能系统实现认识本质本身中具有的'哲学'的最高目的理念之方法的创立者。"②柏拉图的理念论体现的就是一种绝对的、普遍性的科学的哲学理念。这是贯穿于整个西方传统哲学的理念。

因此，整个西方传统哲学都是柏拉图主义，而非苏格拉底主义。苏格拉底保持着哲学的爱智本性，而柏拉图却使哲学走上了科学之路，走上了独断之路。苏格拉底的对话辩证法试图通过正反的形式达到对真理的认识，但是却无定论。其结论的"无定性"正是为了保持着问题的开放性。柏拉图只看到了苏格拉底辩证法的目的，但是遗忘了苏格拉底辩证法的对话形式和其结论的无定性。苏格拉底之后的哲学对绝对的、普遍的真理孜孜以求。每个哲学家都宣称哲学在他那里终结了，但哲学每每又重新开始。所有的大哲学家都相信，随着他们自己的体系的建立，一个全新的思想时代已经到来，他们发现了全部的最终真理。他们全都坚信，他们有能力结束哲学的混乱，开辟某种全新的东西，他们一劳永逸地解决了全部问题。但是，只有神才能拥有智慧，而人只能爱智慧。"哲学事业的特征是，它总是被迫在起点上重新开始。它从不认为任何事情是理所当然的。它觉得对任何哲学问题的每个解答都不是确定或足够确定的。它觉得要解决这个问题必须从头做起。"③因

---

① 胡塞尔. 哲学作为严格的科学[M]. 倪梁康, 译. 北京: 商务印书馆, 1999: 1.

② 胡塞尔. 第一哲学: 上卷[M]. 王炳文, 译. 北京: 商务印书馆, 2006: 42.

③ M.石里克. 哲学的未来[J]. 叶闯, 译. 哲学译丛, 1990(6): 2.

此，哲学永远是历史性的思想，哲学史则是思想性的历史。

苏格拉底辩证法这种自由批判的特性在外在的形式上表现为"反讽"的精神。"苏格拉底的'讽刺'目的在于摧毁一切现成的、传统的观念，揭露其虚假性，只是'貌似知识'，实际并非'知识'。"①反讽也许正是哲学所应秉承的理论姿态。它是对教条的反抗，是对独断的摧毁，它是辩证法自由批判精神的体现。当代哲学家罗蒂将苏格拉底辩证法的"反讽"精神进行了更加详尽的阐释和发挥。罗蒂指出，我们都应该做一个"自由的反讽主义者"，对自己所持有的终极信念进行彻底的、持续不断的质疑。之所以如此，是因为哲学所面临的，原本就是"存在"中之"不存在"，"不存在"中之"存在"，"有"中之"无"，"无"中之"有"。因此，我们任何一个人的"终极语汇"都不比别人更加接近实有。

"作为辩证法，哲学不可能割断它在苏格拉底的讨论中的源头"。②苏格拉底在辩证法初创时期所具有的睿智眼光，足令我们敬仰不已。传统形而上学的终结意味着绝对真理观的瓦解，从而也就意味着作为通向绝对真理途径的"思辨辩证法"的终结。后形而上学时代的辩证法理论就是苏格拉底意义的辩证法在当代的复活，后形而上学时代的辩证法就是要"回到苏格拉底"，必须回到苏格拉底，回到柏拉图的《申辩篇》《斐多篇》《美诺篇》等早期著作中。只有"回到了苏格拉底"，揭示出辩证理论的原初语境和真实意蕴，才能真正地返本开新，为后形而上学时代的辩证法找到真实的理论依据，因为在苏格拉底那里，辩证法的原初意蕴就是对话，就是商谈。这种辩证法不再是一种同一性逻辑，而是一种开放的、宽容的、符合哲学本性的"对话辩证法"。它所体现的正是哲学自由的、反思的、批判的爱智本性。

所以柏拉图的思想具有双重性。一方面是传统形而上学的开端：思辨辩

---

① 叶秀山. 苏格拉底及其哲学思想[M]. 北京: 人民出版社, 1986: 174.

② Hans-Georg Gadamer: Dialogue and Dialectic: Eight Hermeneutical Studies on Plato, Yale University Press, 1980: 123.

证法（通种论），这种辩证法奠定了整个传统形而上学时代辩证法的理论根基；另一方面是与后形而上学的"思"相一致的开端：对话辩证法，后形而上学时代的辩证法理论就是要"回到苏格拉底"，恢复"对话辩证法"的原初精神和本真意蕴。回到开端就意味着道路的重新选择，我们可以选择这条道路，也可以选择另一条道路。

第二章　柏拉图与辩证法的开端

尽管古希腊的许多哲学家（例如，赫拉克利特、芝诺、巴门尼德等）都被认为是辩证法的开端，但是柏拉图在辩证法开端处的地位与贡献却是无与伦比的。第欧根尼·拉尔修在《名哲言行录》里称柏拉图为"辩证法的创始人"。黑格尔也曾明确指出，"在古代，柏拉图被称为辩证法的发明者。就其指在柏拉图哲学中，辩证法第一次以自由的科学的形式，亦即以客观的形式出现而言，这话的确是对的。"[①]不仅如此，柏拉图作为古代世界的辩证法大师，还因为"辩证法"这一概念在双重意义上都是柏拉图首先使用的，1. "辩证法"作为一个特定的术语，在语词形式上是柏拉图的创造；2. 柏拉图第一个在哲学的意义上正式使用了辩证法这个概念。

但是在柏拉图的著作中存在着两种意义上的辩证法理论。第一种辩证法可以称之为"对话辩证法"，这种辩证法主要体现在柏拉图早期的对话中，是由苏格拉底所开创的，所以也可称之为"苏格拉底意义上的辩证法"；第二种辩证法可以称之为"思辨辩证法"，主要体现在柏拉图后期的对话中，

---

① 黑格尔. 小逻辑 [M]. 贺麟，译. 北京：商务印书馆，1980：178.

这种辩证法理论被黑格尔的辩证法所继承，奠定了整个西方传统形而上学时代辩证法理论的基础，所以也可称之为"黑格尔意义上的辩证法"。如果我们把柏拉图的辩证法区分为"对话"与"思辨"，那么开端的问题也就接踵而至，究竟是哪一种辩证法在事实上构成了辩证法的开端？究竟哪一种辩证法更加契合我们时代的思想氛围？

一、苏格拉底意义上的辩证法

哲学在前苏格拉底时代，主要是以"格言—诗"的文体形式来表述思想，这在赫拉克利特、巴门尼德等人的残篇中表现得非常明显，赫拉克利特的残篇中充满了格言警句，巴门尼德更是用诗的语言来表述自己的思想。但是无论是"格言"还是"诗"的哲学文体都带有独断教条的味道，都是一种规训的态度。这种哲学文体并非"哲学"所适宜的。哲学从"格言—诗"的表达形式发展成"戏剧对话"的形式，这种哲学形式是由柏拉图的对话著作所开创的，这不单单是一种哲学文体的转换，更重要的是它是哲学"自由精神"的一种进步。独断教条束缚了哲学的"自由思想"，而哲学的"对话"体裁，则使哲学直接进入问题之探讨。"对话"只是一种形式，并不能完全保证思想不陷于独断教条，就像哲学"格言—诗"的形式不一定就是独断教条一样；然而"对话"这种形式，更容易展示思想之"矛盾"，提示人们哲学的本性不是一种现成的结论和教条，而是一种"自由交谈"。柏拉图的对话，亚里士多德的逍遥学派都是哲学自由交谈精神的体现。在柏拉图的对话中，苏格拉底与人的这种"自由交谈"，当然不是"闲聊"。"闲聊"止于"意见"，"哲学"则以追求"真理"为己任。黑格尔认为"就在这种谈话中产生了苏格拉底的哲学和以其名为名的苏格拉底方法，这种方法，根据它的性质，就应当是辩证的方法。"①对话是辩证法的原始形式，在对话中能找到辩证法的根源和一切潜在的因素。

———————

① 黑格尔.哲学史讲演录：第二卷[M].贺麟，王太庆，译.北京：商务印书馆，1960：52.

黑格尔认为苏格拉底的谈话作为一种方法具有这样的特点：苏格拉底一有机会就和人们进行谈话，从而引导人们去思索他们自己的责任和义务，不管这机会是自然发生的还是由他自己故意造成的。苏格拉底和青年们、老人们、鞋匠们、铁匠们、智者们、政治家们等各种各样的公民进行谈话，谈话总是从他们感兴趣的话题开始，或者是家务，或者是儿童的教育，或者是知识、真理，等等。接下来，他就引导他们离开这种特殊事例而去思考普遍的原则，引导他们思考、确信并认识什么是确定的正当的东西，什么是普遍的原则，什么是真正的自在自为的真和美。可见，苏格拉底的方法具有两个特征：第一，离开特殊的事例去思索普遍的原则，从而从具体的事例发展到普遍的原则；第二，使固有的、通常的观念或思想的规定瓦解。

黑格尔把苏格拉底的方法具体地分为两个步骤。第一个步骤是"著名的苏格拉底讽刺"。[①]苏格拉底的讽刺是一种反诘法，就是"拒绝回答问题，而宁可承认自己无知"。[②]这种方法首先是一种"社交的谦虚方式"，是苏格拉底用来与人相交往的一种特殊方式。他喜欢从日常的观念入手，当他的谈话对象是智者时也是一样，对年轻人尤其喜欢这样做。有时他提出日常的观念来同别人讨论，装出好像自己什么也不知道，引起别人说话。也就是说，苏格拉底自己是不知道答案的，他向别人提出问题，让别人说出自己的意见来，让别人指教他。他这样做所要起到的作用，是让别人暴露自己并说出自己的原则，然后他则从某个特定的命题或引申出来的命题中引申出与之恰相反对的东西。也就是说，他并不直接反对那个特定的命题，而是先把它接受下来，向人们自己指出他们的命题怎样包含着恰恰相反的东西。有时他也从一件具体的事例出发，从中推演出它的反面来。他让人们从他们所肯定的真理中去寻求结论，而最后终于认识到这些结论与他们原先所坚持的原则相矛盾。这样，苏格拉底就让同他谈话的人们认识到他们自己的一无所知。不仅如此，苏格拉底也说过自己一无所知，因此也就没有什么可以教给别

①　黑格尔.哲学史讲演录：第二卷［M］.贺麟，王太庆，译.北京：商务印书馆，1960：54.

②　柏拉图.柏拉图全集：第二卷［M］.王晓朝，译.北京：人民出版社，2003：287.

人。也就是说，谈话的结果都是产生更高的困惑与迷茫，从来都没有一个确定无疑的结论。

第二个步骤是"接生术"。据柏拉图的记载，这是苏格拉底亲自命名的，他从他的母亲那里得到这个方法，"即帮助已经包藏于每一个人的意识中的思想出世"。也就是从具体的事例中揭示出事物的普遍性，从而达到对事物普遍的、真理性的认识，使思想出世。所以黑格尔认为："苏格拉底提出问题的主要目的不是别的，乃是要从我们表象、经验中的特殊成分引导出朴素地存在于我们意识中的某种普遍的东西。苏格拉底为了使人认识这种普遍形式的善和正当，他是从具体的事例出发的，是从他的谈话对方所认可的事例出发的。他从具体事例出发向前推进，并不是凭借把那些与具体事例有联系的概念连接在纯粹必然性中那种做法，这是一种演绎，一种证明，或者一般说来是一种凭借概念的推断。他乃是分析这个存在于自发的意识中而未被思索过的具体事物，分析淹没在素材中的普遍性，而把其中的普遍概念作为普遍概念揭发出来；他分解具体事例（偶然事例），指出包含在其中的普遍的思想，而使人认识一个普遍的命题，一个普遍的规定。"[1]

我们以黑格尔所举的柏拉图的《美诺篇》为例。在柏拉图的早期著作《美诺篇》中，苏格拉底问道："你认为什么是美德？我十分急切地向你提出这个问题，请不要拒绝回答。"美诺立刻做出一些区别，就男人和女人的美德来下定义说："男人的美德就是能干地管理城邦事务，这样他就能帮助他的朋友，打击他的敌人；女人的美德是管理家务，服从她的丈夫；另一种美德则是孩子、老人的美德，美德的种类很多。"苏格拉底打断他说："这不是我所问的，我问的是包括一切的普遍的美德。"美诺说："这种美德就是支配别人、命令别人。"苏格拉底举出例子来反驳道："儿童和奴隶的美德却不在于发号施令。"美诺说："他不知道一切美德的普遍概念应当是什么。"苏格拉底说："这就像圆形一样，圆形就是圆形、四边形的共同者"等等。然后就换了思路，美诺说："美德就是能够取得人所要求的那些

---

[1]　黑格尔. 哲学史讲演录: 第二卷 [M]. 贺麟, 王太庆, 译. 北京: 商务印书馆, 1960: 58-59.

善。"苏格拉底插进来说："首先，提出善来是多余的，人知道某件事是恶的，就不要求它了；其次，因此善必须以正当的方式取得。"这样，苏格拉底就指出了美诺的那些观念是不对的，而他自己又没有给出明确的说法，美诺被搞糊涂了。[①]从苏格拉底和美诺的对话中，我们可以看出苏格拉底引导美诺思考关于美德的普遍的概念，但是苏格拉底并没有给美诺一个最终的答案。

　　这就是苏格拉底式对话的一般形式。在我们这样不厌其烦的引述中，我想我们应该能够看得很清楚了，柏拉图记录苏格拉底这些谈话，并非教导人们某些固定的道理，而是揭示矛盾——并非解释感觉世界的矛盾，而是揭示道理上的矛盾，以及理性的矛盾。长期以来，学者们为柏拉图《对话》之缺乏明确正面答案而很伤脑筋，并没有意识到苏格拉底对话的真实的意义所在。苏格拉底运用这种方法所得到的结果首先是形式的，也就是说，谈话使人们相信，虽然他们自以为对这些事情如此熟悉，却是现在才开始意识到："我们所知道的东西是彼此相互矛盾的。"这使人们的意识混乱起来，对先前习以为常的观念发生了动摇，人们陷入困惑从而催生了努力求知的渴望，所以苏格拉底把自己的对话辩证法称之为"真理的催生术"。但是苏格拉底的辩证法只是促使人们产生一种"爱智之忧"，并没有给人一个一致同一的结论，也就是并没有告诉人们真理本身是什么。苏格拉底对话辩证法的精神实质是一种批评过程，而不是追求结论的确定性，是一种思维训练，而不是为了证明任何一个预设的前提。

二、黑格尔意义上的辩证法

　　在柏拉图的思想中，无论是早期的对话辩证法，还是晚期的思辨辩证法都被看作通向真理的途径，其目的都是为了发现真理，这就是辩证法有别于诡辩论和修辞术的地方。所以在柏拉图看来，那些纯粹沉迷于揭示命题矛盾而不专心于发现真理的人，他们的论证方法是反证法或诡辩法，是与辩证

---

① 柏拉图. 柏拉图全集: 第一卷 "美诺篇"[M]. 王晓朝, 译. 北京: 人民出版社, 2002: 490-536.

法相对立的。辩证法在柏拉图的对话中常与诡辩法、反证法及修辞术相对立。后者之所以受到柏拉图的批判，是因为它们时常不能有效地揭示真理。特别是反证法与诡辩法，沉醉于揭示对手言论或命题中的矛盾，为了反驳而反驳。对于柏拉图来说，辩证法的主要功能是为了发现真理，即使是揭示命题中的矛盾也是为发现真理服务的。尽管在表面上看来，对话辩证法与思辨辩证法有着共同的理论目的，但是两者之间却有着本质性的区别。对话辩证法是通过"对话"，而思辨辩证法是通过理性的沉思去追寻真理。更确切地说，对话辩证法是主体间性的，而思辨辩证法则是主体性的。

柏拉图后期对话的思辨性和逻辑性大大超过前期。辩证法也由对话辩证法过渡为思辨辩证法。思辨辩证法的论题就是："能不用眼睛和其他的感官，跟随着真理达到纯实在本身。"[①]换言之，这种认识要超越感觉，完全依凭纯理性思维的推理，从抽象到抽象、从理念到理念，直至把握最高的理念"善"本身，从而达到可知世界认识的极限。"辩证法是唯一的这种研究方法，能够不用假设而一直上升到第一原理本身，以便在那里找到可靠根据的"。[②]可见，柏拉图将这种理性的科学称为辩证法，认为是最高的学问。从教育体制来看，柏拉图认为辩证法应该被置于顶端。这种辩证法是一种纯概念的辩证法、一种纯心灵的"独白"，即心灵自己与自己的"对话"，亦即纯思辨，也是一种探求理念体系的方法。由此可见，柏拉图的辩证法思想存在着从"对话"走向"独白"的倾向。

所以，在柏拉图的晚期对话中，辩证法与理念论（形而上学）是不可分的，辩证法就是认识理念的思想进程。所以策勒尔认为"在柏拉图那里，辩证法成了一种科学理论，一种认识事物的真正实在的手段"。[③]后来策勒尔干脆把辩证法与理念论等而同之，使用了"辩证法"或"理念论"这种表达方式。柏拉图在《理想国》中写道："我说，格老孔，我们终于到达辩证法

---

① 柏拉图. 理想国 [M]. 郭斌和，张竹明，译. 北京：商务印书馆，1986：306.

② 柏拉图. 理想国 [M]. 郭斌和，张竹明，译. 北京：商务印书馆，1986：300.

③ 策勒尔. 古希腊哲学史纲 [M]. 翁邵军，译. 济南：山东人民出版社，1992：139.

所陈述的法律正文了，它虽然属于可理解的，但我们可以在前面说过的那个视觉变化过程中看到它的摹本，从一开始企图看见像那个人一样的真的活物，然后是真的星辰，最后是太阳本身。同样，当一个人根据辩证法企图只用推理而不要任何感觉以求达到每个事物本身（即理念），并且这样坚持下去，一直到他通过纯粹的思想而认识善本身的时候，他就达到了可理解的世界的极限，正像我们寓言中的另一个人最后达到了可见世界的极限一样。"[①]接着苏格拉底反问道："你不想把这个思想的过程叫做辩证法吗？"格老孔回答说："当然想。"[②]柏拉图在对话中明确地表示要把这个思想的进程叫作辩证法。可见，柏拉图认为辩证法就是对理念的认识，只有辩证法不需要借助任何感官，在认识理念的进程中，首先认识了具体事物所分有的理念，然后依靠心灵自身上升去把握较高的、更一般的理念，最终达到对善理念的认识。

到了《巴门尼德篇》，理念论遇到了困难，辩证法理论开始和对理念论的诘难联系在一起。在现象当中存在着矛盾，同一个事物存在着不同的性质，那么矛盾着的事物是怎么分有理念呢？少年苏格拉底为了"拯救现象"，所以《巴门尼德篇》谈话的中心问题就是"相反的"能不能相互结合，即事物的相反性质和相反的"理念"之间的相互结合。这已经非常接近黑格尔关于辩证法的观点，所以黑格尔称"柏拉图的《巴门尼德篇》——这可以说是古代辩证法的最伟大的作品"，[③]柏拉图认为把握理念间的渗透需要一门专门的技术，并把这种技术称之为辩证法。在《智者篇》中，柏拉图认为，在理念关系中，有一些理念，它们可以渗透入一切理念中，如存在与非存在、动与静、同与异。柏拉图详细研究了这三对理念的独立性和普遍性，认为它们便是贯通于一切之中的理念，柏拉图的这些思想通常称之为"通种论"，"通种论"就是最基本的相反的理念之间的结合，是柏拉图对话中的黑格尔意义的辩证法。

① 柏拉图. 理想国[M]. 郭斌和, 张竹明, 译. 北京: 商务印书馆, 1986: 301.

② 柏拉图. 柏拉图全集: 第二卷[M]. 王晓朝, 译. 北京: 人民出版社, 2003: 533-534.

③ 黑格尔. 精神现象学: 上卷[M]. 贺麟, 王玖兴, 译. 北京: 商务印书馆, 1997: 49.

柏拉图的辩证法具有两个使命：既要反对智者学派的诡辩论，又要反对爱利亚学派的逻辑悖论。智者派推崇修辞术的力量，例如高尔吉亚就相信修辞术是一项伟大的技艺，它能够通过说服人而支配人。亚里士多德"把修辞术定义为在每一事例上发现可行的说服方式的能力"。①智者派的修辞术其实就是雄辩术或者花言巧语的技术，其目的就是不择手段地去说服别人。苏格拉底指出，高尔吉亚"断定修辞学是说服的创造者，它所有的活动都与此相关，这就是修辞学的全部与本质"。②高尔吉亚本人认可了这一说法，说服正是修辞学的全部与本质。爱利亚学派区别了"存在"与"非存在"，在这一区分的基础上，芝诺揭示了"理性存在"自身的悖论。"理性"并非在一切问题上都会陷入不可克服的矛盾，而只有在涉及"本质"或"本体"时，亦即涉及"事物自身"时，才会陷入此种矛盾。针对智者学派，辩证法与修辞术是相对立的，辩证法遵循逻各斯，而修辞术只是一种或然性推理；针对爱利亚学派，柏拉图提出了"通种论"，在"共相"之内消解了对立。

所以黑格尔认为，"柏拉图的研究完全集中在纯粹思想里，对纯粹思想本身的考察他就叫辩证法"。③在柏拉图后期对话中，从《国家篇》到《巴门尼德篇》有一种逻辑进展的顺序，那么辩证法也经历了一次演变，即从至善的追寻走向了彻底的概念思辨。黑格尔所继承的正是这种意义上的柏拉图的思辨辩证法，黑格尔的概念辩证法就是沿着柏拉图的"通种论"发展下来的。不同的是，黑格尔把柏拉图的静态辩证法发展成一种作为概念辩证运动的动态辩证法。

三、对话辩证法与思辨辩证法

苏格拉底意义上的对话辩证法可以这样概括，苏格拉底想通过对话的方

---

① 亚里士多德. 修辞术 [M] //亚里士多德全集：第九卷. 北京：中国人民大学出版社，1994：338.
② 柏拉图. 柏拉图全集：第一卷 [M]. 王晓朝，译. 北京：人民出版社，2002：326.
③ 黑格尔. 哲学史讲演录：第二卷 [M]. 贺麟，王太庆，译. 北京：商务印书馆，1960：204.

式达到对事物普遍性、必然性的认识。换言之，就是通过正反的形式达到对真理的认识，但是却无定论。因为思考的结果和所做出的结论是关闭问题。苏格拉底对话辩证法的结论"无定性"正是为了保持着问题的开放性。柏拉图只看到了苏格拉底辩证法的目的，但是遗忘了苏格拉底辩证法的对话形式和其结论的无定性。所以在柏拉图后期的对话中，辩证法变成了对理念的认识。苏格拉底的形象也发生了根本性的变化，在早期的对话中，苏格拉底是作为一个对话者出现的，而到了后期，随着柏拉图的理性主义的发展和系统化，苏格拉底的"形象"出现了改变，苏格拉底逐渐成了一个代号、一个柏拉图越来越系统化的观点的传声筒，苏格拉底的形象变成了一个哲学"导师"。柏拉图后期著作内容的"独白化"开始使"苏格拉底对话"的形式解体。早期对话的形式作为哲学的体裁完全丧失了。辩证法被视为通向知识的唯一途径，其目标就是要通过理性去把握现象世界背后的"真理"——理念世界。

在苏格拉底对话辩证法中，辩证法作为形而上学的思想工具是一种对话的形式，这和后来是很不相同的，后世的"形而上学"通常以逻辑为其思想工具，从而使之带上独断教条的性质，即使在被称为辩证法大师的黑格尔那里更是把辩证法发展成为一种"逻辑学"，此乃是南辕北辙之举，这跟柏拉图把辩证法理解为通向真理的途径有关，并非苏格拉底的"辩证法"的本真意思。所以，给予黑格尔辩证法影响最大的是柏拉图后期的《巴门尼德篇》。"虽然黑格尔的辩证法是古希腊辩证法的发现与完成，但他所抓住的只是'柏拉图的理念论和亚里士多德的实体本体论的思辨倾向'"。[①]"对话辩证法"所思所说的并不是超验的、绝对的真理，而柏拉图后期的"思辨辩证法"则是对理念世界的追求，是对理念的认识，黑格尔的辩证法继承的正是这个传统。在逻辑学中，概念的自我辩证运动过程最终达到的是对绝对理念的认识。所以"对话辩证法"达到的是一个"公理"。公理不是真理。真理是真实之理，是关于真实的感觉世界的道理，比如柏拉图的理念世界；

---

① 何卫平. 通向解释学辩证法之途——伽达默尔哲学思想研究 [M]. 上海：上海三联书店，2001：266.

而公理只是公众承认的理，并不是关于感性世界的真实的道理。所以辩证法所追寻的并不是绝对的、超验的真理，是公理，是通过对话达到的一种共识。从苏格拉底的哲学观念来说，"辩证法"所具有的自由的、反独断的特点，是哲学这门学科的本性所在。

可见，柏拉图的思辨的辩证法奠定了整个西方辩证法的传统，但是这条辩证法道路，背离了苏格拉底对话辩证法的本意，也背离了哲学自由的本性。"作为辩证法，哲学不可能割断它在苏格拉底的讨论中的源头"。[①]苏格拉底在辩证法初创时期所具有的睿智眼光，足令我们敬仰不已。传统形而上学的终结意味着绝对真理观的瓦解，从而也就意味着作为通向绝对真理途径的"思辨辩证法"的终结。后形而上学时代的辩证法理论就是苏格拉底意义的辩证法在当代的复活，后形而上学时代的辩证法就是要"回到苏格拉底"，必须回到苏格拉底，回到柏拉图的《申辩篇》《斐多篇》《美诺篇》等早期著作中。只有"回到了苏格拉底"，揭示出辩证理论的原初语境和真实意蕴，才能真正地返本开新，为后形而上学时代的辩证法找到真实的理论依据，因为在苏格拉底那里，辩证法的源初意蕴就是对话，就是商谈。这种辩证法不再是一种逻辑，而是一种开放的、宽容的、符合哲学本性的"对话辩证法"。

所以，柏拉图的思想具有双重性：一方面是传统形而上学的开端：思辨辩证法（通种论），这种辩证法奠定了整个传统形而上学时代辩证法的理论根基；一方面是与后形而上学的"思"相一致的开端：对话辩证法，后形而上学时代的辩证法理论就是要"回到苏格拉底"，恢复"对话辩证法"的源初精神和本真意蕴。回到开端就意味着道路的重新选择，我们可以选择这条道路，也可以选择另一条道路。

---

① Gadamer: *Dialogue and Dialectic: Eight Hermeneutical Studies on Plato*, Yale University Press, 1980: 123.

第三章　康德先验辩证法的旨趣及其局限

作为辩证法发展史上的一座丰碑，康德的先验辩证法是人们在研究辩证法时始终无法回避的一个重要课题。尽管黑格尔激烈地批判了康德先验辩证法的"消极性"，但在批判之余，黑格尔仍高度评价了康德的先验辩证法理论。黑格尔指出："康德这种思想认为知性的范畴所引起的理性世界的矛盾，乃是本质的，并且是必然的，这必须认为是近代哲学界一个最重要的和最深刻的一种进步。"[①]黑格尔的概念辩证法就是在批判康德先验辩证法的过程中形成的。然而，康德的先验辩证法并未能得到其理应获得的重视。这主要是因为：一方面，人们拘泥于黑格尔对康德先验辩证法的否定性评价，从而造成了对康德先验辩证法的偏见；另一方面，人们未能深入考究康德先验辩证法的理论旨趣，从而造成对康德先验辩证法的误解。

阿多诺（包括黑格尔）等哲学家误解了康德的先验辩证法，片面地为其贴上了"消极"的标签。在"生成"的意义上，康德的先验辩证法其实是一种积极的辩证法。尽管康德的先验辩证法是围绕着总体性展开的，但是这

---

① 黑格尔. 小逻辑 [M]. 贺麟，译. 北京：商务印书馆，1980：131.

一辩证法具有两个维度，即"知性的运用"和"运用知性的勇气"，前者即"知性"的运用属于同一性的运用，是系统性的logos（使杂多概念化、综合化），而后者运用知性的"勇气"属于超越性的nous，是反体系的（打破现有的秩序进而建立更高的秩序）。康德先验辩证法最真实的理论旨趣不在于"知性的运用"，而在于"运用知性的勇气"，亦即"启蒙"。在康德看来，"启蒙运动就是人类脱离自己所加之于自己的不成熟状态"，即"不经别人的引导，就对运用自己的理智无能为力"。因此，启蒙的箴言是："要有勇气运用你自己的理智！"①

一、从"幻相"到"至善"：先验辩证法的运用

在康德看来，无论是思辨运用还是实践运用，纯粹理性都离不开辩证法，因为它们都要求一个给予的（现象的）有条件者去寻求一个作为总体的无条件者，而后者只有在自在之物中才能找到。他说："纯粹理性总是有它的辩证论的，不管我们是在它的思辨运用中还是在它的实践运用中考察它；因为它向一个给予的有条件者要求那绝对的条件总体，而这个总体只有在自在之物本身中才能找到。"②

在康德哲学中，辩证法（又译"辩证论"）是理性能力的误用所致，属于"幻相的逻辑"，与其打交道的都是一些超验的对象。他说："当我们拥有一种赋予我们一切知识以知性形式的如此表面的技艺时，不论我们在这些知识的内容方面是如何的空洞和贫乏，却仍然有某种诱人的东西，使得那只不过是进行评判的一种法规的普遍逻辑仿佛像一件进行现实创造的工具一样，至少被用于有关客观论断的假象，因而事实上就以这种方式被误用了。于是，这种被当成工具论的普遍逻辑就称之为辩证论。"③这种原本仅适用

---

① 康德. 历史理性批判文集 [M]. 何兆武，译. 北京: 商务印书馆, 1990: 22.

② 康德. 纯粹理性批判 [M]. 邓晓芒，译. 北京: 人民出版社, 2017: 134.

③ 康德. 纯粹理性批判 [M]. 邓晓芒，译. 北京: 人民出版社, 2017: 46.

于经验的法规（纯粹知性），"对那些并未给予我们，甚至也许根本无法给予我们的对象不加区别地作出判断"，必然导致知性（包含于理性之中的知性）能力的误用。因此，必须对这种误用进行批判。康德指出，之所以对知性和理性的超自然运用进行批评，"为的是揭露出它们的无根据的僭妄的虚假幻相，并将理性以为单凭先验原理就能做到有所发现和扩展的要求降低到只是批判和保护纯粹知性以防止诡辩的假象而已"。①这是康德首次提及先验辩证法的批判对象，即"幻相"，也是先验辩证法的"思辨运用"，即通过为现象和物自体划界，进而批判了先验幻相的假象，并阐明了作为一门自然倾向的形而上学何以不可能。但是，康德又指出，这种幻相的产生是不可避免的，是理性自有的，具有客观性。"先验辩证论将满足于揭示先验判断的幻相，同时防止我们被它所欺骗；但它永远也做不到使这种幻相（如同逻辑的幻相一样）也完全消失并不再是幻相。"②也就是说，先验辩证法只能揭示幻相，却不能消除幻相。这样一来，我们不禁困惑：先验辩证法要批判虚假的幻相，但是却不能消除甚至避免这一幻相。那么，先验辩证法的旨趣何在？

要解除这一疑惑，必须探讨产生幻相的深层根源。在康德哲学中，理性有一种超越经验界限的自然倾向，亦即形而上学倾向，康德将这种超越经验界限的原理称为"超验的原理"。所谓超验，康德解释道："我们在前面所阐述的纯粹知性原理只应当具有经验性的运用，而不能具有先验的，即超出经验范围之外的运用。但一条取消这些限制甚至要求人们跨越这些限制的原理，就叫作超验的。"③可见，先验辩证法批判了理性凭借自身超越经验的界限，进而揭示这些僭越经验界限的幻相（Schein）。但是，尽管我们批判这一幻相，却不得不承认它的存在。出于本能，人类理性要不断地将自身的理念运用于超验对象。普通逻辑（即形式逻辑）不可避免地要被当成工具，

---

① 康德. 纯粹理性批判［M］. 邓晓芒, 译. 北京: 人民出版社, 2017: 47.

② 康德. 纯粹理性批判［M］. 邓晓芒, 译. 北京: 人民出版社, 2017: 199.

③ 康德. 纯粹理性批判［M］. 邓晓芒, 译. 北京: 人民出版社, 2017: 198–199.

而一旦形式逻辑充当推理论证的工具，就会陷入无穷上溯的境地。因为形式逻辑推理是无法彻底贯彻的，其大前提需要一个更高的推理来证明，而这一更高推理的大前提也是未经证明的。这是一个有条件者寻求无条件者的过程，是一个无限上溯的链条。这也是康德哲学中知性与理性的最大区别，即知性只要求判断合乎范畴和经验即可，而理性则始终要求完备性，要进一步深究判断的大前提之依据。因此，以理性的视角观之，在知性范围内的所有形式逻辑的推理都是不完备的。但是，矛盾的是，形式逻辑的推理又属于理性的精神，而就理性的本能而言，其始终要求彻底的完备性和圆满性。

康德指出："如果什么地方有纯粹理性的一种正确运用，并在这种情况下也必定有理性的一种法规的话，则这种法规将不涉及思辨的运用，而是关系到理性的实践的运用。"①也就是说，在认识领域（现象界），只有纯粹知性原理才是法规，而在实践领域（本体界），实践理性的超越原理才是法规。因此，人类理性之所以会有这种超越经验的界限追求圆满性的本能，不是因为知性，而是因为理性，因为人的道德本质、道德倾向。但是，在实践领域，理性的运用也会陷入幻相。"但理性在其实践运用中的情况也是半斤八两。它作为纯粹实践的理性，同样要为实践上的有条件者（基于爱好和自然需要之上的东西）寻求无条件者，而且不是作为意志的规定根据，而是即使在这个规定根据（在道德律中）已被给予时，以至善的名义去寻求纯粹实践理性之对象的无条件的总体"。②与纯粹理性的思辨运用相同，实践理性同样要为有条件者去寻求无条件者，因而也导致了二律背反。不同的是，这个有条件者不是基于自然规律的知识，而是基于自由规律的需要和爱好。在这里，作为善的无条件的总体，"至善"成为纯粹实践理性的对象。这一"至善"有双重含义：既是符合道德法则的最高的善，又是包含一切善的圆满的善。因此，在实践领域，至善就是道德与幸福的统一，即德福一致。

遗憾的是，由于"道德法则"与"至善"的混用，导致了实践理性陷入

---

① 康德.纯粹理性批判［M］.邓晓芒，译.北京：人民出版社，2017：463.

② 康德.实践理性批判［M］.邓晓芒，译.北京：人民出版社，2016：135.

了幻相。因为，作为意志的规定根据的"道德法则"，只顾从彼岸世界向人颁布绝对命令，只考察"动机"，却不考虑"结果"，不干预实践理性在感性世界中的目的性能否实现。因此，作为意志的规定根据的无条件者，道德法则虽然已经是无条件的定言命令，已经是最高的善，但还不是完满的善，仍无法统摄实践理性的各种善，无法作为一切有条件者的终极条件而与之共同构成一个无条件的总体。也就是说，道德法则只是纯粹实践理性的动因，还不是其对象。而"至善"则不同，作为各种不同善的无条件的总体，它是"动机"与"结果"的完美结合，是彼岸的道德法则与此岸的感性幸福的统一，即既符合道德法则，又配享幸福生活。但是，"道德律是纯粹意志的唯一的规定根据。但由于这一法则只是形式上（也就是只要求准则的形式是普遍立法的），所以它作为规定根据就抽掉了一切质料，因而抽掉了一切意愿客体。因而尽管至善是一个纯粹实践理性，亦即一个纯粹意志的全部对象，但它却并不因此就能被视为纯粹意志的规定根据，而唯有道德律才必须被看作使那个至善及其促成或促进成为意志自身的客体的根据。"①换言之，尽管至善是至高至圆满的善，是纯粹意志的全部对象之总体，但是，只有道德法则才是纯粹意志的唯一的规定根据。如果我们以至善作为纯粹意志的规定根据即要求德福一致，就会陷入二律背反。也就是说，遵循道德法则的人理应配享幸福生活，这是至善。可以作为结果来期待，但是不能作为动机来要求，因为纯粹意志的规定根据是道德法则而不是至善。这就是先验辩证法的"实践运用"，即通过对至善划清界限，进而维护道德法则的有效性，并阐明了作为一门科学的未来形而上学何以可能。

综上所述，从"幻相"到"至善"，从纯粹理性的思辨运用到实践运用，康德的先验辩证法通过批判先验幻相，阐明了自然倾向的形而上学作为一门科学何以不可能。通过对至善划清界限，阐明了未来形而上学作为一门科学何以可能。先验辩证法最直接的目的在于建立一门科学的形而上学。因为，"哲学曾是对至善必须由以建立的那个概念及至善必须借以获得的那个

① 康德. 实践理性批判 [M]. 邓晓芒, 译. 北京: 人民出版社, 2016: 136-137.

行为的指示。假如我们让这个词保留其古代的作为一门至善之学的含义，那就好了，只要理性在其中努力使至善成为科学"。^①在康德看来，哲学是以实践智慧为统帅的理论哲学和实践哲学的统一：在认识上追求至善的理念，在实践上要遵照至善的指示才能达成至善。因此，只要理性努力使至善成为科学，而不是盲目的教条，那么，哲学就能成为一门科学，就能保留其至善之学的含义。可见，康德先验辩证法最直接的目的就在于建立一门科学的至善之学。但是，康德并不止步于建构一门科学的形而上学，其先验辩证法有着更加高远的旨趣——启蒙。

二、启蒙：先验辩证法的旨趣

由于受黑格尔哲学的影响，人们往往以"幻相的逻辑"来概括康德的先验辩证法，并据此以"消极的先验辩证法"冠之，以区别于黑格尔的"积极的辩证法"，进而梳理出一条"别具创见"的近代以来辩证法的发展历程：从康德消极的先验辩证法到黑格尔积极的唯心辩证法，再到马克思积极的唯物辩证法。我们认为，这是对康德先验辩证法的片面性解读，即只窥探到了康德辩证法的"消极因素"，却忽略了其"积极维度"。"他（黑格尔）之所以认为康德的辩证法是消极的，只是由于在他看来康德没有利用辩证法的运动来解决问题。但这是黑格尔站在自己的立场之上的看法，实际上辩证运动根本不能解决所有的哲学问题，它只能被用于历史哲学的领域。康德对此具有清楚的意识，所以辩证法的作用也就自然体现在他的历史哲学之中了。黑格尔则将这一思想无限度地予以泛化，不仅迷失了问题的视域，而且忽视了辩证法对立的真正因素。他没有看清辩证法的真正本质，也就无法通览康德的全部辩证法思想，仅仅抓住二律背反这样的一个枝节问题责难康德不知道运用辩证运动，就显得很不公正了。"^②由此可见，造成对康德先验辩证

---

① 康德.实践理性批判[M].邓晓芒，译.北京：人民出版社，2016：135.

② 李欣，钟锦.康德辩证法新释[M].上海：同济大学出版社，2009：278-279.

法误解的原因，主要是缺乏对康德先验辩证法真正旨趣的洞察。要么从"自然"的角度观之，要么以"自由"的视角察之。总而言之，无论是"幻相"还是"至善"，要么是纯粹理性的思辨运用，要么是实践运用，都是对康德先验辩证法的片面性理解，未能真正揭示其理论旨趣。

康德指出："纯粹理性在其辩证论中所显示出来的二律背反，事实上是人类理性历来所可能陷入过的最有好处的迷误，因为它最终推动我们去寻求走出这一迷宫的线索，这个线索如果被找到，还会揭示那我们未曾寻求却毕竟需要的东西，即对事物的一种更高的、不变的秩序的展望，我们现在已经处在这种秩序中，并且我们从现在起就可以由确定的规范指导着，按照最高的理性规定在这个秩序中去继续我们的生活。"[1]纯粹理性无论在辩证论的思辨运用还是实践运用，都陷入了自相矛盾的尴尬境地。但是康德为什么说这是人类理性有史以来可能陷入过的"最有好处的迷误"呢？原因在于先验辩证法的积极维度：不管理性多么小心都必然要陷入二律背反的迷误，这迫使理性不得不去追问其产生的根源，并寻找一条解决问题的线索。这一线索一旦被找到，我们就会获得意外的收获，即"对事物的一种更高的、不变的秩序的展望"。在这里，所谓"更高的秩序"是相对于自然的秩序而言的，是一种道德的秩序。所谓"不变的秩序"是指遵循"道德法则"这一绝对命令的道德秩序，是一种理智世界的秩序，是一种道德的、信仰的秩序。这一秩序是我们未曾预料到的，是只有摆脱了二律背反的困惑之后才能发现的更高秩序，但却是我们需要的。因为除了科学知识，人类还需要道德法则和信仰。只有通达了这一更高的秩序，人类才能实现真正的启蒙。而启蒙正是康德先验辩证法的旨趣所在。

对此，美国学者刘易斯·贝克（Lewis Beck）认为："对康德而言，在辩证论中还存在一个更重要的幻相。这个幻相就是，在理论理性和实践理性之间存在必然冲突，第一批判禁止他做在第二批判中所做的事。辩证论

---

① 康德. 实践理性批判［M］. 邓晓芒，译. 北京：人民出版社，2016：134-135.

的主要部分就是要揭穿理性与自身的这一明显的冲突。"①康德先验辩证法揭示理性的思辨运用与实践运用之幻相，是为了揭穿另外一个"更重要的幻相"。这个幻相就是理性与自身的冲突，即理性的"界限"问题。理性意识到自己的"界限"意味着理性的"成熟"。"'理性'对自己的'职权'范围有了更加清楚明了的'界限'，'理性'对自身有了更明晰的认识——'理性''成熟'了，这正是康德'启蒙'的意思。"②对此，叶秀山先生明确指出："康德通过'自由'的'批判'——即对于'实践理性'的'批判'，把欧洲哲学—形而上学，推向'成熟'，推向'启蒙'。"③康德先验辩证法的旨趣既不在于"幻相"，也不在于"至善"，而在于"启蒙"。对于这一结论，如果了解康德所处的时代背景就不难理解康德何以将"启蒙"作为其辩证法的旨趣。启蒙运动最初产生于英国，但以法国的启蒙运动影响最大且最为深远。康德在撰写三大批判时正值法国启蒙运动最为壮阔的时期。当时的欧洲各国几乎都处于专制、愚昧和非理性的黑暗状态之中。以伏尔泰为代表的启蒙思想家们将社会罪恶的根源归之于人们的"非理性"。因此人们纷纷举起了"理性"的大旗，去批判传统的专制和迷信，倡导自由、平等和博爱。理性，成为绝对的权威，是丈量一切的尺度。所有事物都必须经过理性法庭的审判才得以持存。但是，这一运动从一开始就注定了必然陷入困境，因为启蒙思想家们将理性仅仅限定于"理论理性"，并将其视为万能而运用于一切社会领域（包括实践领域）。如此一来，启蒙运动所倡导的"自由、平等、博爱"成了漂浮于空中的种子，因落不到实地而无法发芽。启蒙运动陷入了迷雾，演变为新偏见取代旧偏见的"无聊重复"。面对困境，思想家们深深地陷入了对启蒙的思考之中，作为大学教授的康德当然也不例外。加上休谟对知识论提出的挑战，唤醒了康德独断论的迷梦。因此，先验辩证法无疑成为康德打开启蒙之门的一把金钥匙。因为它不仅解释

---

① 刘易斯·贝克.《实践理性批判》通释[M].黄涛，译.上海：华东师范大学出版社，2010：298.

② 叶秀山.启蒙与自由[M].南京：江苏人民出版社，2011：137.

③ 叶秀山.启蒙与自由[M].南京：江苏人民出版社，2011：139.

了传统启蒙的缺憾，还深入阐明了康德对启蒙精神的独到理解。可以说：
"康德的主要哲学著作，特别是《纯粹理性批判》写作的目的，都是为了挽
救启蒙运动的危机"。①

在康德看来，启蒙不应仅仅停留于"认知领域"，还应进入"实践领
域"。因为理性并不仅仅是思辨的，还是实践的，除了理论理性，还应包括
实践理性。因此，康德认为："启蒙运动就是人类脱离自己所加之于自己的
不成熟状态。不成熟状态就是不经别人的引导，就对运用自己的理智（即知
性——引者注）无能为力。当其原因不在于缺乏理智，而在于不经别人的
引导就缺乏勇气与决心去加以运用时，那么这种不成熟状态就是自己所加
于自己的了。Sapere aude（要敢于认识——引者注）！要有勇气运用你自己
的理智！这就是启蒙运动的口号。"②简言之，在康德看来，启蒙就是走出
不成熟状态。所谓"不成熟状态"，有两层含义：一是这种状态不是由于外
因，而是自身的"惰性"和"懦弱"所致；二是安于庇护及安排，如果没有
他人的引导就无法运用自己的知性。因此，"勇于运用自己的知性"成为启
蒙的箴言。在康德哲学中，知性与理性大致相当，康德有时也将两者互用。
但是，知性与理性也有着微妙的区别：知性只能与现象界打交道，而理性包
括知性，且具有超越自身、超越现象界的能动性。所以理性不仅具有知性的
能力，而且具有运作这种能力的"勇气"。

从理性的角度，康德的启蒙精神可以概括为"自己思维、理性的自我
批判和理性的自己立法"。③所谓"自己思维"，康德将其称为普通人类知
性的"第一原则"，即"摆脱成见的思维方式的准则"。这一"准则是一个
永不被动的理性的准则。对被动的理性、因而对理性的他律的偏好就叫作成
见；而一切成见中最大的成见是，把自然界想象为不服从知性通过自己的本
质规律为它奠定基础的那些规则，这就是迷信。从迷信中解放出来就叫作启

①　袁建新. 康德的《遗嘱》研究 [M]. 北京：人民出版社，2015：342.

②　康德. 历史理性批判文集 [M]. 何兆武，译. 北京：商务印书馆，1990：22.

③　李秋零. 康德与启蒙运动 [J]. 中国人民大学学报，2010（6）：67.

蒙；因为这个称呼虽然也适合于从一般的成见中解放出来，但迷信却是首先
（in sensu eminenti在突出的意义上）值得被称之为一种成见的，因为迷信置
身于其中，甚至也许会将它作为一种义务来要求的那种盲目性，首先使靠
别人来引导的需要、因而使一种被动理性的状态变得明显了"。①在康德看
来，成见的迷信是启蒙的首要障碍，人类要走出那种"不成熟的状态"，必
须摆脱这种对成见的迷信，这样才能独立运用自己的知性。与法国启蒙运动
的思想家们不同，康德认为人们在自己思维之前，理性必须进行"自我批
判"，即对理性自身的认识能力和适用范围进行考察并加以限定，以防理性
的僭妄。因此，在认识领域，理论理性的适用范围仅限于现象界，而在本体
界只有实践理性才得以跨越；在实践领域，理性可以"自己立法"。虽然我
们无法认识诸如"自由"这样的物自体，但是作为自由意志的存在者，我们
必须悬设一个道德意义上的"自由"，否则人类将无法从物的世界中区别开
来。但是，这一自由并非为所欲为的自由，而是理性自己为自己立法的自
由。康德将这种立法称为"自律"，即"人仅仅服从他自己的，但尽管如此
却是普遍的立法，而且人仅仅有责任按照他自己的、但就自然目的而言普遍
地立法的意志而行动"。②自己的行为准则不仅仅对自身有效，而且对其他
的一切理性存在者都普遍有效，这样的行为准则就是具有普遍必然性的法
则，亦即"自律"。只有这样，人类才敢于运用自己的知性，才能走出"不
成熟的状态"。

三、启蒙的自毁：先验辩证法的局限

　　康德的先验辩证法是在理性的作用下试图形成一个统一的体系，其最根
本目的是建构一种作为科学的未来形而上学。阿多诺批判了康德先验辩证法
对"同一性"的追求，认为这一启蒙的路径是行不通的，因为根本不存在绝

①　康德.判断力批判[M].邓晓芒，译.北京：人民出版社，2017：104-105.
②　康德著作全集：第4卷[M].李秋零，译.北京：中国人民大学出版社，2005：440-441.

对的第一性，任何寻求"同一性"的哲学都必然走上概念拜物教的迷途。

在阿多诺看来，康德将启蒙理解为"使人走出由自己所致的不成熟状态"。将"不成熟状态"解释为"没有他人的指导就不能运用自己的知性"。这意味着，康德"按照自己的一贯性，把个别的知识汇集为体系"。阿多诺认为，"理性的作用不过是形成具有系统的统一性的观念，形成具有牢固的概念联系的形式因素。人们所能依照的每个有内容的目的，不管是不是一种理性的观点，从严格的启蒙的意义来看，都是一种妄想、欺骗、'理性化'；尽管个别的哲学家作出了巨大的努力，试图摆脱这种结论，以符合人们相互友好的感情，但是情况仍然是这样的。"①这里"个别的哲学家"无疑是指康德。在阿多诺看来，康德的先验辩证法具有调和的目的，服务于主体和客体的调和。"主体和客体的分离对主体来说是不可避免的事情，随着这种分离进入意识中，辩证法也就为所有甚至客观地被思考的东西打了坑。尽管如此，它还是抱有调和的目的。调和会解散非同一的东西，会使之摆脱压抑，包括精神化的压制；它打开了通向复杂的不同事物的道路，剥夺了辩证法对于这些事物的权力。"②但是，这样一来，辩证法就会陷入"泛逻辑主义"，进而退化为一种教条。

尽管黑格尔批判了康德这种将形式和内容分离开来的做法，试图以"现实"来统合"方法"，将形式与内容统一起来。这样，作为"方法"的辩证法也就成为"现实"自身。但是，阿多诺认为，黑格尔的这种做法虽然表面看来是"非同一性"的，但实际上仍属于非同一性的"总体性"。在阿多诺看来，"在'辩证法'这个词的朴素意义上，辩证法既不是一种纯方法，也不是一种现实。它不是方法：因为未被调和的事物——恰恰缺乏被思想所代替的同一性——是矛盾的，从而抵制任何一致性解释的企图。正是事物，而不是思想的组织动力把人们带向了辩证法。辩证法也不是简单的现实：因为

---

① 霍克海默，阿多诺. 启蒙辩证法 [M]. 洪佩郁，蔺月峰，译. 重庆：重庆出版社，1990：75.

② 阿多诺. 否定的辩证法 [M]. 张峰，译. 重庆：重庆出版社，1993：5.

矛盾性是一个反思范畴，是概念和事物在思想上的对立。"①虽然"否定之否定就是肯定"的原则是黑格尔哲学体系的根基，但是，辩证法的本质并非这种"非同一性"的总体性，而是在于"他者对同一性的抵制"，即对系统性或总体性的一种反抗。

阿多诺反对康德的这种传统的"种加属差"的固定化图式，认为辩证法在本质上是反体系的。"统一的要素之所以生存，不是靠从概念到更一般的总括性概念的一步步递进，而是因为概念进入了一个星丛。这个星丛阐明了客体的特殊性"。②在他看来，"星丛"是主体与客体彼此相互渗透的真理，既不能将其还原于主观性，也不能还原于存在。它是一个由彼此并立而不整合的"变动因素"构成的集合体，但反对将某一因素当作该集合体的本原；它寻求并立而不整合的集体，但又反对康德那种使事物概念化（现象化）的同一性；它充满对体系的否定，但又不认同黑格尔那种"否定之否定即肯定"的非同一性。因此，阿多诺认为，康德的先验辩证法以"同一性"的方式去解开悖论的做法是行不通的，更不可能实现真正的启蒙。

阿多诺认为，启蒙的目的在于使人们摆脱恐惧，成为主人。启蒙具有二重性，"启蒙不仅是独立自主精神的普遍运动，而且是这种独立自主精神的执行者"。③对于阿多诺而言，启蒙既要将理性从神话中解放出来，又要实现对自然的征服。吊诡的是，自由本身是对抗性的："它反对旧的压迫，却助长了新的压迫，而这种新的压迫就隐藏在合理性原则本身中。"④虽然理性一开始是作为"神话的解毒剂"出现的，但是理性一旦解构了神话就会变成一种新式的"神话"，因为它成为一切存在物得以合目的性地存在的绝对命令，"自然"成为被主体剥夺的他者。如此一来，启蒙的理性虽然增强了人对自然的统治，但同时又加强了一部分人对另一部分人的统治。"这样，

① 阿多诺. 否定的辩证法 [M]. 张峰，译. 重庆：重庆出版社，1993：141-142.

② 阿多诺. 否定的辩证法 [M]. 张峰，译. 重庆：重庆出版社，1993：159-160.

③ 霍克海默，阿多诺. 启蒙辩证法 [M]. 洪佩郁，蔺月峰，译. 重庆：重庆出版社，1990：39.

④ 阿多诺. 否定的辩证法 [M]. 张峰，译. 重庆：重庆出版社，1993：209.

启蒙精神就走上了自杀的过程：随着阶级的巩固，和自然的征服同时发生的，是大多数人对于一种作为第二自然而毫不留情地加诸他们的社会秩序的服从，而科学技术的发展只是完成着这种暴政的机器。"①在阿多诺看来，康德的先验辩证法就是这样的一种启蒙：理性在摆脱迷信的过程中走向了自身的对立面。因此，理性的解放是一个悖论，启蒙运动必然导致启蒙的自毁。

但是，阿多诺对康德先验辩证法的否定以及对康德启蒙思想的批判是存在争议的。因为：一方面，尽管康德的先验辩证法是围绕着总体性展开的，但是这一辩证法具有两个维度，即"知性的运用"和"运用知性的勇气"，前者即"知性"属于同一性的运用，是系统性的logos（使杂多概念化、综合化），而后者"勇气"属于超越性的nous，是反体系的（打破现有的秩序进而建立更高的秩序）。而且，就康德哲学的旨趣（"人是什么"）而言，康德哲学并非一种"同一性"或"总体性"的哲学，因为在"人是什么"这一旨趣的意义上，其对"人"的理解不是描述性的，而是"生成性"的；②同时，在康德哲学中，"意志"既是理论理性，又是实践理性，是主体通达客体的桥梁。这与康德对现象与物自体的二分并不矛盾；另一方面，尽管阿多诺的启蒙也是以"人成为主人"为目的，但是，康德的启蒙是走出由自身所招致的不成熟状态，属于"人与自身"关系的启蒙；而阿多诺的启蒙则更多地关注人与自然的和解，属于"人与自然"关系的启蒙。也就是说，阿多诺对康德启蒙思想的批判不是在同一视角下进行的。

值得注意的是，阿多诺无意中指出了另一更为有力的批判路径："马克思从康德和德国唯心主义者那里接受了关于实践理性的首要性的论点并把它磨砺成一种改变世界而不只是解释世界的要求。"③在马克思看来，"只要

---

① 霍克海默，阿多诺.启蒙辩证法[M].洪佩郁，蔺月峰，译.重庆：重庆出版社，1990：序4.

② 福尔克尔·格哈特.伊曼努尔·康德：理性与生命[M].舒远招，译.北京：中国社会科学出版社，2015：207-211[M]//奥特弗里德·赫费.康德.纯粹理性批判[M].郭大为，译.北京：人民出版社，2008：215-223.

③ 阿多诺.否定的辩证法[M].张峰，译.重庆：重庆出版社，1993：240.

生产力获得了解放，使人们不再被吞没在那种被需求强迫的实践中、那种在人们身上被自动化的实践中，人们便有可能人道地进行沉思。"①康德的先验辩证法只能是一种"无力的复兴"，不能达成真正的启蒙。马克思在《德意志意识形态》中指出，受康德以来的德国哲学理论影响，人们往往脱离了现实的物质生产条件进行思考，因此得出的解决问题的方法容易出现方向上的错误。要想获得真正的自由和解放，仅仅依靠理论的批判是不够的，必须通过革命行动。与康德强调理性不同，马克思更加注重感性、注重现实。甚至在某种程度上可以说马克思是反对抽象理性的，因为理性更多地倾向于"解释世界"，而现实中的问题是如何"改变世界"。作为"法国革命的德国理论"，康德的启蒙思想无疑遭受了严重的挑战。原因在于，要想实现真正的人类启蒙，仅仅停留于思想上的自由是远远不够的，启蒙运动必须深入到现实中去。因此，马克思把康德的这种自由称为"行动上的软弱无力"，认为自由本身不是目的。它乃是个人自我确证或自我实现的前提。在马克思看来，启蒙运动遭遇的最大障碍不是思想上的自由，而是现实中的困境——资本的统治与人类的解放。

---

① 阿多诺. 否定的辩证法 [M]. 张峰，译. 重庆：重庆出版社，1993：240.

第四章 黑格尔辩证思维得以可能的前提

辩证思维作为一种思维方式，在当今的哲学基础理论研究中有着突出而重要的作用。辩证思维已经成为人们熟知的东西。它是"提供理解一切现存事物的'自己运动'的钥匙"，"提供理解'飞跃'、'渐进过程的中断'、'向对立面的转化'旧东西的消灭和新东西的产生的钥匙"[1]，这种对于辩证法的理解正深深地影响着我们这个时代。然而，尽管研究者对于辩证思维有了更加清醒的认识，但是真正对辩证思维得以可能的前提进行反思的却并不多见，辩证思维往往成了到处可以套用的形式公式。反思辩证思维得以可能的前提成了人们最为紧迫的任务，而最重要的就是反思其得以运动的前提、得以转化的前提，因为这是其区别于传统形式思维的最基本的前提。

---

[1] 列宁. 哲学笔记 [M]. 北京: 人民出版社, 1998: 306.

一、黑格尔辩证思维的载体

在黑格尔的辩证思维里，他以存在作为逻辑学的开端。这个开端是"无规定性的单纯的直接性"，它"不能是任何间接性的东西"，"不能是得到了进一步规定的东西"①。那么，这样的一个开端是如何实现辩证逻辑的运动的呢？

尽管黑格尔在寻求开端的时候的确找到了一个"纯存在"，这个纯存在毫无规定性，但是这种无规定是内容意义上的无规定，黑格尔的存在还是包含着两个预设的属性：自在性和自为性。黑格尔设定了自在自为的存在。所谓"自在"，"质的存在本身，就其对他物或异在的联系而言，就是自在存在。"②所谓"自为"，"这种在过渡中、在别物中达到的自我联系，就是真正的无限……存在作为否定之否定，就恢复了它的肯定性，而成为自为存在。"③存在的一切运动形态的可能性皆源于这个自在自为性。在一般的认识里，自在的存在同实体自因没有什么区别，也就是说，存在的一切运动发展变化都是靠自身实现的。因为"说某物是自在的，意思是，它至少主要地独立于其他事物，有着不与他物相关的自身本质"。④这是西方哲学中最为一般的理解。那么，这就很容易导致一种想法，也就是说，辩证思维是无条件的，它的可能性或者说必然性的前提只是在于其自身，因为辩证思维是人的一种理性的思维，与世界无关。黑格尔自己也说过，"思维却是自己在自己本身内，自己与自己本身相关联，并且以自己本身为对象。"⑤这种对黑格尔的自在的存在的解释（包括黑格尔自己对自在的存在的诠释）表面上是符合黑格尔的想法的，是黑格尔的自在的全部意义，但仔细深究，我们就会

① 黑格尔. 小逻辑 [M]. 贺麟，译. 北京：商务印书馆，1980：189.

② 黑格尔. 小逻辑 [M]. 贺麟，译. 北京：商务印书馆，1980：203.

③ 黑格尔. 小逻辑 [M]. 贺麟，译. 北京：商务印书馆，1980：209.

④ 尼古拉斯·布宁，余纪元. 西方哲学英汉对照词典 [M]. 北京：人民出版社，2001：482.

⑤ 黑格尔. 小逻辑 [M]. 贺麟，译. 北京：商务印书馆，1980：97.

发现，这只说对了一半。

人们在研究黑格尔哲学的时候，往往更容易将其划分到传统形而上学的行列之中，所以就不可避免地过分强调了其自在性，而没有慎重考虑这个存在的另外一个规定，即存在的自为性的真实含义。作为黑格尔哲学的存在的一种属性，自为性是存在运动发展变化的动力，这个好像也没人否认。但是，一旦在这里作出一个转化，说黑格尔的自为性是内在关系的逻辑的必然结果，那么必然会导致众多的非议。我们暂且不谈"内在"的问题，单是"关系"就已经和黑格尔的存在的自在性相矛盾了。因为只要谈"关系"，就不是一个主体，不是一个主体，那么也就无所谓自在了。但是，如果认为"自在自为性"的设定本身一定要保证一种绝对的"自在性"在先，那就是对黑格尔的最大误读。"理性已意识到它的自身即是它的世界，它的世界即是它的自身时，理性就成了精神。"①换句话说，精神是思维（理性）与存在（世界）的统一，精神自觉到这种统一。"精神在〔绝对〕知识中结束了它形成形态的运动，尽管精神在这些形态形成的过程里是同意识的已经得到克服的〔主客〕差别或对立相伴随的。"②如果单单从黑格尔最终所获得的结论看，那么确实，精神是理性与世界的统一，二者合二为一。但是，这种统一是建立在对"差别"和"对立"进行扬弃的基础上的。也就是说，自在自为的存在貌似自身统一，自身相差别，而实际上是与世界统一，统一的前提是与世界相差别、相对立。这种统一必须在能动的自为性的作用之下完成。黑格尔哲学的目的如果是仅只在自在的情况下强调自为，自在是自为的绝对的前提，这也许是他的基督教情结在作祟，这与哲学的追求有关。但是，黑格尔的哲学之所以有着对后世哲学的重大影响，却不在于他的自在性而是在于其设定的自为性。如果没有这个自为性，黑格尔的哲学就一定是以这样或那样的方式实现与传统形而上学的知性思维等同。这种在自在性的基础上的具有创造性的自为性的提出是打破传统哲学牢笼的巨斧，是黑格尔哲

① 黑格尔.精神现象学:下卷［M］.贺麟，王玖兴，译.北京:商务印书馆，1979: 1.
② 黑格尔.精神现象学:下卷［M］.贺麟，王玖兴，译.北京:商务印书馆，1979: 272.

学的最伟大贡献。在黑格尔那里，他追求的是一种形式更为高级的形而上学，终极的理念是他的目标，扬弃差别是他的选择。这种终极的理念之所以能够实现依赖的就是辩证思维，而辩证思维得以可能的根据就在于概念之间的矛盾、对立、差别的"关系"的存在，这种关系是一种以概念的本质内容为基础所形成的概念之间的关系，这种关系与概念之间的外在勾连并不相同，它不以共同的本质作为相互联系的纽带和前提，不是形式逻辑的三段论推理，而是以彼此之间的本质差异作为相互联系、相互否定、相互规定的纽带的前提，这种联系实现的不是对事物的本质的理解，而是对概念的真理的理解。这种关系超越了形式逻辑的以概念之间具有的"共同"本质为前提的外在关系，而是辩证逻辑的以概念之间的本质的"差异"为前提的内在关系。内在关系的逻辑是辩证思维的隐含的前提。"照我看来……一切问题的关键在于：不仅把真实的东西或真理理解和表述为实体，而且同样理解和表述为主体。"[①]作为实体的存在是自在的，而作为主体的存在则更具能动性，是自为的。"自在性并不是一种尚未展开的没有具体存在的抽象的普遍，它本身直接就是个体性的历程的现在和现实。"[②]在黑格尔的逻辑中，不可否认的就是，"自在性"是具有自为性的自在性，"自为性"是以自在性为前提的自为性。在黑格尔的著作中，对于自为性的强调成为其自身区别于以往全部哲学的根据。

综上，黑格尔的确设定了自在自为的存在，这种概念存在依赖于自身的这种特性实现运动、发展、变化，最终达至理念。但是，从黑格尔对于这个概念运动的过程、这个为真理证明的过程的论述中我们发现了黑格尔的"否定"的秘密，我们发现这一规定即否定的过程并不是不假外求的。通过进一步反思就会发现，存在的这个自在自为性的设定本身是值得考量的。什么是自在？自在就是思想保持自身的确定性的不变的本质。什么是自为？就是思想使自身运动起来的超越自身的能力。而自在自为就是说，思想既具有保持

---

① 黑格尔.精神现象学：上卷［M］.贺麟，王玖兴，译.北京：商务印书馆，1979：10.

② 黑格尔.精神现象学：上卷［M］.贺麟，王玖兴，译.北京：商务印书馆，1979：260.

自身本质的能力又具有使自身运动发展的能力。

那么，我们进一步需要反思的就是自在自为性这个作为逻辑学开端的存在的特性。黑格尔的自在自为性真的像我们所理解的那样是存在的无条件的前提吗？如果自在自为性是存在的前提，那么自在自为的本性自身的前提又是什么呢？换句话说，自为性的设定是如何产生的？超越了传统形而上学的黑格尔哲学的关键点在哪里？黑格尔又是怎样实现了这种哲学思维方式的转换的？黑格尔是怎样转变对那个传统的形而上学的理念的理解，从而实现概念的运动、发展、变化的理论新形态的呢？

在逻辑上说，黑格尔已经力图打破传统哲学的主谓逻辑，力图打破形式推理的真理形态，并且实现了以辩证逻辑为真理证明的理论突破，这是超越形而上学的巨大进步。在谈到判断的时候，尽管黑格尔仍然是采用主谓的格式去讨论问题，但是这时的判断已经具有了不同层级的形式，在"反思的判断"对"质的判断"的超越中主谓逻辑已经发生了变化：主词成了谓词的谓词，谓词成了主词的主词，"主词也须设定具有谓词的特性，从而谓词也获得了主词的特性"[1]。这种主词与谓词之间的关系已经超越了传统形式逻辑理解的主词与谓词的关系，主词的绝对性的意义在辩证逻辑中丧失了。罗素对传统的主谓形式的逻辑有这样的评价："传统逻辑既然认为所有命题都具有主谓形式，因此不可能承认关系的实在性。它认为，一切关系都必须还原为显然相关的项的属性。"[2]在这一点上，黑格尔的确坚持了存在的本体论意义，仍然采用主谓式的"判断"进行逻辑分析，但是黑格尔却在此基础上将判断进行不同层级的划分，从而实现了一种以辩证逻辑进行推理的思维方法。这对后世的影响不可估量。

---

① 　黑格尔. 小逻辑 [M]. 贺麟, 译. 北京: 商务印书馆, 1980: 343.

② 　罗素. 我们关于外间世界的知识 [M]. 陈启伟, 译. 上海: 上海译文出版社, 2008: 35—36.

二、内在关系的逻辑

在完成了对存在的自在自为性的设定以后，黑格尔必须正面回答的一个问题就是：存在的"自为性"何以可能？这是黑格尔超越传统形而上学的关键点。黑格尔的存在并不像单子那样是个封闭的体系，存在的自为性所具有的超越自身的能力是由黑格尔所设定的存在所具有的与他物发生关系的能力决定的。也就是说，事实上黑格尔完成的是对存在的两个设定：自在自为性的设定；他者的设定。黑格尔的存在的无规定性是内容的无规定性，不是绝对的无规定性，也就是说，黑格尔的"纯存在"也并不如他所说的那样纯粹。当然，在黑格尔那里，无论存在也好，他物也好，都是思想把握到的存在、他物，也就是说都是思想的规定，即概念。黑格尔提出自在，但这个自在的存在并不简单地只是个实体，自在本身还具有他者的意义。"这种自在反而证明它自身仅仅是为他物而存在的一个方式。"①自在的存在成了他者，成了对象，从而失去了自身的独立地位。可见，黑格尔谈他物问题，承认他物与自在的存在相关联，但是这个他物是为自在的存在而存在，自在的属性在他物中得到映现，但同时黑格尔马上就会跟上一句话，与他物相关联所体现的存在的属性本来就在自在自为的存在之中。类似于"自由正是在他物中即是在自己本身中、自己依赖自己、自己是自己的决定者"②，这样的文字在黑格尔的著作中到处可见。这样，这个存在就成了一个无所不包的存在，这个存在自在自为，成了与他物无关的东西，因为他物不过是自在自为的存在展现自身的现象而已。

尽管作为自在自为的存在不假外求，但是，这不过是个思想中的设定罢了。当我们关注黑格尔的整个逻辑操作过程的时候，自在自为的存在（也是作为他物的存在）与作为他物的存在（也是自在自为的存在）无不处于关

---

① 黑格尔.精神现象学：上卷[M].贺麟，王玖兴，译.北京：商务印书馆，1979：115.
② 黑格尔.小逻辑[M].贺麟，译.北京：商务印书馆，1980：83.

系之中，"其实，个人进入对立面，即是人本身意识的觉醒，这种受外力引诱是每个人所不断重演的历史。"①在黑格尔这里，已经没有哪个存在是绝对独立的了，这与传统形而上学有着本质的区别。传统形而上学是谈一物以及他的"本质"；黑格尔的形而上学是谈一与他物有"关系"的物，在这种关系中发现物的本质，而且这种关系不是简单的时空关系，而是作为有生命的生命体之间的相互作用关系。前者是概念的绝对自身规定；后者则是概念之间的相互规定。前者规定的是物理对象或者说是以物之理规定一切事物；后者规定的是生命体（包括人、社会、国家、历史等）或者说是以人之理规定世界。前者以本质作为真理；后者以概念规定的全体作为真理。黑格尔形象地描述这种物理思维，"这种仅是抽象理智的思维所达到的结果，复引起的超出这种结果的较高要求，即基于思维坚持不放，在这种意识到的丧失了它的独立自在的过程中，仍然继续忠于它自身，力求征服它的对方，即在思维自身中以完成解决它自身矛盾的工作。"②黑格尔批判康德认为尽管他对于抽象理智发展得淋漓尽致，但是，这种抽象理智发展到极端程度时，思维仍然不会放弃自身，思维要自己解决自身产生的矛盾，而这又是不可能的，因此陷入理性的二律背反。黑格尔的这一批判，足见其对于康德及其之前的形式逻辑认识的深刻。如果把形式逻辑定义为抽象的外在关系的静态逻辑的话，那么，辩证逻辑就是具体的内在关系的动态逻辑。

　　提出内在关系的逻辑来深入说明辩证思维，是要打破对黑格尔哲学的一般的理解方式。事实上并不存在一个与辩证逻辑相区别的内在关系的逻辑，事实上二者是一个逻辑，只不过当辩证逻辑作为一个名词呈现出来的时候，内在关系的逻辑能将这种逻辑的内涵更清晰地展现。当我们谈辩证法的"批判的，革命的本性"的时候，我们必须回答的一个问题就是：辩证思维中的运动何以可能？而要回答这个问题，就必须在内在关系的逻辑中去发现。

　　换一种思维方式。当黑格尔谈自在自为的存在的时候，我们应该想到

① 黑格尔.小逻辑[M].贺麟，译.北京：商务印书馆，1980：90.

② 黑格尔.小逻辑[M].贺麟，译.北京：商务印书馆，1980：51.

与之相对应的他物（同样是思想的规定）。那么，在黑格尔哲学中，二者之间是何关系呢？他物难道真的只是自在自为的存在展现自身的现象而已吗？不是的。每个自在自为的存在都与他物相关联，每个自在自为的存在同时也"是"一个他物。为什么这么讲？我们看黑格尔的逻辑，它无时无刻不处在一种关系当中，当然黑格尔的这种关系是通过思辨思维进行设定的。但是其间也有着现实的基础，就是人。"禽兽对于足以满足其需要之物，俯拾即是，不费力气。反之，人对于足以满足其需要手段，必须由他自己去制造培植。所以，即就他对于外界事物的关系来说，人总是通过外物而和他自身相联系。"①而黑格尔又是如何处理这种关系的呢？黑格尔给予了自在自为的存在以绝对的地位。也就是说，尽管自在自为的存在与他物发生关系，但是这种关系所产生的结果并不是自在自为的存在受他物之影响而改变自身，而是他物的本质就是自在自为的存在自身的本质，他物为自在自为的存在而存在，他物本身并没有意义，他物的意义已经完全体现在自在自为的存在自身当中。这就是黑格尔对他物的理解，同时也就是他对于绝对的理解。

但是，仔细深究就会发现，黑格尔所说的他物本身也是个自在自为的存在，任何存在都是自在自为的存在，无一例外。这样，作为彼此相互独立的自在自为的存在之间的这样一种相互规定关系就成了我们穿透黑格尔所应看到的东西了。任何存在都是自在自为的存在，任何存在都包含着其他存在的本质，自身的本质也为其他存在所包含着。而此一存在要想成为彼一存在时必定与彼一存在发生关系，从而使彼一存在的本质为此一存在所具有，反之亦然。这样，作为此一存在的潜在的彼一存在通过与之发生关系就使其成为现实了。"自在自为的本质和目的自身就是直接的实在的确定性自身，就是自在存在和自为存在、普遍性和个体性的渗透或统一；行动本身即是它的真理性和现实性，而对个体性的发挥或表达，就是行动的自在自为的目的。"②要知道，这种关系不同于空间关系，这种关系是一种彼此之间的相

---

① 黑格尔. 小逻辑 [M]. 贺麟, 译. 北京: 商务印书馆, 1980: 91.

② 黑格尔. 精神现象学: 上卷 [M]. 贺麟, 王玖兴, 译. 北京: 商务印书馆, 1979: 261.

互渗透的关系、相互作用的关系、相互拥有对方的本质的关系、相互使对方更具体的关系，是一种变化的逻辑、行动的逻辑、发展的逻辑，是相互否定的逻辑，是革命性的逻辑，是超越性的逻辑。

那么，为什么把这样的一种逻辑界定为内在关系的逻辑？主要出于以下考虑。首先，辩证思维虽然不具备形式逻辑的逻辑性，不是三段论式的，不把单一概念作为概念的全体，但是，这种思维也有其操作原则，否定性是其本质，而这种否定是在概念的差别中实现的"相互规定"的"关系"中实现的。因此，相比于形式逻辑，辩证思维同样有其自身的逻辑——内在关系的逻辑。其次，辩证思维是不同于范畴逻辑（先验逻辑）的内在关系的逻辑。所谓的先验逻辑并不那么先验，它不过是辩证思维认识发展的结果。把这个认识结果当作绝对客观、无条件的前提的逻辑就是先验逻辑。而辩证思维则是概念设定自身的反面并与之相联系，将他者（概念的矛盾一方）的本质纳入到自身中来（黑格尔的这种否定并不具有直接否定的意义而只具有相互规定的意义）以不断丰富自身内容的内在关系的逻辑。再次，如果没有辩证思维，"关系"本身也许还只是停留在抽象的时空关系当中，或者是主体对客体的认识当中。辩证逻辑的关系远没有那么简单，辩证逻辑中的关系是建立在关系双方相互差别、相互作用、相互规定，并拥有对方的本质的前提之下的。这种关系是关系双方不再单纯保留自身，而是使双方彼此占有对方的本质的过程。这种概念之间的相互规定所构成的理论体系就是一种内在关系的逻辑。这种内在关系的逻辑不同于形式推理，不同于先验逻辑，否则关系双方永远各自独立，不成其为关系，有的只能是外在性的关联。至此，内在关系的逻辑的真实意义就已经显明了，即建立在概念的相互规定的基础上的以其彼此之间互为本质、互相占有对方本质的关系为前提的运动、发展、变化的逻辑，是存在扬弃其自身的逻辑，是存在获得自己的全部的概念规定的逻辑，是真理的实现和证明的统一的逻辑。

三、辩证思维的自否定

当我们用内在关系的逻辑去阐发黑格尔的哲学时，我们看到，黑格尔哲学自身内部产生了惊人的变故。对此，或者是因为黑格尔自身产生了不可调和的矛盾，或者我们要改变以往对黑格尔哲学的理解。

首先，黑格尔对于存在的这种自在性的设定已经失去了原有的意义。存在，按照黑格尔的规定，我们可以说它是自在的，但这种自在的存在由于同时又是自为的存在，因而是不能被严格规定、被束缚于作为定在的概念之中的。因为，作为一种自为性的存在，不可避免地是一种敞开性的存在，是具有能动性的存在，是具有与他者发生关系的能力的存在，是能体现自由的存在，那就不可避免地是要丰富自身的存在。那么，既然这种自为的存在是不能被规定的，那么说它是自在的与说它不是自在的本身也就没有什么意义了。黑格尔反复强调的自在性的存在，也就被那同时又是自为性的存在消解了。在这个意义上，如果我们考察马克思对黑格尔的批判，那么，这种纯粹的逻辑就具有了现实性的意义了。马克思说黑格尔是以最抽象的形式表现了人类的最现实的生存状况，这种状况就是"个人现在受抽象统治"，这就是马克思说的人类社会发展的第二形态，即"以物的依赖性为基础的人的独立性"①。人的独立性就是黑格尔所悬设的那个自在性，这个自在性是人的自由的表现，但是这种自由不是绝对的，它受到自为性的限制，这种自为性就是与他者发生关系的能力，而这个他者不是直接意义上的人，而是物。但是，这个物是什么呢？马克思说这个物是"资本"。那资本又是什么呢？资本本身蕴含的不是作为个体的人的关系，因为这种关系已经被资本抽象掉了，资本所蕴含的是已经被抽象了的现实的人的关系，这种抽象地表达的现实的人的关系不是封建宗法关系，而是两个阶级的关系。由此，作为自在的人的独立性和自由就在作为他者

① 马克思恩格斯全集：第30卷［M］．北京：人民出版社，1995：107.

的资本当中成了一种虚假的东西了。

再看黑格尔的绝对理念。对于黑格尔哲学的研究我们有一个通行的结论，那就是，黑格尔哲学所设定的绝对理念将一个不断否定自身的存在的开放体系封闭了。那么，有没有黑格尔意义上的绝对理念呢？答案可以是有，也可以是没有。说有，它是一个信仰的对象，尽管它不是上帝而是理性；说没有，确实没有，因为按照内在关系的逻辑，由于其能动性，自在自为的存在总会与他物发生关系从而实现自身的丰富性，没有哪个关节点上我们能说这种能动性消失了，它不再与他物相联系了，因而绝对理念永远都不可能被封闭起来，绝对理念的内容无限。那么，无限的绝对理念又怎么能用一个"绝对理念"的概念进行概括呢？因此，虽然黑格尔运用辩证思维获得了绝对理念的概念，但作为定在的绝对理念本身并不存在。然而，上述这种理解实际上也是我们对黑格尔的一种误解。黑格尔的绝对理念和所有构成辩证运动的概念的各个环节并不具有同等的意义。绝对理念是全体。"理念的真正内容不是别的，只是我们前此曾经研究过的整个体系"。"构成理念的内容和意义的，乃是整个展开的过程。"[①]作为理念的绝对并不是"定在"，理念不是运动的一个终极的环节，而是这个逻辑环节跃迁的全部过程、全部环节的整体。因此，当我们说黑格尔的"绝对"将辩证逻辑封闭起来的时候，这个系统的被封闭不在于理念，而在于作为实体的存在，作为自在性的存在。绝对理念应该是无限。

黑格尔的哲学设定自在的存在，但由于存在的自为性，它必然与他物相联系，进而否定自身，存在的自在性被消解了；黑格尔的哲学终点达至绝对理念，但绝对理念本身无限。这是黑格尔哲学的自否定。这是运用内在关系的逻辑去解释黑格尔的必然结果，这也是黑格尔哲学的必然结果。这是实体性思维方式与关系性思维方式混于一体的必然结果。实体性思维方式要求绝对必须是作为定在的存在，但是这与绝对的无限性相矛盾；关系性的思维方式要求取消实体的绝对地位，因而这个绝对就因为成了概念规定的体系而

---

① 黑格尔. 小逻辑 [M]. 贺麟, 译北京: 商务印书馆, 1980: 422-423.

丧失了自在性的意义。近来，有些研究者将这种思维方式看作"实体关系的逻辑"，"在'实体关系的逻辑'看来，无论关系还是过程，都以实体载体为依托，没有了实体，就没有了关系。"①当黑格尔说存在是自在的时候，自在的存在是不能被直接规定的，不能做"质的判断"的，因为自为的存在总会在与他物的关系中发现自在的存在的新内容（这个自在只有将其规定为发生于思想内部时才是具有确定性的意义的，可是黑格尔绝不仅仅满足于此）。当黑格尔说有终极性的绝对理念的时候，我们看到，由于存在的自为性的属性，导致存在永远不可能停留于自身的某个阶段，它总是不断地处于各种内在关系之中，从而给予绝对理念以新的内涵。因此，作为自在性的存在的绝对理念在黑格尔那里不过是个名称而已，根本不存在这样一个作为实体的存在。

内在关系的逻辑即辩证逻辑达到了全体的自由性与环节的必然性的统一，它是一个概念的相互规定的逻辑系统，它实现了对自由的真正诠释。而黑格尔的哲学无疑是这一逻辑的第一番尝试。黑格尔哲学的真实意义就在于诠释了自由。这种自由是黑格尔通过对存在的设定实现的，是自为的存在自身就蕴含了的。由此，黑格尔通过自己的哲学为自由作出了有力的论证，使自由成为人们愿意遵守的逻辑。但是，无论如何我们也不能否认，黑格尔无法跳出那个时代，传统哲学对于确定性的寻求也成了他的哲学的目标，所以他所规定的存在尽管是自为的却也是自在的，尽管是作为对象的却还是作为实体的，尽管是超越了恶无限的追求无限的逻辑却也不可避免地回复到绝对理念的终极存在。这种终极性的寻求是黑格尔无法逃避的历史命运，是两种思维方式在同一个体系里的交锋。

黑格尔的辩证思维在形式上打破了传统逻辑，但在内容上又回归到传统逻辑。形式与内容的统一是统一在已有的经验结论之上的。这就是他为什么要设定绝对理念的原因。"现实的"——现存的真的成了合理的了。黑格尔

---

① 高云涌. 社会关系的逻辑：马克思辩证法理论的合理形态[M]. 北京：中国社会科学出版社，2009：83.

的哲学是没有"未来"的哲学，因为他不关注未来，他能够通过逻辑进行论证的只能是"现在"及其之前的经验。

作为古代形而上学终点的黑格尔的形而上学与作为现代哲学开端的黑格尔的辩证哲学这两种对黑格尔哲学的不同评价有着不甚相同的意义和立场。前者，黑格尔给理念留下了地盘；后者，黑格尔让存在展现得波澜壮阔。这就是黑格尔，充满矛盾的黑格尔，又是一个视野更加开阔的黑格尔！说黑格尔是矛盾的，是因为他对存在的"自在性的实体性设定"和"自为性的他者的设定"的深层含义是实体性的思维方式与关系性的思维方式的矛盾。说黑格尔的视野更加开阔，是因为他以作为概念规定的体系的理念哲学扬弃了作为概念定在的理念哲学。

黑格尔的哲学开启了一个时代。现代哲学无不是从批判黑格尔开始的，这是给予黑格尔的无上荣光。同时，黑格尔也开辟了一条道路，这条道路虽不能直接与中国哲学对接，但在一定意义上有共通之处。前者，自黑格尔以来，运动、发展概念就显得不那么神秘了，而作为其根据的内在关系的逻辑也渐渐浮出水面，讨论问题不仅局限于空间，还要纵伸向时间，在空间与时间之间达到了统一。后者，当我们一谈到关系的时候，我们就进入了一个差别的、相对的概念、范畴当中，在关系中没有绝对，黑格尔的绝对是被设定了的绝对。尽管中国哲学重在谈人生，但它同样有对问题理解的原则。庄子谈逍遥，但是否有真正的逍遥？没有。庄子谈有待，没有什么是无待的。处在关系之中、差别之中、矛盾之中，就是处在条件之中，就是有待。尽管黑格尔认为存在自在自为，而且只存在于思想当中，但仍然是概念之间的相互规定，没有什么概念可以自身规定自身，关系是其存在的前提，内在关系的逻辑是其实现自身的途径。处在关系之中就是有待，内在关系的逻辑即是有待的存在的思维的运演过程。

由此，一种新的对辩证逻辑的理解——内在关系的逻辑就展现在了读者面前。这是否是一种真实的逻辑？这种逻辑能否对理解辩证思维起到推进的作用？问题的关键在于人们是否能理解这种概念之间的差异性的发生以及以差异性为基础的概念之间的相互规定关系。什么是外在关系？就是绝对的同一或者绝对的差别，也就是没有差别，它遵循形式逻辑。什么是内在关系？就是自身相差别，就是概念之间相互规定，就是矛盾，就是概念运动的动力，它遵循辩证逻辑。

第五章　重思马克思对黑格尔辩证法的"颠倒"

在阿尔都塞看来，马克思《资本论》第二版跋中的"颠倒问题"是辩证法发展史上的一个"路标"。这个问题不仅是理解马克思与黑格尔辩证法理论传承关系的核心节点，更是理解马克思辩证法特殊理论本性的关键所在。但是，我们往往将这一理论疑难简约化：把"颠倒"问题素朴地理解为马克思将黑格尔"头足倒置"的辩证法颠倒过来，亦即将辩证法从唯心主义移植到唯物主义的地基上去。但是，事情本身远非如此简单。阿尔都塞指出，"所谓'对黑格尔的颠倒'在概念上是含糊不清的。我觉得，这个说法严格地讲对费尔巴哈完全合适，因为他的确重新使'思辨哲学用脚站地'（不过，费尔巴哈根据严格的逻辑推理，从这次颠倒中只得出了唯心主义的人本学）。但是，这种说法不适用于马克思，至少不适用于已脱离了'人本学'阶段的马克思。"[1]因此，作为颠倒概念的"'倒过来'一词只有象征的意义，甚至只是一种比喻，而不能最后解答问题"。[2]辩证法的颠倒问题绝对

---

[1]　阿尔都塞. 保卫马克思[M]. 顾良, 译. 北京: 商务印书馆, 2006: 76.

[2]　阿尔都塞. 保卫马克思[M]. 顾良, 译. 北京: 商务印书馆, 2006: 76-77.

是马克思哲学思想研究中重大的理论疑难之一，而澄清这一疑难是我们推进马克思辩证法研究的前提条件。

如何理解这一具有象征意义的"颠倒"概念，不仅关涉到对马克思辩证法的理解，甚至决定了对整个马克思哲学革命的理解。在此，我们借鉴海德格尔关于尼采对柏拉图主义的"颠倒"来类比马克思对黑格尔辩证法的颠倒，以期达到对"颠倒之谜"的本质性理解。海德格尔在《哲学的终结与思的任务》一文中指出，"纵观整个哲学史，柏拉图的思想以有所变化的形态始终起着决定性作用。形而上学就是柏拉图主义。尼采把他自己的哲学标示为颠倒了的柏拉图主义。随着这一已经由卡尔·马克思完成了的对形而上学的颠倒，哲学达到了最极端的可能性。"①从海德格尔的这段话，我们可以得出两个最基本的判定：第一，形而上学就是柏拉图主义；第二，尼采和马克思都是对传统形而上学的颠倒。众所周知，黑格尔在自己的体系中以最宏伟的方式概括了全部哲学的发展，可以说他是整个传统形而上学的完成者。据此，在颠倒传统形而上学的意义上，尼采哲学和马克思哲学具有同质性，这就为我们用尼采颠倒柏拉图主义来类比马克思对黑格尔辩证法的颠倒提供了合法性的理论根基。另外，海德格尔两卷本的《尼采》详细地分析了尼采对柏拉图主义的颠倒，这也为我们的类比提供了事实的可能性。

一、颠倒与翻转

在《尼采》一书中，海德格尔对"颠倒"问题的追问可谓一语中的。"据尼采本人的证词，他的哲学乃是一种颠倒过来的柏拉图主义。我们要问：在何种意义上，为柏拉图主义所特有的美与真理的关系通过这种颠倒而变成了一种不同的关系？"②我们之所以认为海德格尔的追问触及了问题的

①　海德格尔.面向思的事情[M].陈小文，孙周兴，译.北京：商务印书馆，1999：70.

②　海德格尔.尼采：上卷[M].孙周兴，译.北京：商务印书馆，2002：221.译文略有改动，下文改动之处不再一一标明.

实质，是因为他意识到通过"颠倒"使事情本身发生了本质性的改变，变成了一种不同的、别的关系。"颠倒"不是简单的翻转，而是意味着本质性的改变。简单地颠倒过来，并不能使之发生根本性的变化。然而，流俗的理解却把马克思的哲学革命理解为是对黑格尔哲学的简单颠倒。如果将一个事物或问题颠倒过来，就会发生根本性的变革，那么实现哲学革命的就不是马克思，而是费尔巴哈。因为费尔巴哈在马克思之前就已经把哲学拉回到唯物主义的地基之上了。阿尔都塞清楚地表明，"至于对黑格尔的'颠倒'，这个著名的词正好反映了费尔巴哈的企图。费尔巴哈正是作为黑格尔的晚辈，才采用了这个词，并把它推广了开来。值得指出的是，正当费尔巴哈自称他已经把黑格尔哲学'颠倒'过来的时候，马克思在《德意志意识形态》中恰恰指责他依旧是黑格尔哲学的俘虏。马克思还指责费尔巴哈接受了黑格尔的问题的前提，指责费尔巴哈作出的答复虽然不同于黑格尔，但回答的问题却与黑格尔相同。"①当马克思指责费尔巴哈依旧是黑格尔哲学的俘虏的时候，就已经证明简单的翻转并不能产生哲学革命。

海德格尔详尽地分析了这种简单的、素朴的颠倒。"倘若对柏拉图主义的'颠倒'可以等同于那样一种做法，一种仿佛仅仅把柏拉图的一些句子颠三倒四折腾一番的做法，那么，上面这个问题就可以轻轻松松地通过一种简单的换算来解答了。"②很显然，海德格尔坚决反对这种对"颠倒"的肤浅的理解。实际上，一开始尼采也没有特别自觉地意识到这个问题。海德格尔指出，"尼采本人也经常颠三倒四地表达事实，不仅是为了以一种粗犷的方式来说明他的意思，而且也是因为他自己就常常以这种方式进行思考，尽管他所寻求的其实是某种不同的东西。"③颠倒绝非一种简单的换算。此时的尼采不仅没有意识到这一问题，也没有认真地去思考颠倒柏拉图主义之后的哲学应该是什么样的形态。"只是到晚期，在他的思想工作中止前不久，尼

① 阿尔都塞. 保卫马克思[M]. 顾良，译. 北京：商务印书馆，2006：60.
② 海德格尔. 尼采：上卷[M]. 孙周兴，译. 北京：商务印书馆，2002：221.
③ 海德格尔. 尼采：上卷[M]. 孙周兴，译. 北京：商务印书馆，2002：221.

采才完全清楚地认识到，他在这种对柏拉图主义的颠倒中被推向了何方。随着尼采越来越理解了这种倒转的必然性，亦即把它理解为克服虚无主义的任务所要求的，他也就越来越清楚地认识到了上面这一点。"①

根据海德格尔的提示，尼采的"颠倒"关涉的是对柏拉图主义的颠倒，所以我们在思考颠倒问题的时候，必须从对颠倒的对象——"柏拉图主义"入手。"因此，在说明对柏拉图主义的颠倒时，我们必须以柏拉图主义的结构形态为出发点。在柏拉图看来，超感性领域就是真实世界。它作为赋予尺度的东西是高高在上的。而感性领域作为虚假的世界位居低层。高层的东西是首先惟一地赋予尺度的东西，因而是值得追求的东西。在颠倒之后，感性领域即虚假世界就位居高层，而超感性领域即真实世界则位居低层。这在形式上是容易推算出来的。"②我们知道柏拉图把世界分为理念世界和现象世界，理念世界作为超感性领域是一个真实的世界，现象世界作为感性领域是一个变动不居的、虚假的世界。理念界位居高层规定并主宰着现象界。如果要对柏拉图的观念进行颠倒的话，最直接的思考就是"让感性领域即虚假世界位居高层，而超感性领域即真实世界则位居低层"。但是问题在于，理念界和现象界的简单翻转就能克服柏拉图主义吗？颠倒就意味着这种简单的翻转吗？

对此，海德格尔给出了否定的回答。"如果我们仅仅以这种方式来看颠倒，那就可以说，高层和低层的空位还是保留着的，仅仅 作了不同的分配而已。而只要这种高层与低层决定了柏拉图主义的结构形态，则柏拉图主义在其本质上就依然持存着。这种颠倒并没有完成它作为对虚无主义的克服必须完成的东西，亦即一种对柏拉图主义的彻底克服。"③可见，颠倒作为一种简单的翻转并不能真正地克服柏拉图主义。在此基础上，反观马克思对黑格尔辩证法的颠倒，如果仅仅是一种从唯心主义到唯物主义的翻转，也依旧无

---

① 海德格尔. 尼采：上卷 [M]. 孙周兴，译. 北京：商务印书馆，2002：221.
② 海德格尔. 尼采：上卷 [M]. 孙周兴，译. 北京：商务印书馆，2002：221-222.
③ 海德格尔. 尼采：上卷 [M]. 孙周兴，译. 北京：商务印书馆，2002：222.

法彻底克服黑格尔主义。所以马克思才会认为费尔巴哈依旧是黑格尔哲学的俘虏。阿尔都塞指出，"说到底，如果问题的确仅仅是把颠倒了的东西颠倒过来，那么事物的颠倒显然并不会因简单的位置移动而改变本质和内容！用头着地的人，转过来用脚走路，总是同一个人！在这个意义上，哲学的颠倒无非是位置的颠倒，是一种理论比喻；事实上，哲学的结构、问题，问题的意义，始终由同一个总问题贯穿着。"①阿尔都塞的说法不仅形象，而且一针见血。"用头着地的人，转过来用脚走路，总是同一个人！"这就意味着把辩证法从唯心主义移植到唯物主义的地基上，辩证法本身不会发生本质性的改变。

那么，怎样的颠倒才能使事情本身发生根本性的改变呢？这就需要我们继续关注海德格尔关于尼采如何真正地颠倒柏拉图主义，如何真正地克服柏拉图主义的论述。海德格尔认为，"只有当高层本身根本上被清除掉，先前对一个真实的和值得追求的东西的设定已经终止，理想意义上的真实世界已经被取消掉，这时候，对柏拉图主义的彻底克服才能获得成功。"②克服柏拉图主义不是要对理念世界和感性世界进行简单的倒转，而是要彻底地消解理想意义上的真实世界——理念世界。然而，"对以往最高价值的批判并非简单地就是一种对它们的驳斥，把它们宣布为不真实的，而是要揭示出它们的起源，即它们如何起源于某些设定，后者恰恰必须肯定那个为被设定的价值所否定的东西。所以，真正说来，对以往最高价值的批判就意味着：揭示那些附属的价值设定的可疑来源，从而指明这些价值本身的可疑性。"③在尼采看来，虚无主义是西方历史的一个基本事实，是历史性运动的一个基本方式。虚无主义意味着：最高价值的自行贬黜。柏拉图以来的哲学中被设定为决定性的现实和法则的东西，失去了它们的约束力量，新的价值设定必然就是一种对一切价值的重估。正是基于这样的理解，后来尼采指出柏拉图的

① 阿尔都塞.保卫马克思[M].顾良，译.北京：商务印书馆，2006：61.

② 海德格尔.尼采：上卷[M].孙周兴，译.北京：商务印书馆，2002：222.

③ 海德格尔.尼采：上卷[M].孙周兴，译.北京：商务印书馆，2002：26.

理念世界只不过是实在性蒸发出来的最后一缕烟雾。至此，对柏拉图主义的颠倒才彻底完成。这对我们理解马克思辩证法的颠倒问题具有重要的意义。如果以尼采对柏拉图主义的颠倒为参照系，那么对黑格尔辩证法的颠倒根本不是将辩证法颠倒在唯物主义的基础上，而是彻底地消解掉辩证法的唯心主义本性，消解黑格尔对"绝对精神"的价值设定。

让我们回过头来再看一下马克思关于"颠倒"问题的经典表述："辩证法在黑格尔手中神秘化了，但这决没有妨碍他第一个全面地有意识地叙述了辩证法的一般运动形式。在他那里，辩证法是倒立着的。必须把它倒过来，以便发现神秘外壳中的合理内核。"[①]在这里，马克思明确地把"颠倒"理解为发现神秘外壳中的合理内核。如果是这样的话，我们似乎应该扔掉思辨哲学的神秘外壳，以保留辩证法的宝贵内核。换句话说，剥去外壳和把辩证法颠倒过来在马克思那里应该是同一个意思。怎么在颠倒的意义上去理解剥去外壳呢？或者说，在剥去外壳的过程中，究竟是什么东西被颠倒过来了呢？

马克思的这一经典表述不免让人心生疑虑。难道马克思对黑格尔辩证法的颠倒，就像人们剥干果一样，把外壳剥掉，留下里边的果仁那样简单吗？事实上这是不可能的！因为在黑格尔哲学那里神秘形式和合理内核并不是被摆放在一起的泾渭分明的两个东西。"说辩证法能够像外壳包裹着的内核一样在黑格尔体系中存身，这是不可思议的事。"因为"不能想象黑格尔的意识形态在黑格尔自己身上竟没有传染给辩证法的本质，同样也不能想象黑格尔的辩证法一旦被'剥去了外壳'就可以奇迹般地不再是黑格尔的辩证法而变成马克思的辩证法。"[②]因此，我们需要重新审视马克思关于"颠倒"的经典论述，决不能使马克思的"剥离"庸俗化和简单化。"剥离"也应该在海德格尔所说的清除或消解掉高层的超感性世界本身的意义上去理解。在黑格尔那里，神秘外壳和合理内核是交织在一起的。恩格斯认为黑格尔的体

---

① 马克思恩格斯文集：第5卷[M]. 北京：人民出版社，2009：22.

② 阿尔都塞. 保卫马克思[M]. 顾良，译. 北京：商务印书馆，2006：79.

系和方法之间存在着矛盾，其实就黑格尔哲学自身而言是不存在的。恩格斯只不过是想为辩证法开辟出一条新路来，才如此主张的。"神秘外壳根本不是思辨哲学、'世界观'或'体系'，不是一种可被认为同方法相脱离的成分，而是本身就属于辩证法。"①神秘性不仅是黑格尔哲学体系的外壳也是其辩证法内核的本性。所以马克思才会说，"辩证法在黑格尔的手中神秘化了"。他正是用他自己合理形态的辩证法去反对和破除黑格尔辩证法的这种神秘形式。"神秘外壳无非是辩证法本身的神秘形式而已，换句话说，它不是辩证法的一种相对外在的成分（例如'体系'），而是与黑格尔辩证法同质的一种内在成分。"②神秘外壳与合理内核是相互渗透在一起的，神秘性既是外壳的本性也是内核的本性。马克思对黑格尔辩证法的颠倒就是要破除黑格尔辩证法的神秘性，而这是通过简单的翻转或者简单的对外壳的剥离所无法做到的。

二、颠倒与转向

颠倒不是简单的翻转和剥离，而是对超感性世界神话的消解。这种意义上的颠倒究竟该如何进行？海德格尔一语道出了"颠倒"的真义。"当尼采认识到对柏拉图主义的颠倒就是一个从柏拉图主义中转向出来的过程时，他已经精神错乱了。迄今为止，人们既没有认识到这种颠倒乃是尼采的最后步骤，也没有看到尼采只是在其创作生涯的最后一年里（1888年）才清晰地完成了这种颠倒。"③颠倒实际上是"转向"。尼采只是到了学术生涯的最后一年才完成了这种颠倒，可见理解和解决这一问题的艰难性。就此意义而言，马克思对黑格尔辩证法的颠倒并不是将其倒立过来，而是从黑格尔的哲学城堡中撤离出来，当然这一撤离也并非简单地将黑格尔哲学弃之如敝履。

---

① 阿尔都塞. 保卫马克思［M］. 顾良，译. 北京：商务印书馆，2006：79-80.

② 阿尔都塞. 保卫马克思［M］. 顾良，译. 北京：商务印书馆，2006：80.

③ 海德格尔. 尼采：上卷［M］. 孙周兴，译. 北京：商务印书馆，2002：222-223.

阿尔都塞指出，"必须从'改弦易辙'这一认识出发，我们才能研究关于马克思向黑格尔借鉴和继承的问题，特别是关于辩证法的问题。"[1]作为"转向"的颠倒意味着对"翻转"的否定，意味着不再拘泥于颠倒问题的表面含义。针对将颠倒问题简单化的倾向，胡克不无嘲讽地说道："如果马克思的辩证法对其批评者来说还仍然是一个神秘的话，其原因在于他们不知道到什么地方去寻找其解答。他们过分拘泥于他的关于把黑格尔的方法头脚倒置的隐喻，似乎能够用我们检验母猪屁股的办法来研究一种方法！"[2]胡克所主张的是要在"应用"的地方去领悟马克思辩证法的意义，其实和从黑格尔辩证法中"转向"出来的观点有异曲同工之妙。

在转向的意义上去理解颠倒和剥离，最重要的是要清晰地认识到从什么样的东西里转向出来。马克思剥去黑格尔辩证法的神秘形式就是批判作为德意志意识形态的黑格尔哲学。在《德意志意识形态》中，马克思明确指出，"德国的批判，直至它最近所作的种种努力，都没有离开过哲学的基地。这个批判虽然没有研究过自己的一般哲学前提，但是它谈到的全部问题终究是在一定的哲学体系即黑格尔体系的基地上产生的。不仅是它的回答，而且连它所提出的问题本身，都包含着神秘主义。"[3]整个德国思想界都笼罩在黑格尔哲学的阴影之下，或者说是黑格尔哲学基地上的产物。因为，黑格尔的哲学确实是18世纪的百科全书，是已经获得的全部知识的总结，也是历史的总结。对马克思来说，这个世界就是他当时生活的意识形态世界，也是他开始思想时所面临的意识形态世界。

马克思写作《德意志意识形态》最重要的一个目的就是要洞穿当时德国的意识形态幻象。只有在这一前提下，才有可能把握住人类社会的真正现实。"德意志意识形态的世界无可比拟地是最受意识形态压迫的世界，也就是离历史实际最远的世界，是欧洲各意识形态世界中受神秘主义和异化影响

① 阿尔都塞. 保卫马克思[M]. 顾良, 译. 北京: 商务印书馆, 2006: 67.

② 悉尼·胡克. 对卡尔·马克思的理解[M]. 徐崇温, 译. 重庆: 重庆出版社, 1989: 313.

③ 马克思恩格斯文集: 第1卷[M]. 北京: 人民出版社, 2009: 514.

最深的世界。马克思就在这一世界中诞生，并开始思想。马克思的开端的偶然性在于，他诞生时被包裹在一块巨大的意识形态的襁褓之中，而他成功地从这块沉重的襁褓中解脱了出来。"①当时支配着18世纪三四十年代的德意志意识形态世界的正是德国的唯心主义，具体而言就是黑格尔的思辨哲学。马克思的哲学革命就体现在这一解脱、突破和转向之中。马克思辩证法的颠倒问题亦应该在这一哲学革命的思想背景之下获得理解。"1840年德国青年知识分子从黑格尔那里继承来的思想，同它们的外表相反，包含着一部分含蓄的、被掩盖的、经过伪装的和改变了方向的真理，而马克思在经过多年的理论努力后，终于用批判的威力把这一真理挖掘了出来，使它重见了天日和得到了公认。所谓把黑格尔的哲学（或辩证法）'颠倒过来'、使之'重新用脚立地'这个著名论题实际上就贯穿着这种逻辑。"②阿尔都塞的这一论断向我们表明，颠倒问题所贯穿的逻辑就是真理方向的改变，一种转向的逻辑，从黑格尔哲学的神秘形式中转向出来。

马克思在致狄慈根的信中谈道："一旦我卸下经济负担，我就要写《辩证法》。辩证法的真正规律在黑格尔那里已经有了，当然是具有神秘的形式。必须去除这种形式。"③毫无疑问，马克思所谓的辩证法的神秘形式指的就是黑格尔哲学的"思辨"。在其逻辑学中，黑格尔明确地表达了关于"思辨"的含义。在论及逻辑学概念的进一步规定和部门划分时，黑格尔指出："逻辑思想就形式而论有三方面：（a）抽象的或知性［理智］的方面；（b）辩证的或否定的理性的方面；（c）思辨的或肯定理性的方面。"④这三个方面并不构成逻辑学的三部分，而是每一逻辑真实体的各环节，亦即每一概念或每一真理的各环节。辩证法和思辨并不能等同，而是概念或真理的两个环节。哲学把怀疑主义作为一个环节包括在它自身内，这就是哲学的辩

---

① 阿尔都塞. 保卫马克思［M］. 顾良，译. 北京：商务印书馆，2006：62—63.

② 阿尔都塞. 保卫马克思［M］. 顾良，译. 北京：商务印书馆，2006：61.

③ 马克思恩格斯文集：第10卷［M］. 北京：人民出版社，2009：288.

④ 黑格尔. 小逻辑［M］. 贺麟，译. 北京：商务印书馆，1980：172.

证阶段。黑格尔之所以把辩证法与怀疑主义联系起来，是因为辩证法是以否定为其结果。但哲学不能像怀疑主义那样，仅仅停留在辩证法的否定结果方面。所以，哲学必须从否定的辩证阶段上升到肯定的思辨的阶段。"思辨的阶段或肯定理性的阶段在对立的规定中认识到它们的统一，或在对立双方的分解和过渡中，认识到它们所包含的肯定。"[①]辩证法与思辨的区别就在于它们分别标志着否定和肯定的环节。流俗理解的最大失误就在于把辩证法和思辨混同了起来，从而也就无法澄清辩证法的颠倒问题。黑格尔指出，"思辨的东西（das Spekulative），在于这里所了解的辩证的东西，因而在于从对立面的统一中把握对立面，或者说，在否定的东西中把握肯定的东西。这是最重要的方面，但对于尚未经训练的、不自由的思维能力说来，也是最困难的方面。"[②]而辩证法则是"抽象—否定"的方面，这是必须要超越的环节。

与黑格尔不同，马克思反对思辨的肯定，主张辩证法的否定。在《1844年经济学哲学手稿》中，马克思高度评价了"黑格尔的《现象学》及其最后成果——辩证法，作为推动原则和创造原则的否定性"。[③]其实，马克思的这一说法也并不是和黑格尔完全对立的。黑格尔也认为"辩证法是现实世界中一切运动、一切生命，一切事业的推动原则。同样，辩证法又是知识范围内一切真正科学认识的灵魂。"[④]但是，黑格尔和马克思对辩证法的重视是不一样的，黑格尔是把辩证法当作逻辑学的一个环节：在辩证的阶段，这些有限的规定扬弃它们自身，并且过渡到反面。黑格尔强调的是整体中这一环节的重要性。而马克思则把辩证法当作了整体本身。所以马克思必须反对逻辑学的"思辨"环节。"因为黑格尔根据否定的否定所包含的肯定方面把否定的否定看成真正的和惟一的肯定的东西，而根据它所包含的否定方面把它

① 黑格尔. 小逻辑[M]. 贺麟, 译. 北京: 商务印书馆, 1980: 181.
② 黑格尔. 逻辑学: 上卷[M]. 杨一之, 译. 北京: 商务印书馆, 1966: 39.
③ 马克思. 1844年经济学哲学手稿[M]. 北京: 人民出版社, 2000: 101.
④ 黑格尔. 小逻辑[M]. 贺麟, 译. 北京: 商务印书馆, 1980: 177.

看成一切存在的惟一真正的活动和自我实现的活动，所以他只是为历史的运动找到抽象的、逻辑的、思辨的表达，这种历史还不是作为一个当作前提的主体的人的现实历史，而只是人的产生的活动、人的形成的历史。"①马克思要从黑格尔辩证法中彻底"转向"出来，就必须彰显辩证法的"批判性"，消解掉黑格尔哲学的"思辨性"。

三、颠倒与退回

那么，马克思为什么要颠倒黑格尔的辩证法？剥离辩证法的神秘形式？消解掉黑格尔哲学的思辨结构呢？这是因为作为肯定环节的思辨最终会导致一种"意识形态"。"所有这些武断的推论（虽然间或也夹杂着一些真正天才的观点）并非神奇般地局限于黑格尔的'世界观'和'体系'，它们实际上在黑格尔辩证法的构造和结构中，特别在黑格尔的矛盾中也得到反映，而这个矛盾的任务就是魔术般地推动历史世界的具体内容去达到意识形态的目的。"②马克思必须突破黑格尔的思辨逻辑所形成的沉重的意识形态褓褓，重新发现真实的历史和真实的对象，这是马克思实现人类解放所需要的根本条件。

"为了从这一意识形态中解放出来，马克思不可避免地要认识到，德意志意识形态的过分发达实际上同时也是德国历史不发达的表现，因而必须从意识形态的大踏步倒退中重新退回到起点，以便接触事物本身和真实历史，并正视在德意志意识形态的浓雾中若隐若现的那些存在。没有这一重新退回，马克思思想解放的历史就不能被理解；没有这一重新退回，马克思同德意志意识形态的关系，特别同黑格尔的关系，就不能被理解；没有向真实历史的这一退回（这在某种程度上也是一种倒退），青年马克思同工人运动的关系依然是个谜。"③在这里，阿尔都塞把马克思的哲学革命或者说把马

---

① 马克思.1844年经济学哲学手稿[M].北京:人民出版社,2000:97.
② 阿尔都塞.保卫马克思[M].顾良,译.北京:商务印书馆,2006:92.
③ 阿尔都塞.保卫马克思[M].顾良,译.北京:商务印书馆,2006:64-65.

克思对黑格尔的颠倒理解为"退回"。从彼岸世界退回到此岸世界，退回到对象的实际。"退回"这一概念相对于"超越"这一概念更具有优越性。因为，我们必须抛弃"超越"（扬弃）这个概念所包含的黑格尔的逻辑精神，否则马克思对黑格尔辩证法的颠倒又容易陷入黑格尔哲学的螺旋运动中去。因为"超越"一词可能意味着克服错误而走向真理，但马克思的颠倒则是克服幻觉而走向现实，或者更确切地说，是要消除幻觉并从被消除的幻觉退回到现实。

马克思能够穿越德意志意识形态的幻象而退回到现实绝非偶然。日本学者柄谷行人曾将马克思的批判称之为"移动式批判"，正是在这种不断地移动中马克思才退回到了对象的实际。柄谷行人强调，"当我们考察马克思的时候，也应当注意到他的不断移动及其在思想上的绝对重要性。"①没有这种思想的移动，没有这种不断地流亡，没有这种德国之外的视角，马克思无法看清德国的意识形态幻象。按照阿尔都塞的说法，"马克思作出了一项根本的发现，他发现法国和英国并不符合它们的神话，他发现了法国的现实和英国的现实，发现了纯政治的谎言、阶级斗争、有血有肉的资本主义和组织起来的无产阶级。偶然的巧合为马克思和恩格斯作了分工，前者发现了法国的现实，后者发现了英国的现实。这里的问题也还是后退，而不是超过，也就是从神话退回到现实。这场真实的经历揭开了幻觉的面纱，而马克思和恩格斯由于他们自身的开端，当时就生活在这种幻觉之中。"②

因此，强调马克思的移动式批判，并非是要强调马克思是一个流亡者。马克思确实曾流亡过英国，后来被允许回国，事实上，1850年他也确曾一度回到德国。但他留在英国，其主要原因是为了研究资本主义。这样一来，我们便无法称他为单纯的政治流亡者，而毋宁说那是他自己主动选择的场所。因为当时的英国把现代世界的事实摆在了马克思的面前。"于是，一切都发生了变化，马克思终于发现了使他陷于迷茫之中的意识形态浓雾的现实。他

① 柄谷行人.跨越式批判——从康德到马克思[M].赵京华，译.北京:中央编译出版社,2011:97.
② 阿尔都塞.保卫马克思[M].顾良，译.北京:商务印书馆,2006:69.

不得不放弃用德国的神话去解释外国的现实，承认这些神话不但对外国毫无意义，而且对德国自己也是如此，这些神话只是使德国对自身的奴隶地位抱有幻想。马克思看到，必须相反用外国取得的经验去观察德国，以便对德国有清楚的认识。"①

　　从意识形态向现实的这一退回恰巧是与一种崭新现实的发现同时发生的。关于这一新的现实，马克思在"德国的哲学"著作中找不到任何反映。就这样，马克思在法国发现了有组织的工人阶级，恩格斯在英国发现了发达的资本主义，以及不需要哲学和哲学家的干预而按照自己的规律进行的阶级斗争。恩格斯在《英国工人阶级状况》中指明了这一退回的原因，"英国工人阶级的历史是从上个世纪后半期，随着蒸汽机和棉花加工机的发明而开始的。大家知道，这些发明推动了工业革命，工业革命同时又推动了整个市民社会的变革，它的世界历史意义只是现在才开始被认识。英国是发生这种变革（这种变革越是无声无息地进行，就越是强有力）的典型地方，因此，英国也是这种变革最主要的结果即无产阶级发展的典型国家。只有在英国，才能把无产阶级放在它的一切关系中并从各个方面来加以研究。"②在《资本论》中，马克思在谈到工作日、资本主义积累一般规律的例证时都选择的是英国的发展事实，之所以有这样大量的事实被列举，都是因为英国是最典型的资本主义社会。马克思指出，"现代社会的任何一个时期，都不如最近20年这样有利于研究资本主义的积累。在这个时期，真好像是福尔士纳特的钱袋被发现了。不过，在所有国家中，英格兰又是一个典型的例子，因为它在世界市场上占据首位，因为资本主义生产方式只有在这里才得到了充分的发展。"③

　　马克思通过《资本论》对资本主义社会的现实进行了详尽而又细致的分析。马克思所退回到的这个出发点不仅和青年黑格尔派不同，也与黑格尔

---

① 阿尔都塞. 保卫马克思 [M]. 顾良，译. 北京：商务印书馆，2006：71.
② 马克思恩格斯文集：第1卷 [M]. 北京：人民出版社，2009：388.
③ 马克思恩格斯文集：第5卷 [M]. 北京：人民出版社，2009：746-747.

哲学不同。如果不认真看待这个出发点的差异，如果看不到马克思的后退并不是退到黑格尔原来的出发点，就不可能解决黑格尔和马克思之间的关系问题。青年黑格尔派的出发点就是黑格尔的哲学。虽然青年黑格尔派中的每一个人都断言自己已经超越了黑格尔哲学，但他们与黑格尔哲学之间都存在着一种"依赖关系"，因此没有一个人对黑格尔体系进行全面的批判。马克思则揭示了黑格尔哲学的意识形态本性。黑格尔通过辩证法的逻辑进程，最终达到了绝对精神，而普鲁士国家就是这种完美理念的体现，这使得黑格尔哲学成为普鲁士国家的官方哲学。

在《资本论》第一版跋中，紧随那段"辩证法是倒立着的"论述之后更为重要的表述："辩证法，在其合理形态上，引起资产阶级及其空论主义的代言人的恼怒和恐怖，因为辩证法在对现存事物的肯定的理解中同时包含对现存事物的否定的理解，即对现存事物的必然灭亡的理解；辩证法对每一种既成的形式都是从不断的运动中，因而也是从它的暂时性方面去理解；辩证法不崇拜任何东西，按其本质来说，它是批判的和革命的。"[1]在这里，相对于黑格尔的辩证法，马克思提出了"合理形态"的辩证法的观念。这种辩证法如果能够引起资产阶级及其夸夸其谈的代言人的恼怒和恐怖，是由于辩证法的批判的和革命的本性，这种批判的辩证法就是对资本主义社会的批判。因此，马克思的辩证法"并非仅仅是对黑格尔做了唯物论的颠倒，而是意味着从黑格尔式的问题构成本身走出来，实现了非连续性的变化"。[2]

在马克思关于辩证法"颠倒"问题的经典表述之前，马克思以赞美的方式援引了一位俄国评论者对《资本论》的方法的解释。这段话可能会对我们理解黑格尔与马克思辩证法之间的差异有所助益。这段话的核心观点如下："作为这种批判的出发点的不能是观念，而只能是外部的现象。批判将不是把事实和观念比较对照，而是把一种事实同另一种事实比较对照。对这种批判唯一重要的是，对两种事实进行尽量准确的研究，使之真正形成相互不同

---

① 马克思恩格斯文集：第5卷[M]. 北京：人民出版社，2009：22.

② 柄谷行人. 跨越式批判——从康德到马克思[M]. 赵京华，译. 北京：中央编译出版社，2011：97.

的发展阶段，但尤其重要的是，对各种秩序的序列、对这些发展阶段所表现出来的顺序和联系进行同样准确的研究……"①对这篇评论，马克思给予了非常高的评价。他指出，"这位作者先生把他称为我的实际方法的东西描述得这样恰当，并且在谈到我个人对这种方法的运用时又抱着这样的好感，那他所描述的不正是辩证方法吗？"②可见，马克思高度认可俄国评论者对其辩证方法的描述。通过这一评论，我们可以看到：黑格尔辩证法是将"事实和观念"比较对照，而马克思辩证法则是"把一种事实同另一种事实比较对照"。这意味着：黑格尔是把思维和存在的统一性作为其哲学解决的主要问题，思想的客观性也就成为其所要到达的最终目标，但也因此其哲学不可避免地会被上升为一种意识形态或被意识形式所利用。而马克思则是将资本主义社会的事实和共产主义社会的事实相比较对照，试图揭示出资本主义社会必然被共产主义社会所取代的社会发展规律。因此，马克思的批判的辩证法在其理论旨趣上必然是对资本主义社会的批判，这种批判本身宣布了革命的必然性。批判的、革命的辩证法必须以马克思从黑格尔哲学所营造的意识形态幻象中挣脱出来为前提。"'马克思的道路'之所以堪称典范，这并不由这条道路的起源和细节所决定，而是因为马克思具有不屈不挠的意志，决心从自命为真理的神话中解放出来，因为他经历了推翻和扫除这些神话的真实历史。"③在此意义上，我们可以说，马克思的辩证法穿越了意识形态的幻象，退回到实际对象本身，从而彻底实现了对黑格尔辩证法的颠倒，确立了"合理形态"的辩证法。

---

① 马克思恩格斯文集：第5卷[M]. 北京：人民出版社，2009：21.

② 马克思恩格斯文集：第5卷[M]. 北京：人民出版社，2009：21.

③ 阿尔都塞. 保卫马克思[M]. 顾良，译. 北京：商务印书馆，2006：73.

第六章 马克思"合理形态"的辩证法

马克思在《资本论》第二版跋中提出了"合理形态"的辩证法。他指出，"辩证法，在其神秘形式上，成了德国的时髦东西，因为它似乎使现存事物显得光彩。辩证法，在其合理形态上，引起资产阶级及其空论主义的代言人的恼怒和恐怖，因为辩证法在对现存事物的肯定的理解中同时包含对现存事物的否定的理解，即对现存事物的必然灭亡的理解；辩证法对每一种既成的形式都是从不断的运动中，因而也是从它的暂时性方面去理解；辩证法不崇拜任何东西，按其本质来说，它是批判的和革命的。"①在分析马克思这一经典表述的时候，我们往往从"颠倒"的视角去诠释马克思"合理形态"的辩证法：认为马克思借助于费尔巴哈的唯物主义实现了对黑格尔辩证法的"颠倒"，批判地吸收了黑格尔辩证法的合理内核，把辩证法从唯心主义的地基颠倒到了唯物主义的地基上，从而建立了一种"合理形态"的辩证法——唯物辩证法。但是，阿尔都塞在《保卫马克思》一书中已经严厉地警告过我们："颠倒"仅仅是一种"隐喻"。这意味着：我们绝不能肤浅地、

---

① 马克思恩格斯文集：第5卷[M].北京：人民出版社，2009：22.

外在地、直观地从"颠倒"的意义上去理解马克思"合理形态"的辩证法。

《资本论》中的这段经典论述至关重要。它不仅关涉到马克思辩证法的理论性质，甚至关涉到我们对整个马克思哲学理论性质的理解。我们应当直面这段论述本身，去探究马克思"合理形态"的辩证法。如果我们仔细分析的话，就会发现马克思的这段经典表述实际上表达了三重内涵：第一，辩证法的"神秘形式"与"合理形态"；第二，"合理形态"辩证法的思维方式；第三，"合理形态"辩证法的理论本性。因此，对马克思所谓"合理形态"辩证法的澄明就是对这三重内涵的探讨。

一、辩证法的"神秘形式"与"合理形态"

在辩证法的这一经典表述中，马克思指出，"辩证法，在其神秘形式上，成了德国的时髦东西，因为它似乎使现存事物显得光彩。辩证法，在其合理形态上，引起资产阶级及其空论主义的代言人的恼怒和恐怖。"①马克思在这里针锋相对地提出了两种对立形态的辩证法理论："神秘形式"的辩证法与"合理形态"的辩证法。可见，"合理形态"的辩证法是直接针对"神秘形式"的辩证法提出来的。也就是说，"神秘形式"与"合理形态"是相对应的概念。就是这样一个再也清楚不过的对立，在通常的论述当中却被研究者遮蔽了，并被转换成了另外一种形式的对立。造成这种后果的根源发端于马克思在《资本论》第二版跋中的另外一段经典论述。在关于辩证法"合理形态"的论述之前，马克思还有一段关于辩证法"颠倒问题"的论述。马克思指出："辩证法在黑格尔手中神秘化了，但这决没有妨碍他第一个全面地有意识地叙述了辩证法的一般运动形式。在他那里，辩证法是倒立着的。必须把它倒过来，以便发现神秘外壳中的合理内核。"②根据马克思的这段经典表述，研究者开始把"神秘外壳"和"合理内核"对立起来，并

① 马克思恩格斯文集：第5卷［M］．北京：人民出版社，2009：22．
② 马克思恩格斯文集：第5卷［M］．北京：人民出版社，2009：22．

进而将其等同于"神秘形式"和"合理形态"的对立。如果这样理解的话，马克思"合理形态"的辩证法就成了抛弃黑格尔辩证法的"神秘外壳"，并吸收其"合理内核"的辩证法了。

马克思说"辩证法在黑格尔手中神秘化了"。毫无疑问，"神秘形式"的辩证法指的就是黑格尔的辩证法。在马克思看来，"神秘性"或"神秘化"是黑格尔辩证法的本质性特征。如果我们把黑格尔辩证法分成"神秘外壳"和"合理内核"两部分的话，那么，"神秘性"就应该既是其"神秘外壳"的本性，也是其"合理内核"的本性。"神秘外壳"与"合理内核"作为黑格尔辩证法的组成部分应该具有内在的一致性。阿尔都塞指出，"不能想象黑格尔的意识形态在黑格尔自己身上竟没有传染给辩证法的本质，同样也不能想象黑格尔的辩证法一旦被'剥去了外壳'就可以奇迹般地不再是黑格尔的辩证法而变成马克思的辩证法。"①阿尔都塞的说法是非常有道理的。我们真的无法想象黑格尔辩证法的外壳是神秘的，而其内核却是合理的。对于严谨如黑格尔这样的德国哲学家来说，竟然没有意识到其辩证法存在着如此致命的矛盾吗？这显然是不可能的。正是基于此，阿尔都塞指出，"说辩证法能够像外壳包裹着的内核一样在黑格尔体系中存身，这是不可思议的事。"②对于黑格尔来说，"神秘外壳"与"合理内核"的对立是一个"假问题"。虽然恩格斯在《路德维希·费尔巴哈和德国古典哲学的终结》一书中进一步把这一对立扩展为黑格尔整个哲学体系和方法之间的矛盾，但是恩格斯这样做的目的只不过是想把辩证法从黑格尔的思辨哲学中拯救出来，彰显辩证法的批判本性。事实上，这种对立或矛盾对于黑格尔本人来说是不成立的，他的辩证法恰恰是其建构庞大形而上学体系的工具而已。

因此，人们不经意间将辩证法"神秘形式"和"合理形态"的对立转换为黑格尔辩证法"神秘外壳"和"合理内核"的对立是不恰当的。不仅是因为两组对立不具有对称性，更重要的是"神秘外壳"和"合理内核"之间的

---

① 阿尔都塞. 保卫马克思[M]. 顾良，译. 北京：商务印书馆，2006：79.

② 阿尔都塞. 保卫马克思[M]. 顾良，译. 北京：商务印书馆，2006：78–79.

对立是一个"假问题"。无论是黑格尔辩证法的"神秘外壳",还是"合理内核",都属于"神秘形式"的辩证法。辩证法的"神秘形式"与"合理形态"的对立才是一个"真问题",一个真正需要我们思考的问题。这样,我们对马克思"合理形态"的辩证法的研究就彻底转换了思路:不再通过指认黑格尔辩证法的"合理内核"去界定马克思"合理形态"的辩证法,而是直接面对"合理形态"辩证法问题本身。

由于"神秘形式"与"合理形态"是相对应的概念,因此"合理形态"的辩证法必须在与"神秘形式"的辩证法的比照中才能更加清晰地呈现出来。根据马克思的论述,"神秘形式"的辩证法"成了德国的时髦东西,因为它似乎使现存事物显得光彩"。这里所谓的"德国的时髦东西"指的就是德意志的意识形态。"德意志意识形态的世界无可比拟地是最受意识形态压迫的世界,也就是离历史实际最远的世界,是欧洲各意识形态世界中受神秘主义和异化影响最深的世界。"①整个德国的思想界都笼罩着黑格尔哲学的阴影,都受着黑格尔思想的宰制。黑格尔哲学作为人类已经获得的全部知识的总结,构成了西方传统形而上学发展的顶峰,其本人也被誉为"奥林匹斯山上的宙斯"。马克思在《德意志意识形态》中描述过德意志社会的这一精神现状。他明确指出:"德国的批判,直至它最近所作的种种努力,都没有离开过哲学的基地。这个批判虽然没有研究过自己的一般哲学前提,但是它谈到的全部问题终究是在一定的哲学体系即黑格尔体系的基地上产生的。不仅是它的回答,而且连它所提出的问题本身,都包含着神秘主义。"②

黑格尔哲学所主宰的德意志的精神世界就是马克思诞生并开始思想时所面临的意识形态世界。那么,黑格尔哲学或者说其"神秘形式"的辩证法缘何能够成为德意志的国家意识形态,成为"德国的时髦的东西"?在马克思看来,是"因为它似乎使现存事物显得光彩"。"使现存事物显得光彩"就是赋予现存事物以"真理"的名义,使其获得永久的、超历史的合法性。

---

① 阿尔都塞. 保卫马克思[M]. 顾良,译. 北京:商务印书馆,2006:62-63.
② 马克思恩格斯文集:第1卷[M]. 北京:人民出版社,2009:514.

黑格尔认为，认识真理应该是哲学的任务，真理的王国是哲学所最熟悉的领域，也是哲学所缔造的，"哲学的目的就在于掌握理念的普遍性和真形相"。①在黑格尔看来，逻辑学的真正使命，是要实现"全体的自由性"与"各个环节的必然性"的统一，也就是要以逻辑的必然性去实现思维的"全体的自由性"。这样一来，黑格尔的哲学体系就排除了一切偶然性，内容都是全体的必然的有机环节，"全体的自由性"和"各个环节的必然性"在逻辑学中达到了统一，并且把"绝对理念"置于整个体系的顶端。正是在这个意义上，我们可以说黑格尔的辩证法是通达或认识"全体的自由性"亦即绝对理念的逻辑进程。这种辩证法以意识的终极确定性为目标，因此这是一种追求绝对真理的超验形而上学。

黑格尔的哲学观念和他的哲学旨趣使他成为绝对精神的发现者。黑格尔辩证法也因此可以赋予现存事物以"光彩"，它能够以一种绝对真理的名义发挥思想的规范和统治作用。于是，黑格尔变成了普鲁士国家的官方哲学家，而其思想也成了德意志的主流意识形态，开始为现代社会——资本主义社会服务。"黑格尔哲学的社会和政治作用以及他的哲学与复辟王朝之间的密切联系只有在这种特定的历史环境中才能被理解和证明。这特定的历史环境和由此产生的结果就是现代社会在拿破仑时代末期发现了自身。"②黑格尔哲学之所以被称为"法国革命的德国理论"，就在于他把自己哲学的基本原则和法国大革命所主张的社会理想联系在一起，把拿破仑看作完成法国大革命这一使命的伟大英雄人物。"拿破仑是世界之'绝对精神'，在他的身上体现着时代的绝对观念的使命。这使命就是巩固和维护代表理性原则的新的社会秩序。"③"新的社会秩序"体现着理性的原则。人的行为方式不需要再靠某些外在的权威如上帝来规范，却要依赖于理性，依赖于绝对精神。

① 黑格尔. 小逻辑 [M]. 贺麟, 译. 北京: 商务印书馆, 1980: 35.
② 马尔库塞. 理性和革命——黑格尔和社会理论的兴起 [M]. 程志民, 等译. 重庆: 重庆出版社, 1993: 154.
③ 马尔库塞. 理性和革命——黑格尔和社会理论的兴起 [M]. 程志民, 等译. 重庆: 重庆出版社, 1993: 155.

在黑格尔看来，"君主立宪制"会带来新的社会秩序。君主立宪政体是资产阶级社会的保护工具。但是，黑格尔认为拿破仑仅仅建立了国家的外在君主立宪制，历史的使命现在是建立内在的君主立宪政体，一个凌驾于市民之上的无可争议的政府的权威。君主立宪制的关键在于"君主"，他是整个国家整体中绝对决定性的环节。黑格尔认为，如果我们能够发现一个由于他的自然存在而不是由于他的社会存在而使其拥有其个性的某个人，这个人仅仅是由于自然性质而不是由于社会结构而使其成为他所是的东西，那么，他就是国家建立的稳固基础。"因此，整体的这一绝对决定性的环节就不是一般的个体性，而是一个人，即君主。"①黑格尔所主张的君主立宪制的社会制度和他的辩证法理论的逻辑体系具有同质性结构，君主立宪制被黑格尔认为是最符合其哲学精神的社会制度。在黑格尔的哲学中，绝对精神是整个体系的最顶端。与此相应，君主就是社会制度中的"绝对精神"，是社会制度的最高点。君主作为社会制度中最高理念的化身，是国家稳固的基础。黑格尔通过对市民社会的辩证分析得出这样的结论：社会并不能自愿地建立理性和自由。因此，黑格尔提出建立一个强大的国家以实现他的目的，并试图通过建立一个有助于君主制的强大的宪法把国家和自由的理想结合起来。从君主立宪制的"君主"到君主政体国家的"宪法"，黑格尔实现了从外在君主立宪制到内在君主立宪制的转变。

通过对黑格尔逻辑学和法哲学的分析，我们可以清楚地看到：黑格尔哲学或者说其辩证法是如何一步一步变成统治阶级意识形态的。"辩证法"不过是黑格尔用来"论证"资产阶级社会君主立宪政体具有合法性的概念工具罢了。马克思哲学所面临的首要任务就是要洞穿当时德意志的意识形态壁垒。"马克思的开端的偶然性在于，他诞生时被包裹在一块巨大的意识形态的襁褓之中，而他成功地从这块沉重的襁褓中解脱了出来。"②打碎这一意识形态的笼罩，必然会遭到统治阶级——资产阶级的强烈反对。"合理形

---

① 黑格尔.法哲学原理[M].范扬，张企泰，译.北京：商务印书馆，1961：296.
② 阿尔都塞.保卫马克思[M].顾良，译.北京：商务印书馆，2006：63.

态"辩证法的最初的历史使命就是要"突破"资产阶级这一牢固的意识形态。因此，也就必然会"引起资产阶级及其空论主义的代言人的恼怒和恐怖"。

二、"合理形态"辩证法的思维方式

有人将黑格尔辩证法的"神秘性"归结为其"思辨"的哲学体系，固然具有一定的道理，但是这种道理只具有学理上的意义，并且没有抓住事情的根本。黑格尔辩证法之所以受到马克思的反对和批判，是因为它沦落为了德意志或者说资产阶级的意识形态。正是在这个意义上，马克思认为辩证法被黑格尔"神秘化"了，德意志思想包含着"神秘主义"。而"合理形态"的辩证法正好与此相反，它能够"引起资产阶级及其空论主义的代言人的恼怒和恐怖"。原因就在于"合理形态"辩证法的思维方式："辩证法在对现存事物的肯定的理解中同时包含对现存事物的否定的理解，即对现存事物的必然灭亡的理解；辩证法对每一种既成的形式都是从不断的运动中，因而也是从它的暂时性方面去理解。"①

马克思关于"合理形态"辩证法思维方式的论述是两句话，在每句话中又用了两种形式，也就是一共用了四种形式去表达这种思维方式的特征。它们分别是："肯定的理解中同时包含着否定的理解"即"必然灭亡的理解"以及"从不断的运动中"去理解也是"从暂时性方面去理解"。这四种表述互相诠释，具有内在的一致性，或者干脆说，这四种表述就是同一个表述。但是，我们在此必须注意到这种思维方式运用的对象，也就是说马克思在理解"什么东西"的时候持这样一种思维方式？因此，对马克思"合理形态"辩证法思维方式的分析可以分为两个方面：一是这种思维方式运思的"对象"问题；二是这种思维方式运思的"特征"问题。前者在已有的研究中经常被忽略，而这恰恰是问题的关键。

---

① 马克思恩格斯文集：第5卷 [M]. 北京：人民出版社，2009：22.

马克思把辩证法的运思对象表述为"现存事物"或"既成的形式"，可是马克思所关心的"现存事物"究竟指的是什么呢？在马克思的理论视域中，"现存事物"绝对不能被理解为外在的客观的自然物，如果这样理解的话，就把马克思的新唯物主义重新降低到了旧唯物主义的水平。马克思在《1844年经济学哲学手稿》中曾明确表示作为自然界的自然界是无意义的，或者说只具有应被扬弃的外在性的意义。在马克思看来，所谓的"现存事物"不应该是与人无关的外在的自在之物，而是表征着人的存在方式的"现存事物"。在与黑格尔思辨哲学相对立的意义上，马克思清楚地向我们表明了"新唯物主义"的研究对象。"在思辨终止的地方，在现实生活面前，正是描述人们实践活动和实际发展过程的真正的实证科学开始的地方。关于意识的空话将终止，它们一定会被真正的知识所代替。"①真正的知识是关于"现实生活"的知识，是对"人们实践活动和实际发展过程的"描述，这种认识和把握最终构成了"真正的实证科学"。可见，马克思所研究的对象"现存事物"指的就是人们的"现实生活过程"。马克思在谈论意识的时候，向我们指明了"人的存在"与"人的现实生活过程"之间的本质性关联。他指出："意识在任何时候都只能是被意识到了的存在，而人们的存在就是他们的现实生活过程。"②表面上看来，马克思同传统哲学一样都把"人"看作"研究对象"，但是传统哲学总是为自己造出关于人本身、关于人是何物或者应当成为何物的种种虚假观念，这就是我们通常所谓的各种关于"人的本质"的学说。而马克思关于人的研究是关于"现实中的个人"，是"从事实际活动的人"，亦即人的"现实生活过程"本身。这已经和传统哲学有着天壤之别。

对于"现实生活过程"的研究，只能是一种"总体"式的把握。卢卡奇在《历史与阶级意识》中非常敏锐地体会到了这一点，从而将"总体性"看作唯物辩证法的本质性内涵和主要标志。他明确指出："总体范畴的统治地

---

① 马克思恩格斯文集：第1卷[M]．北京：人民出版社，2009：526．
② 马克思恩格斯文集：第1卷[M]．北京：人民出版社，2009：525．

位，是科学中的革命原则的支柱。"①强调"现存事物"的总体性毫无疑问是对的，但是我们一定要避免将"总体"概念理解为经验对象的综合或"抽象"的总体性。马克思在《〈政治经济学批判〉导言》中具体地论述了这种研究方法以及"总体"的内涵。他指出："抛开构成人口的阶级，人口就是一个抽象。如果我不知道这些阶级所依据的因素，如雇佣劳动、资本等等，阶级又是一句空话。而这些因素是以交换、分工、价格等等为前提的。比如资本，如果没有雇佣劳动、价值、货币、价格等等，它就什么也不是。因此，如果我从人口着手，那么，这就是关于整体的一个混沌的表象，并且通过更切近的规定我就会在分析中达到越来越简单的概念；从表象中的具体达到越来越稀薄的抽象，直到我达到一些最简单的规定。于是行程又得从那里回过头来，直到我最后又回到人口，但是这回人口已不是关于整体的一个混沌的表象，而是一个具有许多规定和关系的丰富的总体了。"②"总体"是许多规定性的综合和多样性的统一，这样的总体才不是抽象的，否则就是一个混沌的关于整体的表象。只有从"经济范畴"所构成的"具体"出发，才能展现"现实的人的本质"是"一切社会关系的综合"。科西克正是在这个意义上推进了对"总体性"范畴的研究。他明确把总体性定义为"具体的总体"，试图避免对"总体性"范畴的抽象理解。

　　总体的"具体"指的不是"感性具体"，而是"理性具体"。马克思对现实生活过程的把握并不是一种纯粹的经验实证的研究，而是一种真正的实证的研究。之所以称得上是"真正的实证研究"，就是因为是对"理性具体"的研究，而不是对"感性具体"的研究。这种"理性具体"是一种"本质现实"，如果用我们所熟悉的哲学语言来表述的话就是"实在"。不过，这种实在是与总体性视野连接在一起的本质现实。它不是一种"抽象的本质现实"，而是一种"具体的本质现实"。辩证法由此就成了一种立足于感性具体去把握层次不断提高的理性具体的方法。马克思在《资本论》中特别强

①　卢卡奇. 历史与阶级意识[M]. 杜章智，任立，燕宏远，译. 北京: 商务印书馆，1999: 77.

②　马克思恩格斯文集: 第8卷[M]. 北京: 人民出版社，2009: 24.

调"抽象力"的原因就在于此。如果没有抽象力，我们是无法从感性具体上升到理性抽象，从而再回复到理性具体。感性具体与理性具体构成了辩证法的起点和终点。阿多诺拒斥黑格尔以逻辑学的方式构建的辩证法体系，维护黑格尔辩证法不感兴趣的那些东西：非概念性、个别性和特殊性。黑格尔把这些东西称为"惰性的实存"，将其看作暂时的和无意义的东西。根据阿多诺的思路，辩证法所把握的"现实"必定是个别、特殊或不一致，也就是概念和逻辑所不能穷尽的东西：非同一性。在这种认识的前提下，阿多诺重新定义了辩证法：辩证法就是始终如一的关于非同一性的意识。表面上看来阿多诺和马克思都对黑格尔的辩证法进行了批判，但二者的批判在本质上是截然不同的。马克思是站在黑格尔的高度上对黑格尔辩证法的超越，而阿多诺是在批判黑格尔辩证法的基础上，最终走向了黑格尔辩证法的反面。相对于黑格尔和马克思的辩证法来说，阿多诺的非同一性辩证法是一种倒退，将辩证法带入了一条歧途。因为批判黑格尔辩证法的关键并不在于从同一性转向非同一性，而在于如何将同一性变得更具体，更具有现实性和力量。

要想真正理解马克思的"现存事物"（现实）概念，理解马克思"合理形态"辩证法的思维方式，乃至理解整个马克思的哲学，就必须站在德国古典哲学尤其是黑格尔辩证法的高度上。如果抛弃了马克思思想的黑格尔渊源，必然将马克思降低到旧唯物主义的水平上。辩证法认识和把握的对象是"理性的具体"，也就是黑格尔所谓的"思想中所把握到的时代"。在这个意义上，马克思和黑格尔是一致的。列宁在《哲学笔记》中特别强调了这一点："辩证法也就是（黑格尔和）马克思主义的认识论。"[1]我们说黑格尔和马克思辩证法的一致，仅仅是就辩证法思维方式把握的对象都是"理性具体"这一点上而言的。马克思在对辩证法思维方式本质性特征的理解上不同于并超越了黑格尔。

对于黑格尔来讲，"否定"只是逻辑思想的一个环节，而不是辩证法的本质性特征。黑格尔在论及逻辑学概念的进一步规定和部门划分时，指

---

① 列宁. 哲学笔记 [M]. 北京：人民出版社，1993：308.

出："逻辑思想就形式而论有三方面：（a）抽象的或知性［理智］的方面；（b）辩证的或否定的理性的方面；（c）思辨的或肯定理性的方面。"①黑格尔在这里所谓的三部分实际上指的就是每一个真实逻辑体（亦即概念或真理）的三个环节。黑格尔认为哲学不能像怀疑主义那样停留在辩证法的否定结果方面，哲学必须从否定的辩证法阶段上升到肯定的思辨的阶段。黑格尔辩证法是在否定的东西中把握肯定的东西，最终的目的仍然是"肯定"。而马克思则把"否定"看作辩证法的本质性特征，为辩证法敞开了无限批判的空间。这在恩格斯的著作《路德维希·费尔巴哈和德国古典哲学的终结》中表现得更加明确。恩格斯直接把黑格尔《法哲学原理》中的经典命题做了否定性的理解。他指出，"按照黑格尔的思维方法的一切规则，凡是现实的都是合乎理性的这个命题，就变为另一个命题：凡是现存的，都一定要灭亡。"②

我们需要注意的是，马克思"合理形态"辩证法的"否定"是"在对现存事物的肯定的理解中同时包含对现存事物的否定的理解"，而不是把"对现存事物的理解"分为"肯定的理解"和"否定的理解"两个部分。举一个简单的例子，当我们在评价一个人说他既有"优点"又有"缺点"时，这并不是一种辩证法的思维方式，相反这仍然是一种恩格斯所谓的"形而上学"的思维方式。恩格斯指出"形而上学"思维方式的公式是："是就是，不是就不是；除此以外，都是鬼话"。③在上述例子中，优点就是优点，缺点就是缺点。这不是典型的"形而上学"的思维方式吗？那么究竟什么才是"在肯定的理解中同时包含否定的理解"呢？我们再来举例说明，如果说一个人的性格特别温和，那么温和同时是优点，也是缺点。温和作为优点在于他与人为善，很少与人争吵，作为缺点，我们可以说他有点软弱，缺乏敢闯敢干的精神。优点同时是缺点，这才是"在对现存事物的肯定的理解中同时包含

---

① 黑格尔. 小逻辑［M］. 贺麟，译. 北京：商务印书馆，1980：172.

② 马克思恩格斯文集：第4卷［M］. 北京：人民出版社，2009：269.

③ 马克思恩格斯文集：第9卷［M］. 北京：人民出版社，2009：24.

对现存事物的否定的理解"。

辩证法这种思维方式彻底消解了人类社会具有终极完美形态的观点。"历史同认识一样，永远不会在人类的一种完美的理想状态中最终结束；完美的社会、完美的'国家'是只有在幻想中才能存在的东西；相反，一切依次更替的历史状态都只是人类社会由低级到高级的无穷发展进程中的暂时阶段。"①自法国大革命之后，资本主义社会就被看作基督教伦理道德在尘世的实现，"历史终结论"逐渐成为西方社会的主流意识形态，并在当代思想家福山的著作中得到了最为极端的展现。即使那些批评资本主义社会的思想家们，他们可以激烈地批评资本主义社会中的一切，但从来都不去否定资本主义体制本身。然而，从马克思和恩格斯"合理形态"辩证法的思维方式来看，西方的资本主义社会也只是人类社会发展的一个暂时性的历史阶段，而非人类社会的完美状态。因为凡是现存的事物都是要"必然灭亡"的、都是"暂时性"的。

三、"合理形态"辩证法的批判本性

马克思在阐明"合理形态"辩证法的思维方式之后，进一步表明了"合理形态"辩证法的理论本性。马克思指出："辩证法不崇拜任何东西，按其本质来说，它是批判的和革命的。"②辩证法从"否定性的思维方式"如何能够转变成"批判的和革命的"辩证法？这当然是因为马克思把辩证法否定性思维方式引申为从"必然灭亡的""暂时性的"角度去理解，但更重要的是马克思把这种"批判的和革命的"辩证法同"政治经济学批判"结合了起来，使其具备了"现实性和力量"。否定性的辩证法并不必然就是真正"批判的和革命的"，如果我们把辩证法的"批判性和革命性"等同于思辨性或者说意识领域的批判性和革命性，那么这种辩证法依旧没有离开黑格尔的思

---

① 马克思恩格斯文集：第4卷[M]．北京：人民出版社，2009：270．

② 马克思恩格斯文集：第5卷[M]．北京：人民出版社，2009：22．

想基地，或者说仅仅是青年黑格尔派的变种。马克思曾经嘲讽青年黑格尔派的意识形态家们尽管满口讲的都是所谓"震撼世界"的词句，却是最大的保守派。因为在此，现实被纳入了思维当中，所谓的现实革命注定不过是一种头脑风暴，这在本质上是向黑格尔思想的复归。马克思"批判的和革命的"辩证法并不是一蹴而就的，只有到了《资本论》，才把这种"合理形态"的辩证法真正确立起来，辩证法的"否定性"才完全实现为"批判性和革命性"。

早在《1844年经济学哲学手稿》（以下简称《手稿》）中，马克思就已经明确展开了对黑格尔辩证法的反思和批判，并在此发现和意识到了黑格尔辩证法所蕴含的"否定性"。马克思高度评价了"黑格尔的《现象学》及其最后成果——辩证法，作为推动原则和创造原则的否定性"。[1]黑格尔本人在《小逻辑》中也把辩证法抬高到了"原则"和"灵魂"的高度。他指出："辩证法是现实世界中一切运动、一切生命，一切事业的推动原则。同样，辩证法又是知识范围内一切真正科学认识的灵魂。"[2]这两段论述貌似一样，实则有着细微但却是本质的不同。在马克思看来，辩证法是作为推动原则和创造性原则的"否定性"，在此强调的是辩证法的"否定性"。而黑格尔认为"辩证法是现实世界中一切运动、一切生命，一切事业的推动原则"和"知识范围内一切真正科学认识的灵魂"，强调的是"辩证法"，而不是否定性。黑格尔并不把"否定"看作辩证法的本质性规定，"否定"只是逻辑学的一个环节，即辩证的阶段，其逻辑学最终还是要上升到"肯定"，即思辨的阶段。所以说否定性或批判性在黑格尔辩证法中是晦暗不明的。马克思所面临的首要任务就是把这种"否定性"拯救出来，探究黑格尔哲学中的"一种隐蔽的、自身还不清楚的、被神秘化的批判"。

马克思向我们指明了黑格尔"神秘形式"辩证法的思想后果。马克思认为，"因为黑格尔根据否定的否定所包含的肯定方面把否定的否定看成真正

---

① 马克思.1844年经济学哲学手稿[M].北京:人民出版社,2000:101.

② 黑格尔.小逻辑[M].贺麟,译.北京:商务印书馆,1980:177.

的和惟一的肯定的东西，而根据它所包含的否定方面把它看成一切存在的惟一真正的活动和自我实现的活动，所以他只是为历史的运动找到抽象的、逻辑的、思辨的表达，这种历史还不是作为一个当作前提的主体的人的现实历史，而只是人的产生的活动、人的形成的历史。"①正因为马克思看到了黑格尔辩证法的思辨性或抽象性，看到了他只是"为历史的运动找到抽象的、逻辑的、思辨的表达"，马克思开始考虑如何超越黑格尔的辩证法。马克思认为，如何对待黑格尔辩证法表面上看是形式的问题，而实际上是本质的问题。可惜的是，虽然马克思意识到了这一点，但此时的马克思并没有能够做到真正地、彻底地超越黑格尔。这是因为，马克思在《手稿》）中用以替代黑格尔唯心主义的是一种费尔巴哈式的唯物主义，或者说人本主义的唯物主义。受费尔巴哈影响，马克思运用"主谓颠倒"方法来批判黑格尔的"神秘主义"，将哲学的起点确定为感性的人类。马克思从"人的异化"出发来批判"国家"和"市民社会"，用"异化劳动"概念来说明私有财产的本质。虽然马克思的这些批判也是奠基在对"国民经济学"的"事实"进行批判性分析的基础上，但是其批判的立足点却是费尔巴哈的人本主义。"异化"概念本身就是由"人的本质"延伸而来的，以此为出发点对资本主义社会进行批判，摆脱不了"形而上学"抽象批判的嫌疑。

马克思曾经批评黑格尔辩证法是一种"神秘化"的批判，指出："黑格尔在哲学中扬弃的存在，并不是现实的宗教、国家、自然界，而是已经成为知识的对象的宗教本身，即教义学；法学、国家学、自然科学也是如此。"②黑格尔的批判是思想上的扬弃，这种批判在现实中没有触动自己的对象，却以为实际上克服了自己的对象。当马克思在《手稿》中指出黑格尔的批判是一种神秘化批判，从而触动不了"现实事物"的时候，马克思这种基于人本主义的批判又能在多大程度上突破理论批判的限制，触动现实中的对象呢？作为异化的产物，在货币和资本身上展现出来的"统治一切"的抽

---

① 马克思. 1844年经济学哲学手稿［M］. 北京：人民出版社，2000：97.

② 马克思. 1844年经济学哲学手稿［M］. 北京：人民出版社，2000：112.

象的"非人力量",只能在现实的人的物质生产活动中才能得到科学的分析,而这是马克思在《资本论》中最终完成的。

1858年初,马克思给恩格斯的书信中第一次重新提到了黑格尔的辩证法,并认为"这在材料加工的方法上帮了我很大的忙"。①在《资本论》的第二版跋中,马克思抱怨人们对《资本论》中应用的研究方法理解很差,他明确把《资本论》的研究方法称为"辩证方法"。在《资本论》之前,马克思同黑格尔的关系主要表现为对其"神秘形式"辩证法的批判,在创作《资本论》的过程之中则是"重新发现"辩证法,或者说创建了"合理形态"的辩证法。虽然在《手稿》中,马克思已经试图以"政治经济学批判"的方式展开其辩证法批判,但这种批判依旧是人本学唯物主义的底色。同黑格尔一样,马克思此时的批判也无法触动现实的对象。只有到了《资本论》,马克思的辩证法同政治经济学批判之间产生了内在的本质性关联,否定的辩证法才彻底成了一种"批判的和革命的"辩证法。

我们知道《资本论》的副标题是"政治经济学批判",如果我们因此就把《资本论》单纯地理解为"政治经济学批判",那就大错特错了。这样做的直接后果就是把《资本论》退回为黑格尔"思想上的扬弃"。在《资本论》中,辩证法作为政治经济学批判既是对资本主义社会意识形态——政治经济学的批判,也是对资本主义社会现实——政治和经济的批判。马克思正是通过对古典政治经济学的批判,打开了批判资本主义社会的缺口,通过对资本主义社会各种具体经济范畴的分析,揭示了物的掩盖下所形成的人与人之间的关系。这两种批判在《资本论》中最终融化为对"资本主义生产方式"的分析和批判。马克思在第一版序言中谈到《资本论》的目的时指出:"我要在本书研究的,是资本主义生产方式以及和它相适应的生产关系和交换关系。"②正是由于引入了生产方式(或生产关系)的概念,辩证法的"批判性和革命性"才超脱了"思想上扬弃"的意识形态批判,获得了完全

---

① 马克思恩格斯《资本论》书信集[M].北京:人民出版社,1976:121.

② 马克思恩格斯文集:第5卷[M].北京:人民出版社,2009:8.

的现实意义。

在《资本论》的第二版跋中，马克思明确指出古典政治经济学存在着一个"不可逾越的界限"。"英国古典政治经济学是属于阶级斗争不发展的时期的。它的最后的伟大的代表李嘉图，终于有意识地把阶级利益的对立、工资和利润的对立、利润和地租的对立当做他的研究的出发点，因为他天真地把这种对立看做社会的自然规律。这样，资产阶级的经济科学也就达到了它的不可逾越的界限。"①古典政治经济学之所以被马克思称为"资产阶级经济学"，原因就在于此。虽然李嘉图"有意识地把阶级利益的对立、工资和利润的对立、利润和地租的对立当做他的研究的出发点"，但他却"天真地把这种对立看做社会的自然规律。"古典政治经济学家们是在资本主义社会体制的前提下去研究现代社会的各种经济和社会问题，他们不可能去反省资本主义社会本身的合法性问题。

马克思所要做的就是要突破古典政治经济学的这一界限，探讨资本主义社会本身的合法性问题。马克思的这一探讨或批判是从反思古典经济学的"资本"概念入手的。马克思在《政治经济学批判大纲》中指出在古典经济学家那里，"资本被理解为物，而没有被理解为关系。"②也就是说，古典经济学家对"资本"本质的理解是一种物化的理解，这是因为他们"只看到了资本的物质，而忽视了使资本成为资本的形式规定"。③"使资本成为资本的形式规定"就是指"社会关系性质"，确切地讲，就是资本主义社会的生产关系。将"资本"物质化，把资本理解为储蓄起来的人类劳动，这样做的直接后果就是把资本所应该体现的资本主义生产关系给遮蔽了。政治经济学批判的首要任务就是批判和消解古典经济学家对资本本质的"物化"理解，揭露和澄清"资本"的真实本质。只有这样，辩证法批判的真实对象才能真正地向我们呈现出来。马克思明确指出，"资本也是一种社会生产关

---

① 马克思恩格斯文集：第5卷［M］. 北京：人民出版社，2009：16.

② 马克思恩格斯全集：第30卷［M］. 北京：人民出版社，1995：214.

③ 马克思恩格斯全集：第30卷［M］. 北京：人民出版社，1995：213.

系。这是资产阶级的生产关系,是资产阶级社会的生产关系。"①

资本主义社会的生产关系体现在"资本家"和"工人"之间的阶级关系上。在马克思看来,货币并不一定就是资本,只有在它发生自身增殖的时候才是资本,这依赖于市场上出现自由出卖自己劳动力的人,即劳动力成为商品。资本产生的增殖部分,马克思将其称为"剩余价值"。剩余价值是由工人的剩余劳动创造并被资本家无偿占有,也就是说是资本家剥削工人的。因此,资本主义社会的生产关系首先是一种"剥削关系"。其次,资本为了增殖自身,就必须雇佣劳动力。这就必然会形成雇佣劳动关系。雇佣关系意味着资本家可以通过资本支配工人的劳动,资本是一种支配的权力。马克思将其明确为是对无酬劳动的支配权。这种支配权不仅发生在经济领域,由于资本对整个社会的控制,这种支配权也渗透在社会的方方面面,资本家可以通过金钱去获得各种特权,包括政治权力。相对于传统社会而言,资本主义社会依然是一个奴役社会。因此,资本主义生产关系也是一种"权力关系"。最后,马克思从《1844年经济学哲学手稿》开始,到《共产党宣言》,一直到《资本论》都在强调资本主义社会条件下人的存在方式的异化本质。《资本论》中的拜物教只不过是异化的另一个名称而已。资本主义生产关系在存在论的意义上是一种"异化关系"。

正是因为马克思把资本主义社会的生产方式或生产关系作为了辩证法的批判对象,否定性的辩证法才真正转化为"批判的和革命的"辩证法。马克思"改变世界"的理想才不至于成为一句空洞的口号。《资本论》中的政治经济学批判并非仅仅是马克思辩证法批判的理论外衣,而是其批判方式的实质。如果不把马克思"批判的和革命的"辩证法诉诸政治经济学批判,革命的主题极有可能就是空洞的和站不住脚的。即使天天喊着革命的口号,也可能仅仅是青年黑格尔派一样的"震撼世界"的词句。通过《资本论》的研究,我们可以发现:马克思的辩证法如何超越"思想上的扬弃"?如何触动"现实的对象"?如何改变"现存的世界"?一言以蔽之,通过"生产关

---

① 马克思恩格斯选集:第一卷[M].北京:人民出版社,1995:345.

系"的改变。正是在这个意义上，马克思为人类的自由解放找到了现实的发展道路。

　　"神秘形式"的辩证法和"合理形态"的辩证法两者之间也许有很多差别，但是最重要或者本质性的差别就在于其阶级立场的不同："神秘形式"的辩证法是为统治阶级服务的，而"合理形态"的辩证法是为无产阶级服务的。阿尔都塞在其名作《哲学的改造》中，对辩证法的"神秘形式"和"合理形态"这一区分的本质做了更为直接明了的规定。阿尔都塞指出："我们可以从马克思在《资本论》德文第二版跋里关于两种辩证法观念所做的对比出发。在第一种观念里，辩证法服务于——用他的话说——'使现存事物显得光彩'，因此它包含着对统治阶级的辩护。在第二种观念里，辩证法是'批判的和革命的'。只有这后一种观念才能为无产阶级服务。我们不妨简化地说，恰恰可以认为斯大林倒退到第一种观念里去了，而为了避免这种危险，马克思始终不渝的坚持第二种观念，从不把哲学当作'哲学'来写作。"① "合理形态辩证法"的"批判的和革命的"本性展现为对"现存的一切"进行无情地批判。"神秘形态"的辩证法之所以神秘并不仅仅在于其思辨的体系，而在于其是"统治阶级"的意识形态；"合理形态"的辩证法之所以合理，就在于它是为无产阶级服务的。如果我们要防止马克思"合理形态"的辩证法蜕化为"神秘形式"的辩证法，就应该让"合理形态"的辩证法永远保持着对"现存的一切"进行无情的批判，永远警惕沦落为统治阶级的意识形态，这才是"合理形态"的辩证法最为本质性的要求。

---

① 阿尔都塞. 哲学与政治: 阿尔都塞读本 [M]. 陈越, 编. 长春: 吉林人民出版社, 2003: 246.

第七章　马克思辩证法的"批判"本性

　　"批判性"是马克思辩证法最根本的理论性质。在哲学史上，黑格尔首先在积极的意义上将辩证法与"否定性"内在地关联起来。可是，黑格尔在"逻辑学"中虽然强调辩证法的"否定"性，但仅仅将其看作逻辑真理的第二个阶段——"辩证的阶段"的特征，黑格尔的最终目的还是要达到逻辑真理的第三形式，即思辨的形式或肯定理性的形式。"思辨的阶段或肯定理性的阶段在对立的规定中认识到它们的统一，或在对立双方的分解和过渡中，认识到它们所包含的肯定。"①在黑格尔看来，辩证法应该具有肯定的结果。阿多诺更是一针见血地指出，自柏拉图一直延续到黑格尔的传统辩证法在实质上都不过是"通过否定来达到某种肯定的东西"。②就此而言，黑格尔的辩证法可以称之为"肯定的辩证法"。真正把"否定性"确立为辩证法理论本性的是马克思，马克思把辩证法的否定性具体化为"批判性"和"革命性"。在《资本论》第二版跋中，马克思非常明确地指出：辩证法在它的

---

① 黑格尔. 小逻辑 [M]. 贺麟，译. 北京：商务印书馆，1980：181.

② 阿多诺. 否定的辩证法 [M]. 张峰，译. 重庆：重庆出版社，1993：序1.

"合理形式"上，就是"在对现存事物的肯定的理解中同时包含对现存事物的否定的理解，即对现存事物的必然灭亡的理解；辩证法对每一种既成的形式都是从不断的运动中，因而也是从它的暂时性方面去理解；辩证法不崇拜任何东西，按其本质来说，它是批判的和革命的"[①]。

如何理解马克思关于辩证法这一"批判"本质的论断，关涉到对马克思辩证法理论的性质、内容及其当代意义的理解。因而它是马克思辩证法研究中最为核心和最为重要的理论课题。然而，"在引证这一论断的哲学著作中，却往往是把辩证法的批判本质理解为它的一种理论功能，即从功能的角度去解释辩证法的批判本质，而不是从辩证法的批判本质去理解辩证法理论，即不是把批判性视为辩证法的最本质的规定性"[②]。把马克思辩证法的批判本性混淆为批判功能极大地阻碍了我们对马克思辩证法理论的研究。因为这种误解，看似并无多大的差别，而实际上这样做不仅抹煞了马克思辩证法同包括以黑格尔为代表的传统辩证法的本质性区别，而且掩盖了马克思辩证法甚至整个马克思哲学的革命性本质，从而使马克思哲学堕入为一种无批判的实证主义。丧失了"批判性"本质的辩证法终将成为一种意识形态。

一、批判的方法：在批判旧世界中发现新世界

"批判性"在哲学史上并不稀奇，因为自由的批判精神自哲学诞生之日起就与其本性联系在一起。古希腊人把哲学称为"爱智"而非"智慧"，这本身就意味着哲学并不仅仅是一种智慧，而且是对待全部智慧的一种态度。这种态度，就是对智慧本身的真挚、强烈、忘我之爱，即"爱智之忱"。"爱智"是对智慧的追求和追问，是把智慧作为反思的对象。就此而言，"爱智"的哲学是使"智慧"成为哲学探究的"问题"。因此，"哲学智慧是反思的智慧、批判的智慧、变革的智慧。它启迪、激发和引导人们在社会

---

① 马克思恩格斯文集：第5卷[M].北京：人民出版社，2009：22.

② 孙正聿.马克思主义辩证法研究[M].北京：北京师范大学出版社，2017：172.

生活的一切领域永远敞开自我反思和自我批判的空间，促进社会的观念更新、科学发展、技术发明、工艺改进和艺术创新，从而实现人类的自我超越和自我发展。"①可见，"批判性"正是哲学作为"爱智"的本质性要求。但是问题在于，哲学的或者说辩证法的这种源自苏格拉底的自由批判精神在传统形而上学中却被遮蔽了或者说失落了。

其实，黑格尔曾经描述过哲学的这种"批判性"所带来的巨大效应。黑格尔指出，"从前人们都以为思想是无足重轻，不能为害的，不妨放任于新鲜大胆的思想。他们思考上帝、自然和国家，他们深信只是通过思想，人们就可以认识到真理是什么，不是通过感官，或者通过偶然的表象和意见所能达到。当他们这样思想时，其结果便渐渐严重地影响到生活的最高关系。传统的典章制度皆因思想的行使而失去了权威。国家的宪章成为思想的牺牲品，宗教受到了思想的打击；许多素来被认作天启的坚固的宗教观念也被思想摧毁了，在许多人心中，传统的宗教信仰根本动摇了。"②可见，国家的典章制度和宗教的天启观念在哲学的思想面前都失去了神圣性，其坚固的根基被动摇了，这一切皆因哲学自由批判的现实力量。随即，黑格尔谈到了"苏格拉底之死"，他明确指出，"例如在希腊，哲学家起来反对旧式宗教，因而摧毁了旧式宗教的信仰。因此便有哲学家由于摧毁宗教，动摇政治，而被驱逐被处死的事，因为宗教与政治本质上是联系在一起的。"③苏格拉底之死最根本的原因就在于哲学的这种自由批判精神。虽然，黑格尔清楚地看到了哲学的这种自由批判精神。但他是在否定的、消极的意义上来看待哲学的这一理论本性的。黑格尔认为，这种哲学"未能完成其所担负的工作"，"思维不但未能认识上帝、自然和精神的本质，总而言之，不但未能认识真理，反而推翻了政府和宗教。"④因此，黑格尔主张哲学亟需对于思

---

① 孙正聿. 哲学通论 [M]. 沈阳: 辽宁人民出版社, 1998: 3.

② 黑格尔. 小逻辑 [M]. 贺麟, 译. 北京: 商务印书馆, 1980: 67–68.

③ 黑格尔. 小逻辑 [M]. 贺麟, 译. 北京: 商务印书馆, 1980: 68.

④ 黑格尔. 小逻辑 [M]. 贺麟, 译. 北京: 商务印书馆, 1980: 68.

维的效果或效用加以辩护。于是,考察思维的本性,维护思维的权能便成了黑格尔哲学的主要兴趣。

正是因为黑格尔把自己的哲学界定为对"自然、上帝和精神"的认识,亦即认识真理,那么作为其方法的辩证法必然展现为通向绝对真理的逻辑进程。在这一前提下,黑格尔辩证法所谓的"否定性"指的是"在辩证的阶段,这些有限的规定扬弃它们自身,并且过渡到它们的反面"。具体而言,这种辩证法"是一种内在的超越,由于这种内在的超越过程,知性概念的片面性和局限性的本来面目,即知性概念的自身否定性就表述出来了。凡有限之物莫不扬弃其自身。因此,辩证法构成科学进展的推动的灵魂"。①因此,在黑格尔辩证法的意义上,"否定性"仅仅指的是对知性概念片面性和局限性的扬弃。马克思在黑格尔的辩证法中发现了辩证法"潜在"的批判本性,他所要做的主要工作就是把辩证法的批判本性拯救和彰显出来。

恩格斯指出,黑格尔的辩证方法和体系之间存在着矛盾,"革命的方面就被过分茂密的保守的方面所窒息"。②其言外之意就是,辩证法的"批判性"被黑格尔的形而上学体系给遮蔽了,其辩证方法成为其建构庞大形而上学体系的工具。这种辩证法在本质上是一种传统形而上学的思维方式。柏拉图在《理想国》里就已经规定了辩证法的这一思想本性和理论任务。"辩证法是唯一的这种研究方法,能够不用假设而一直上升到第一原理本身,以便在那里找到可靠根据的。当灵魂的眼睛真的陷入无知的泥沼时,辩证法能轻轻地把它拉出来,引导它向上。"③正是在此意义上,黑格尔是柏拉图辩证法思想的真正完成。在黑格尔看来,其之前的形而上学的特点"在于以抽象的有限的知性规定去把握理性的对象,并将抽象的同一性认作最高原则。但是这种知性的无限性,这种纯粹的本质,本身仍然只是有限之物,因为它把特殊性排斥在外面,于是这特殊性便在外面否定它、限制它,与它对立。

---

① 黑格尔. 小逻辑[M]. 贺麟, 译. 北京: 商务印书馆, 1980: 176.
② 恩格斯. 路德维希·费尔巴哈和德国古典哲学的终结[M]. 北京: 人民出版社, 1997: 9.
③ 柏拉图. 理想国[M]. 郭斌和, 张竹明, 译. 北京: 商务印书馆, 1986: 300.

这种形而上学未能达到具体的同一性，而只是固执着抽象的同一性"。①这是因为，"有限"的知性规定与"无限"的终极存在之间存在着一种深层的矛盾。黑格尔的辩证法如果想要认识和把握"自由、精神和上帝"，就必须解决这一矛盾。黑格尔赋予了思辨理性以无条件的能动性与自由性，亦即否定性和扬弃，所以能够超越有限的知性规定。因此，黑格尔辩证法实现了各个环节的必然性与全体自由性、有限的知性规定和无限的终极实在的统一。以黑格尔为代表的传统形而上学以追求绝对真理为己任，其思维方式是以意识的终极确定性为目标的德里达所谓的"逻各斯中心主义"，并以最高真理的人类普遍理性的名义发挥思想规范和统治作用，从而最终成为一种意识形态。即使黑格尔宣称他所获得的真理性认识不是一种抽象的同一性，而是一种具体的统一性，但也难免成为一种理性独断，形成同一性的暴力。辩证法的"批判性"完全被淹没在传统形而上学的思维方式里。因而，"只有终结在黑格尔那里达到顶峰的'形而上学思维范式'，才能真正拯救被窒息的辩证法的批判本性"。②

马克思之所以能够恢复或者说拯救辩证法的"批判本性"，是因为他改变了传统哲学的批判方式。"在批判旧世界中发现新世界"，这是马克思对于辩证法应有批判方式的明确概括。马克思指出，"新思潮的优点又恰恰在于我们不想教条地预期未来，而只是想通过批判旧世界发现新世界。"③马克思的这种批判方式和传统哲学的批判方式已经有了本质性的区别。传统形而上学由于把绝对真理确立为自己的理论任务，这就决定了"否定性"只能是其通达绝对真理的中间性环节。这种哲学在对现实的批判之前有一个根本的理论前提：在批判之前首要的是确立一个正确的批判标准。在传统哲学的语境中，形而上学是关于普遍性、永恒性和必然性的科学。与此相应，哲学家们把真理的认识当作拯救现实生活的途径。这使得理论对于实践具有经典

---

① 黑格尔. 小逻辑[M]. 贺麟, 译. 北京: 商务印书馆, 1980: 109.

② 贺来. 辩证法与实践理性[M]. 北京: 中国社会科学出版社, 2011: 290-291.

③ 马克思恩格斯文集: 第10卷[M]. 北京: 人民出版社, 2009: 7.

的优先地位，也就是所谓的理论指导实践。因此，对于传统形而上学的批判方式来讲，最重要的是确立客观性的真理认识，亦即指导和批判实践的标准。

与此相反，对于马克思来讲，首要的不是确立指导和批判实践的标准。具体而言，马克思不是预先理性规划出一个新世界的原则，再去批判旧世界、建设新世界，而是在批判旧世界中发现新世界。这意味着，马克思的辩证法不是像传统形而上学思维方式那样从抽象的原则出发，不是根据永恒的正义尺度或普遍的道德来"批判"现实生活。相反，它所贯彻的是一种从现实生活条件出发的实践原则。马克思批判方式的出发点不是先验的理性原则，不是关于新世界的理性规划，而是处于具体历史条件下的"旧世界"。因此，马克思并不是西方学者所错误指认的预言家或先知，热衷于预测未来的是与马克思同时代的空想社会主义者，而非马克思。马克思对于描绘未来社会从来不感兴趣，他感兴趣的是对资本主义社会发展变化的分析，换句话说是对"旧世界"的批判。通过对"旧世界"的批判，内源性地彰显出"新世界"。在《法兰西内战》中，马克思充分地表达了革命工人阶级的这一历史使命："工人阶级并没有期望公社做出奇迹。他们不是要凭一纸人民法令去推行什么现成的乌托邦。他们知道，为了谋求自己的解放，并同时创造出现代社会在本身经济因素作用下不可遏止地向其趋归的那种更高形式，他们必须经过长期的斗争，必须经过一系列将把环境和人都加以改造的历史过程。工人阶级不是要实现什么理想，而只是要解放那些由旧的正在崩溃的资产阶级社会本身孕育着的新社会因素"。①

可见，马克思辩证法对"旧世界"的批判是"解蔽"，解放新的社会因素；对"新世界"的发现是"显现"，显示新的社会形态。马克思的批判方式已经完全不同于传统的批判方式，是一种超越了传统理性主义形而上学的思维方式。这是一种哲学的后形而上学视域。如果说传统形而上学的批判方式体现了理论对于实践的经典优先地位，而在马克思的批判视域中，"理性

---

① 马克思恩格斯文集：第3卷［M］．北京：人民出版社，2009：159.

对于实践的经典领先地位不得不让位于越来越清楚的相互依存关系"。①

二、批判的道路：对现存的一切进行无情的批判

"在批判旧世界中发现新世界"意味着马克思的批判不仅仅是一种理论批判，更重要的是一种具有现实性的实践批判。这种实践批判是"对现存的一切进行无情的批判"。马克思指出，"如果我们的任务不是构想未来并使它适合于任何时候，我们便会更明确地知道，我们现在应该做些什么，我指的就是要对现存的一切进行无情的批判。所谓无情，就是说，这种批判既不怕自己所作的结论，也不怕同现有各种势力发生冲突。"②马克思在这里指明了批判的道路：对现实的一切进行无情的批判。但是在此，马克思仅仅阐明了"无情"，而没有对"现存的一切"进行清楚的界定。而实际上对"现存的一切"的认识和把握才是问题的关键所在。

黑格尔通过对主观意识的批判，开辟了一条理解社会现实的道路。黑格尔把现实理解为"本质与实存"的统一，因此他能够把当前的世界提升为哲学的内容，能够用思想把握到时代。马克思继承了黑格尔这一理解社会现实的道路。马克思指出，"具体之所以具体，因为它是许多规定的综合，因而是多样性的统一。因此它在思维中表现为综合的过程，表现为结果，而不是表现为起点，虽然它是现实的起点，因而也是直观和表象的起点。在第一条道路上，完整的表象蒸发为抽象的规定；在第二条道路上，抽象的规定在思维行程中导致具体的再现。"③在马克思看来，"理性的具体"是"具体的再现"，这种再现的具体是"许多规定的综合"和"多样性的统一"。正是基于这样的认识，马克思得以把混沌的整体的表象上升为思想中所把握到的理性具体。

---

① 哈贝马斯. 后形而上学思想[M]. 曹卫东, 付德根, 译. 南京: 译林出版社, 2001: 33.

② 马克思恩格斯文集: 第10卷[M]. 北京: 人民出版社, 2009: 7.

③ 马克思恩格斯文集: 第8卷[M]. 北京: 人民出版社, 2009: 25.

卢卡奇清楚地看到了这一点，他把辩证法的认识理解为从"事实"上升为"现实"，并指出这是黑格尔和马克思的辩证法所共同具有的。在卢卡奇看来，马克思采纳了黑格尔方法进步的方面，即作为认识现实的方法的辩证法。"笼罩在资本主义社会一切现象上的拜物教假象成功地掩盖了现实，而且被掩盖的不仅是现象的历史的，即过渡的、暂时的性质。这种掩盖之所以可能，是因为在资本主义社会中人的环境，尤其是经济范畴，以对象性形式直接地和必然地呈现在他的面前，对象性形式掩盖了它们是人和人之间的关系的范畴这一事实。它们表现为物以及物和物之间的关系。所以当辩证方法摧毁这些范畴的虚构的永存性后，它也摧毁了它们的物化性质，从而为认识现实廓清了道路。"[1]辩证法作为认识论的重大意义就在于，马克思通过辩证法把握到了"现存的一切"。具体而言，马克思究竟是如何把握这一"现存的一切"，亦即如何从"事实"上升为"现实"呢？

对于这一问题，马克思进行了长期的思考和探索。"为了解决使我苦恼的疑问，我写的第一部著作对黑格尔法哲学的批判性的分析，……我的研究得出这样一个结果：法的关系正像国家的形式一样，既不能从它们本身来理解，也不能从所谓人类精神的一般发展来理解。相反，它们根源于物质的生活关系，这种物质的生活关系的总和，黑格尔按照18世纪的英国人和法国人的先例，概括为'市民社会'，而对市民社会的解剖应该到政治经济学中去寻求。"[2]马克思最终确定了政治经济学这一研究领域，并试图通过对这一领域的研究来洞察资本主义社会，《资本论》就是马克思这一研究思路的最重要的理论成果。恩格斯在对《资本论》的评述中指出，"资本和劳动的关系，是我们全部现代社会体系所围绕旋转的轴心，这种关系在这里第一次得到了科学的说明，而这种说明之透彻和精辟，只有一个德国人才能做得到。欧文、圣西门、傅立叶的著作现在和将来都是有价值的，可是只有一个德国人才能攀登最高点，把现代社会关系的全部领域看得明白而清楚，就像一个

---

① 卢卡奇. 历史与阶级意识[M]. 杜章智，等译. 北京：商务印书馆，1999：64.

② 马克思恩格斯文集：第2卷[M]. 北京：人民出版社，2009：591.

观察者站在高山之巅俯视下面的山景一样。"①马克思在《资本论》中之所以能把现代社会关系的全部领域看得明白而清楚，就是因为有了"资本和劳动的关系"这一理论视角。

马克思认为，在资本主义矛盾运动过程中，起支配作用的矛盾关系就是资本与劳动（雇佣劳动）的关系。在马克思看来，资本与劳动的对立是资本主义生产方式与以往一切生产方式的本质差别。作为资本主义生产方式的前提与基础，资本同劳动的对立关系在资本主义社会中不是社会表面的偶然现象，而是一种占统治地位的社会关系，它决定了资本主义社会生产的根本性特征。资本与劳动的关系"决定着这种生产方式的全部性质。这种生产方式的主要当事人，资本家和雇佣工人，本身不过是资本和雇佣劳动的体现者，人格化，是由社会生产过程加在个人身上的一定的社会性质，是这些一定的社会生产关系的产物"。②资本同劳动的对立作为资本主义社会利益关系体系中最根本的对立，是资本主义生产方式本质内在的矛盾，是资本主义社会形态的历史特征。

正是由于马克思是从资本和劳动相对立的视角来分析资本主义社会的生产方式，这就决定了马克思与古典政治经济学有着本质的不同。在马克思看来，斯密已经导入了商品和货币的交换关系，可是接下来他只把货币看作单纯的交换手段，没有做进一步的深入研究。在此基础上，马克思则探讨货币如何转换为资本。在斯密看来，资本仅仅是用来扩大再生产储蓄起来的劳动，对于马克思而言，资本最终所表征的是一种生产关系。可见，"斯密是直接从生产资本的角度入手，主要在物质生产的过程上来把握资本，而马克思则主张首先要从价值=剩余价值论的角度来理解资本。"③这意味着，资本只有发生增殖才成其为资本，而资本的增殖过程是对剩余价值的无偿占有。占有剩余价值就是对工人的剥削和压榨。因此，"生产资料和生活资料，作

---

① 马克思恩格斯文集：第3卷[M]．北京：人民出版社，2009：79.
② 马克思恩格斯文集：第7卷[M]．北京：人民出版社，2009：996.
③ 内田弘．新版《政治经济学批判大纲》的研究[M]．王青，等译．北京：北京师范大学出版社，2011：19.

为直接生产者的财产，不是资本。它们只有在同时还充当剥削和统治工人的手段的条件下，才成为资本。"①

货币转换为资本意味着资本主义生产方式的确立。但它必须有一个基本前提：劳动力成为商品。由此，雇佣劳动关系成为资本主义社会体系中最为本质性的社会关系。在此基础上，整个现代社会必然分裂为两大对立的阶级：资产阶级和无产阶级。资本的增殖也就是剩余价值的产生，它意味着死劳动对活劳动的支配，意味着资本家对工人的剥削。"原来的货币占有者作为资本家，昂首前行；劳动力占有者作为他的工人，尾随于后。一个笑容满面，雄心勃勃；一个战战兢兢，畏缩不前，像在市场上出卖了自己的皮一样，只有一个前途——让人家来鞣。"②

马克思从"资本与劳动"的矛盾运动出发揭示出了资产阶级与无产阶级的对立关系，这就是马克思所把握到的资本主义社会"现存的一切"。批判"现存的一切"就是要批判这种资本运动的逻辑，从而解决现代社会对立关系的形态。黑格尔把对立关系的解决停留在思维的范围内。在马克思看来，黑格尔只是在思想中，在思想的抽象化中理解劳动，他也就只可能在思想中消灭异化。正如克尔凯郭尔所指出的，"哲学家建筑了思想的宫殿，却居住在一座茅屋里"。③黑格尔自以为扬弃了现实的对象，其实根本没有触及到现实本身。对现存的一切的批判不仅仅是哲学意识的任务，它还是历史现实的任务，完成这一任务的承担者正是无产阶级。可见，马克思与黑格尔不同，他抓住了现实的对立关系产生现实的解决形态的过程。也就是说，他在资本主义社会的矛盾运动中发现了未来社会的发展方向，在批判旧世界中发现了新世界。"资本与劳动"的对立关系并由此形成的矛盾运动，不仅仅是我们洞悉资本主义社会的绝佳视角，更应该成为我们探讨未来社会发展的一个方法论原则。在某种意义上，共产主义就是对"资本与劳动"对立关系的

① 马克思恩格斯文集：第5卷[M].北京：人民出版社，2009：878.

② 马克思恩格斯文集：第5卷[M].北京：人民出版社，2009：205.

③ 张世英.新黑格尔主义论著选辑：下卷[M].北京：商务印书馆，2003：454.

完美解决，是资本向劳动的复归。

三、批判的旨趣：推翻一切被奴役的关系

马克思辩证法的批判本质实际上根源于马克思哲学的理论旨趣。马克思的全部思想可以称之为"人类自由解放的学说"。在其中学毕业论文中，马克思就宣称要为全人类而工作，并且"目标始终如一"。从《〈黑格尔法哲学批判〉导言》《共产党宣言》一直到成熟时期的著作《资本论》，马克思都在不断重申这一思想立场。依波利特将《〈黑格尔法哲学批判〉导言》称为"《共产党宣言》的雏形"。在这一文本中，马克思指出，"对宗教的批判最后归结为人是人的最高本质这样一个学说，从而也归结为这样的绝对命令：必须推翻使人成为被侮辱、被奴役、被遗弃和被蔑视的东西的一切关系。"[①]可见，马克思不仅将自己的理论任务明确为"必须推翻使人成为被侮辱、被奴役、被遗弃和被蔑视的东西的一切关系"，并将其上升到"绝对命令"的高度。站在马克思的立场上，所谓的"人类的自由解放"就是从被奴役的关系当中解脱出来。在我们时代现实性的意义上，这种被奴役的关系指的就是资本主义社会的生产关系。剩余价值这一概念为资本主义生产关系贴上了"奴役关系"的标签。我们可以通过"一纵两横"来分析资本主义生产关系为什么本质上是一种"奴役关系"。所谓"一纵"指的是资本主义生产关系的形成过程，所谓"两横"指的是资本主义社会所造成的双重异化。

资本主义社会的经济结构是从封建社会的经济结构中产生的，后者的解体使前者的要素得到解放。封建社会的经济结构的解体意味着大量的自由劳动力的形成，资本主义生产关系的形成就是以剥夺这种自由劳动力为前提的。在马克思看来，"对他们的这种剥夺的历史是用血和火的文字载入人类编年史的。"[②]资本主义社会相对于封建社会是一个巨大的历史进步，工业

---

① 马克思恩格斯文集：第1卷[M]. 北京：人民出版社，2009：11.

② 马克思恩格斯文集：第5卷[M]. 北京：人民出版社，2009：822.

资本家的兴起战胜了封建主及其令人愤恨的特权，也战胜了封建行会及其对生产的自由发展和对人的自由的剥削所强加的束缚。但是，工业骑士摧毁了封建社会经济结构仅仅意味着人类从封建奴役中解放出来，并不意味着实现了人类的真正的自由解放，相反，人类继续沦落在奴役状态。马克思指出，"劳动者的奴役状态是产生雇佣工人和资本家的发展过程的起点。这一发展过程就是这种奴役状态的形式变换，就是封建剥削转化为资本主义剥削。"①

在资本主义生产关系的形成过程中，大量的人突然被强制地同自己的生产资料分离，被当作不受法律保护的无产者抛向劳动市场。这种剥夺的历史在不同的国家带有不同的色彩。马克思以英格兰为例描述了这种奴役关系的形成。在英格兰，政府"把'国民财富'，也就是把资本的形成、对人民群众的残酷剥削和他们的贫穷化当做全部国策的极限"。②英国工人阶级没有经过任何过渡阶段就从自己的黄金时代陷入了黑铁时代。对"神圣的所有权"进行最无耻的凌辱，对人身施加最粗暴的暴力，只要这是为建立资本主义生产方式的基础所需要的，英国政治经济学家就会以斯多亚派的平静心情来加以观察。在资本原始积累的阶段，无所不用其极："掠夺教会地产，欺骗性地出让国有土地，盗窃公有地，用剥夺方法、用残暴的恐怖手段把封建财产和克兰财产转化为现代私有财产——这就是原始积累的各种田园诗式的方法。这些方法为资本主义农业夺得了地盘，使土地与资本合并，为城市工业造成了不受法律保护的无产阶级的必要供给。"③这样，被暴力剥夺了土地，被驱逐出来而变成了流浪者的农村居民，由于英格兰政府所制定的各种古怪的、恐怖的法律，通过鞭打、烙印、酷刑，被迫习惯于雇佣劳动制度所必须的纪律。因为，被驱逐出来的农民必须从自己的新主人工业资本家那里，以工资的形式挣得这些生活资料的价值，从而维持自己的生存。在资本

---

① 马克思恩格斯文集：第5卷［M］．北京：人民出版社，2009：823.
② 马克思恩格斯文集：第5卷［M］．北京：人民出版社，2009：826.
③ 马克思恩格斯文集：第5卷［M］．北京：人民出版社，2009：842.

主义的生产进展中，工人阶级日益发展，他们由于教育、传统、习惯而承认这种生产方式的要求是理所当然的自然规律。发达的资本主义生产过程的组织粉碎一切反抗；相对过剩人口的不断产生把劳动的供求规律，从而把工资限制在与资本增殖需要相适应的轨道以内；经济关系的无声的强制保证资本家对工人的统治。

因此，"资本主义制度却正是要求人民群众处于奴隶地位，使他们本身转化为雇工，使他们的劳动资料转化为资本。"① 从"一纵"亦即资本主义生产关系形成的角度来看，其形成过程充满了血腥和暴力，资本主义生产关系的确立并不是人类奴役状态的终结，仅仅意味着人类从"封建剥削转换为资本主义剥削"。我们且不论这种奴役关系的形成充满了"血与火"的历史，在马克思看来，资本主义生产关系本身就是人类历史发展中最为深重却又最为隐蔽的奴役关系。根据马克思的论述，资本主义生产关系的确立造成了人类社会的双重奴役状态：一方面工人受资本家的剥削；另一方面，人类又受到资本的奴役。我们可以把这双重奴役状态称为"两横"。

资本主义的生产关系是一种被高度掩盖的奴役关系。在前资本主义社会，奴役关系是显而易见、毫无争议的。就像马克思在《资本论》中所举的例子，瓦拉几亚的农民为维持自身生活所完成的必要劳动和他为领主所完成的剩余劳动在空间上是分开的。他在自己的地里完成必要劳动时间，在主人的领地里完成剩余劳动。所以，这两部分劳动时间是各自独立的。在徭役劳动形式中，剩余劳动和必要劳动截然分开。也就是说，在奴隶社会和封建社会中，剩余劳动和必要劳动的区分是一目了然的，而在资本主义社会中这两种的区分却被掩盖了起来。资本主义生产关系表面上看起来是非常公平和正义的，资本家付给工人工资，工人出卖自己的劳动，两者之间是一种自由的平等交换。据此，很多西方主流思想家认为，资本家和工人之间是一种等价交换，根本不存在剥削或者说剩余价值的问题。资本主义社会是基督教伦理道德的世俗化，是人类社会所能达到的最终的社会状态。这些当代西方主流

① 马克思恩格斯文集：第5卷 [M]．北京：人民出版社，2009：827．

思想家甚至退回到了古典经济学以前的水平。马克思指出，古典政治经济学并非没有看到这些对立。古典政治经济学最后的伟大的代表李嘉图就有意识地把阶级利益的对立、工资和利润的对立、利润和地租的对立当作他的研究的出发点，只不过他天真地把这种对立看作社会的自然规律。而当代西方主流思想家甚至抹煞了这些对立。

马克思认为，在资本主义社会中，资本是对劳动及其产品的支配权，这种支配权是资产阶级社会支配一切的经济权力，这种权力不是一种个人的权力，而是一种社会的权力。这种权力的肆意横行，最终导致了资本主义社会的三大拜物教：商品拜物教、货币拜物教和资本拜物教。资本成了一种"普照的光"，一种"特殊的以太"，它决定着它里面显露出来的一切存在的"比重"。在这一意义上，资本成了包括人在内的万物的尺度。因此，在资本主义社会里，资本作为一种权力，是一种强大的统一性控制力量，它在现实社会中起着"抽象成为统治"的作用。货币或资本成为新的上帝，用马克思的话说，我们所有的人都变成了"犹太人"，我们所有的人都加入了"犹太教"——即金钱的信徒。资本的逻辑成为传统形而上学现实的"幽灵"。我们的时代正在上演着资本的狂欢，资本主义已经无法控制自己从地底下所召唤出来的这一"魔鬼"。"在资产阶级社会里，资本具有独立性和个性，而活动着的个人却没有独立性和个性。"[①]这是一个"资本"作为主体的时代，而非"人"作为主体的时代。

马克思所揭示的第一种奴役状态颇受当代学者的诟病：有学者认为，剩余价值理论是马克思为了批判资本主义社会所臆想出来的理论；也有学者指出，当代资本主义高福利国家已经很好地解决了社会两极分化的问题，使底层民众也享受到了非常好的社会保障。即使如此，当代资本主义社会依然无法解决马克思所揭示出来的第二种奴役状态：人类受资本的统治。实际上，马克思所揭示的这双重奴役状态是同一的，因为资本家不过是资本的人格化。在资本主义社会中，资本家和工人同样处于异化状态。马克思说："有

---

① 马克思恩格斯文集：第2卷[M]．北京：人民出版社，2009：46.

产阶级和无产阶级同样表现了人的自我异化。但是，有产阶级在这种自我异化中感到幸福，感到自己被确证，它认为异化是它自己的力量所在，并在异化中获得人的生存的外观。而无产阶级在异化中则感到自己是被消灭的，并在其中看到自己的无力和非人的生存的现实。"① 马克思对资本主义社会中双重奴役状态的揭示是共产主义运动存在的最根本的合法性基础。

西方"历史终结论"的问题症结就在于，他们不仅将共产主义等同于苏联模式的极权主义，而且沉迷于资本主义社会所营造出来的意识形态假象，从而将西方的自由民主制度看作"历史的终结"。毫无疑问，在人类文明史上，西方的自由民主制度是有史以来最为成功和优越的社会制度。但这并不意味着它将是人类唯一合法的和最为完满的社会制度，因为它仍然无法彻底地解决马克思对资本主义社会的批评，无法解决资本增殖的逻辑所带来的灾难性后果。辩证法的批判本性正是对这种"历史终结论"的有力反驳，它告诉我们："历史同认识一样，永远不会在人类的一种完美的理想状态中最终结束；完美的社会、完美的'国家'是只有在幻想中才能存在的东西；相反，一切依次更替的历史状态都只是人类社会由低级到高级的无穷发展进程中的暂时阶段。"②

---

① 马克思恩格斯文集：第1卷［M］. 北京：人民出版社，2009：261.

② 恩格斯. 路德维希·费尔巴哈和德国古典哲学的终结［M］. 北京：人民出版社，1997：8.

第八章　恩格斯为什么要研究"自然辩证法"

马克思主义是由马克思和恩格斯共同创立的，但是后世的很多西方马克思主义学者（包括一些国内学者）却认为两者之间存在着巨大的思想差异，更有甚者，将恩格斯和马克思彻底对立起来。美国著名马克思学家诺曼·莱文就明确指出，"马克思和恩格斯创立了两个相互矛盾的思想流派，第一个称为马克思主义，第二个称为恩格斯主义"。①实际上，"马恩对立论"由来已久，最早肇始于卢卡奇，途经萨特、马尔库塞、依波利特、施密特、胡克，一直延续到当代的莱文、卡弗等人。在这之中，恩格斯的"自然辩证法"问题被推到了风口浪尖，成为争论的焦点。他们主张恩格斯的辩证法是研究"自然界"的，是一种典型的"自然辩证法"，而马克思的辩证法所关心的是对资本主义社会的批判，试图揭示人类社会历史发展的辩证规律，这是一种"历史辩证法"。二者在辩证法研究的对象、内容和旨趣上都有着天壤之别。以对马克思和恩格斯辩证法的比较为基础，学术界开始宣扬"马恩

---

① 莱文. 不同的路径：马克思主义与恩格斯主义中的黑格尔［M］. 臧峰宇，译. 北京：北京师范大学出版社，2009：3.

差异论"，企图把恩格斯从马克思主义当中排除出去，还原出一个"纯粹的马克思"。他们以"马恩对立论"为前提，开始大肆贬低恩格斯，认为其对哲学的理解是业余的，简化甚至庸俗化和教条化了马克思的思想。

因此，以恩格斯的《自然辩证法》《反杜林论》等相关文本为依据，重新阐释和理解恩格斯的"自然辩证法"思想，不仅是一项特别重要而且是十分急迫的理论任务。在"马恩对立论"甚嚣尘上的思想语境下，重思恩格斯的自然辩证法要达到两个目的：一是澄清恩格斯"自然辩证法"的理论本性，消除学术界长期以来所形成的对恩格斯的误解；二是探求恩格斯的自然辩证法与马克思的历史辩证法之间的本质性关联，论证两者之间的一致性，从而达到批判"马恩对立论"的目的。

一、恩格斯"自然辩证法"研究的历史语境

恩格斯写作自然辩证法肇始于1873年，在此之前的恩格斯是一个标准的社会历史领域的研究者。这时候的恩格斯不仅是马克思的密切合作者，而且马克思也深受其思想的影响。在此期间，恩格斯与马克思合作撰写了《德意志意识形态》《神圣家族》《共产党宣言》等重要文本，恩格斯自己也单独撰写了《国民经济学批判大纲》《英国工人阶级状况》等有关社会历史领域的著作。统观这些文本，相信没有人会说恩格斯和马克思之间存在着本质性的差异，甚至是截然对立的。就连马克思本人在《1844年经济学哲学手稿》中都承认受到了"《德法年鉴》上恩格斯的《国民经济学批判大纲》"的影响[1]，在《资本论》及其手稿中，马克思也多次提到了恩格斯的这一著作，并指出这是一部"批判经济学范畴的天才大纲"。[2]如果我们直面学术界的"马恩对立论"，不禁会产生这样的疑惑：如果说恩格斯的理论旨趣与马克思迥然有异，那么马克思为什么会选择恩格斯作为他自己的合作者，而且终

---

① 马克思.1844年经济学哲学手稿[M].北京：人民出版社，2000：4.

② 马克思恩格斯文集：第2卷[M].北京：人民出版社，2009：592.

其一生。我们知道，在马克思一生的学术思想发展历程中，曾经和很多人分道扬镳，并且给予激烈的、无情的嘲讽和批判，但却和恩格斯保持着一生的友谊。当西方学者将恩格斯思想贬低为"业余""庸俗""简化"的时候，是否应当这样质朴地追问一下自己，既然恩格斯这么不堪，为什么马克思还会选择这样一个人作为自己的合作者？这显然是有悖常理的。

毋庸讳言，恩格斯和马克思在一些具体的观点上有可能会存在着侧重点不同和思想差异，但是两者的理论旨趣和思想目标却绝对是高度一致的。恩格斯在1884年的致约翰·菲力浦·贝克尔的信中非常形象地谈到了他和马克思之间的地位和关系。他写道："我一生所做的是我注定要做的事，就是拉第二小提琴，而且我想我做得还不错。我很高兴我有像马克思这样出色的第一小提琴手。当现在突然要我在理论问题上代替马克思的地位去拉第一小提琴时，就不免要出漏洞，这一点没有人比我自己更强烈地感觉到。"①相信此时的恩格斯确实是有感而发，因为他深切地体会到了失去马克思意味着失去了什么。恩格斯对自己的定位非常明智而且准确——"第二小提琴手"。在马克思主义创立和发展过程中，恩格斯认为自己所从事的工作和发挥的作用属于"第二小提琴手"的性质和地位，并且始终跟随马克思这位"第一小提琴手"的"主旋律"，自诩"做得还不错"，从来没有"跑调"。

恩格斯和马克思思想主旋律的一致，不仅是因为他们有着共同的理论旨趣，更重要的是他们的思想所遵循的解释原则是一致的。对此，恩格斯在1885年《关于共产主义者同盟的历史》和1886年《路德维希·费尔巴哈和德国古典哲学的终结》中作了进一步的说明。恩格斯在《关于共产主义者同盟的历史》中曾经回顾道，"当我1844年夏天在巴黎拜访马克思时，我们在一切理论领域中都显出意见完全一致，从此就开始了我们共同的工作。1845年春天当我们在布鲁塞尔再次会见时，马克思已经从上述基本原理出发大致完成了阐发他的唯物主义历史理论的工作，于是我们就着手在各个极为不

---

① 马克思恩格斯文集：第10卷［M］．北京：人民出版社，2009：525.

同的方面详细制定这种新形成的世界观了。"①恩格斯在这里的用语非常明确："在一切理论领域中"，当然包括"哲学"，他和马克思"意见完全一致"。这里的"意见完全一致"，恩格斯将其称之为"上述基本原理"，这也就是马克思阐释"唯物主义历史理论"的出发点及其所依据的基本原理。

1886年的《路德维希·费尔巴哈和德国古典哲学的终结》是一部带有总括性意义的哲学著作。在该书中，恩格斯重申了这一"基本指导思想"，并且确定无疑地表示关于这一"基本指导思想"及其"最后的明确表述"是"属于马克思的"。恩格斯说，"我不能否认，我和马克思共同工作40年，在这以前和这个期间，我在一定程度上独立地参加了这一理论的创立，特别是对这一理论的阐发。但是，绝大部分基本指导思想（特别是在经济和历史领域内），尤其是对这些指导思想的最后的明确的表述，都是属于马克思的。我所提供的，马克思没有我也能够做到，至多有几个专门的领域除外。至于马克思所做到的，我却做不到。"②恩格斯对马克思的钦佩溢于言表。他直言不讳，"马克思比我们大家都站得高些，看得远些，观察得多些和快些。马克思是天才，我们至多是能手。没有马克思，我们的理论远不会是现在这个样子。所以，这个理论用他的名字命名是理所当然的。"③

无论是根据恩格斯本人的叙述，还是从其思想一贯的理论旨趣来看，恩格斯都应该和马克思的基本指导思想保持着一致。但是，恩格斯的"自然辩证法"似乎在研究对象、主要内容、理论旨趣，甚至基本原则上都同马克思的"历史辩证法"相背离。并且从马恩的一些通信中，我们可以发现马克思本人对此表现得相当冷淡，这表明马克思不大支持恩格斯从事自然辩证法研究。在这种情况下，恩格斯不仅坚持而且耗费了大量的精力去研究自然辩证法，这使得恩格斯自然辩证法的写作目的扑朔迷离。

1873年5月30日，恩格斯已经形成了关于自然辩证法研究的大致思路，

---

① 马克思恩格斯文集：第4卷［M］．北京：人民出版社，2009：232．

② 恩格斯．路德维希·费尔巴哈和德国古典哲学的终结［M］．北京：人民出版社，1997：34．

③ 恩格斯．路德维希·费尔巴哈和德国古典哲学的终结［M］．北京：人民出版社，1997：34．

他致信马克思："今天早晨躺在床上，我脑子里出现了下面这些关于自然科学的辩证思想。"①在信中，恩格斯侃侃而谈，他指出必须从运动的角度去理解自然科学。"自然科学只有在物体的相互关系之中，在物体的运动之中观察物体，才能认识物体。对运动的各种形式的认识，就是对物体的认识。所以，对这些不同的运动形式的探讨，就是自然科学的主要内容。"②恩格斯从机械运动、物理学、化学、有机体等领域简要说明了自己的思考。在信的末尾，恩格斯请求马克思，"由于你那里是自然科学的中心，所以你最有条件判断这里面哪些东西是正确的。"③恩格斯的请求并没有得到马克思的积极回应。马克思在第二天给恩格斯的回信中态度冷淡地说道："我没有时间对此进行认真思考，并和'权威们'商量，所以我不敢冒昧地发表自己的意见。"④可见，对于恩格斯的自然辩证法设想，马克思未置一词。虽然这并不意味着马克思反对恩格斯从事自然辩证法研究，但在某种意义上却也表明了马克思的消极态度。

在从1873年到1882年的整整10年时间里，马克思和恩格斯之间有着大量的私人通信，但是仅仅有四次提及了恩格斯关于自然辩证法思想的研究，并且每次都不是马克思主动谈起的。在马克思逝世前的几个月，马恩在通信当中再一次提到了自然辩证法的问题，这也是马恩关于自然辩证法的最后一次通信。相对于《国民经济学大纲》的大加赞赏态度，马克思对恩格斯的自然辩证法研究依然显得十分消极。1882年11月23日，恩格斯十分兴奋甚至有点自豪地致信马克思。在信中，恩格斯指出，"电气中的电阻和机械运动中的质量是一回事。因此，无论在电的运动中还是在机械运动中，这种运动在量上可以测量的表现形式——一种是速度，一种是电流强度——在不变换形式的简单传递中，作为一次因数发生作用，反之，在变换形式的传递中——

---

① 马克思恩格斯文集：第10卷［M］. 北京：人民出版社，2009：385.

② 马克思恩格斯文集：第10卷［M］. 北京：人民出版社，2009：385.

③ 马克思恩格斯文集：第10卷［M］. 北京：人民出版社，2009：389.

④ 马克思恩格斯全集：第33卷［M］. 北京：人民出版社，1973：86—87.

作为平方因数发生作用。可见，这是由我首先表述出来的运动的普遍自然规律。但是现在必须尽快地结束自然辩证法。"①当恩格斯十分激动地向马克思汇报自己"首先表述出来的运动的普遍自然规律"，并宣称自己要"尽快地结束自然辩证法"研究的时候，马克思只是淡淡地在四天之后回信说："你对于平方在变换形式的能的传递中所起的作用的论证非常好，为此向你祝贺。"②而对恩格斯整个的自然辩证法研究所取得的成果，仍然不置可否。

关于"自然辩证法"思想，恩格斯先后写下 10 篇较完整的论文和 170 多个札记和片断。在其生前，还出版了《反杜林论》《社会主义从空想到科学的发展》《路德维希·费尔巴哈和德国古典哲学的终结》等与之相关的重要文献。恩格斯对其"自然辩证法"思想的研究十分珍视，在其去世之前，还对这些材料和手稿进行了粗略的整理。虽然恩格斯曾经对考茨基说过自己最大的缺点就是"草率"，而且恩格斯理论兴趣尤为广泛，但是恩格斯"关于自然科学的辩证思想"却绝非一时冲动、偶尔为之的结果。恩格斯对自然辩证法的研究最早可以追溯到 19 世纪 50 年代，这一时期的恩格斯已经萌生了在自然科学的最新发展中阐释辩证法理论的想法。在此后长达40年的时间中，"自然辩证法"一直是恩格斯关注和研究的重大的理论课题，并留下了大量的、丰富的研究成果。虽然这些手稿的核心思想通过恩格斯的一些著作也可以为我们所了解，但是直到去世，恩格斯对这些手稿还是念念不忘，希望有一天这些手稿能够公开出版，重见天日。恩格斯对其自然辩证法思想的重视，由此可见一斑。总而言之，"自然辩证法"是恩格斯长期以来一直从事的研究主题，时间跨度之长，耗费精力之大在恩格斯学术生涯中首屈一指。

《国民经济学大纲》的作者为什么去研究与此前风马牛不相及的"自然辩证法"，并且是在马克思不支持的前提下。这的确是一件令人费解的事

---

① 马克思恩格斯全集：第35卷[M].北京：人民出版社，1971：114-115.
② 马克思恩格斯全集：第35卷[M].北京：人民出版社，1971：115.

情。这就需要我们去追问恩格斯为什么要坚持研究自然辩证法？他研究自然辩证法的理论意图究竟是什么？

二、恩格斯"自然辩证法"研究的理论意图

对于为何要研究自然辩证法，恩格斯在《反杜林论》1885年的序言中曾经作了一个明确的说明："马克思和我，可以说是唯一把自觉的辩证法从德国唯心主义哲学中拯救出来并运用于唯物主义的自然观和历史观的人。可是要确立辩证的同时又是唯物主义的自然观，需要具备数学和自然科学的知识。马克思是精通数学的，可是对于自然科学，我们只能作零星的、时停时续的、片断的研究。因此，当我退出商界并移居伦敦，从而有时间进行研究的时候，我尽可能地使自己在数学和自然科学方面来一次彻底的——像李比希所说的——'脱毛'，八年当中，我把大部分时间用在这上面。"①这段论述对于我们探究恩格斯"自然辩证法"的理论意图非常关键。恩格斯明确指出了其研究"自然辩证法"的目的：那就是"把自觉的辩证法从德国唯心主义哲学中拯救出来并运用于唯物主义的自然观和历史观"。把辩证法运用于唯物主义的历史观，是马克思主要完成的工作，而现在恩格斯所要完成的工作是把辩证法运用于唯物主义的自然观。因此，恩格斯"要确立辩证的同时又是唯物主义的自然观"，而这需要"具备数学的和自然科学的知识"。正是基于这样一种认识，恩格斯要在数学和自然科学方面来一次彻底的"脱毛"。

恩格斯在《反杜林论》中进一步指出："在自然界里，正是那些在历史上支配着似乎是偶然事变的辩证运动规律，也在无数错综复杂的变化中发生作用；这些规律也同样地贯穿于人类思维的发展史中，它们逐渐被思维着的人所意识到。这些规律最初是由黑格尔全面地、不过是以神秘的形式阐发的，而剥去它们的神秘形式，并使人们清楚地意识到它们的全部的单纯性和

---

① 马克思恩格斯全集：第9卷 [M]. 北京：人民出版社，2009：13.

普遍有效性，这是我们的期求之一。显然，旧的自然哲学，无论它包含多少真正好的东西和多少可以结果实的萌芽，是不能满足我们的需要的。"①在这段话中，恩格斯研究自然辩证法的目的表达得更加明晰：剥去黑格尔辩证法的神秘形式，使人们清楚地意识到它们的全部的单纯性和普遍有效性。在恩格斯看来，确立"辩证的同时又是唯物主义的"自然观，也就意味着剥去黑格尔辩证法的神秘形式，把自觉的辩证法从黑格尔的唯心主义哲学中拯救出来，两者是同一个过程。这就是恩格斯"自然辩证法"研究最为根本的理论意图。因此，恩格斯的自然辩证法并不是想揭示整个自然界的普遍的辩证规律，这种观点是对恩格斯自然辩证法理论的最大的误解。

恩格斯的研究思路不是通过辩证法来解释自然界，而是通过对自然界的研究阐发辩证法，这是恩格斯"自然辩证法"研究的出发点或方法论。"事情不在于把辩证法规律硬塞进自然界，而在于从自然界中找出这些规律并从自然界出发加以阐发。"②恩格斯为其"自然辩证法"研究所确立的这一出发点，符合唯物主义辩证法的理论本性。在恩格斯看来，唯物辩证法绝对不能从抽象的"原则"出发。因为，"原则不是研究的出发点，而是它的最终结果；这些原则不是被应用于自然界和人类历史，而是从它们中抽象出来的；不是自然界和人类去适应原则，而是原则只有在符合自然界和历史的情况下才是正确的。这是对事物的唯一唯物主义的观点"③。恩格斯的这一论断和马克思历史辩证法的研究保持着高度的一致，这也就是马克思和恩格斯所创立的新唯物主义的出发点。正是基于这样的认识，恩格斯才花费了"八年"中的大部分时间去研究数学和自然科学。恩格斯要"从自然界中找出这些规律并从自然界出发加以阐发"。恩格斯自然辩证法研究的出发点，贯彻的正是唯物主义的基本原则。

从自然界中找出辩证法的规律并加以阐发，这只是恩格斯自然辩证法研

---

① 马克思恩格斯全集：第9卷 [M]. 北京：人民出版社，2009：13-14.

② 马克思恩格斯全集：第9卷 [M]. 北京：人民出版社，2009：15.

③ 马克思恩格斯全集：第9卷 [M]. 北京：人民出版社，2009：38.

究的出发点或基本思路，而不是其研究的最终目的。其最终目的是试图通过自然辩证法的研究确立辩证法的思维方式，将辩证法从黑格尔的神秘形式中拯救出来，以其自己独特的方式实现对黑格尔辩证法的"颠倒"。恩格斯指出："一个民族要想站在科学的最高峰，就一刻也不能没有理论思维。可是正当自然过程的辩证性质以不可抗拒的力量迫使人们承认它，因而只有辩证法能够帮助自然科学战胜理论困难的时候，人们却把辩证法同黑格尔派一起抛进大海，因而又无可奈何地陷入旧的形而上学。"①辩证思维是高级的理论思维。在恩格斯看来，之所以会陷入旧形而上学，就在于人们"把辩证法同黑格尔派一起抛进大海"。自然科学的发展确定无疑地证明"只有辩证法能够帮助自然科学战胜理论困难"。我们必须确立辩证法的思维方式，才能避免陷入形而上学的泥沼。因此，"拯救辩证法"构成了恩格斯自然辩证法研究最为真实的理论目的。

恩格斯通过对自然科学的反思，其最真实的目的就是把黑格尔"头足倒置"的辩证法给颠倒过来。恩格斯指出，"这种近代德国哲学在黑格尔的体系中完成了，在这个体系中，黑格尔第一次——这是他的伟大功绩——把整个自然的、历史的和精神的世界描写为一个过程，即把它描写为处在不断的运动、变化、转变和发展中，并企图揭示这种运动和发展的内在联系。从这个观点来看，人类的历史已经不再是乱七八糟的、统统应当被这时已经成熟了的哲学理性的法庭所唾弃并最好尽快被人遗忘的毫无意义的暴力行为，而是人类本身的发展过程，而思维的任务现在就是要透过一切迷乱现象探索这一过程的逐步发展的阶段，并且透过一切表面的偶然性揭示这一过程的内在规律性。"②在恩格斯看来，黑格尔并没有解决这个任务，但是黑格尔划时代的功绩恰恰在于提出了这个任务。这个任务是思维的任务，亦即辩证法的任务：认识或揭示"整个自然的、历史的和精神的世界"作为一个过程的内在规律性。在这里需要特别注意的是，辩证法不是关于自然、历史和精神运

---

① 马克思恩格斯全集：第9卷［M］．北京：人民出版社，2009：437．
② 马克思恩格斯全集：第9卷［M］．北京：人民出版社，2009：26-27．

动和发展的普遍规律，而是对这一规律的揭示和认识。换句话说，辩证法不是自在意义上的辩证规律，而是自为意义上的辩证思维。我们对恩格斯自然辩证法的认识和把握往往在自在的意义而非自为的意义上去理解，从而导致了对恩格斯辩证法理解的庸俗化和经验化。

恩格斯认为，黑格尔之所以没有解决这个任务，除了受到"他自己的必然有限的知识的限制和他那个时代的在广度和深度方面都同样有限的知识和见解的限制"之外，主要的限制是因为黑格尔唯心主义的立场。"黑格尔是唯心主义者，就是说，在他看来，他头脑中的思想不是现实的事物和过程的或多或少抽象的反映。相反，在他看来，事物及其发展只是在世界出现以前已经在某个地方存在着的'观念'的现实化的反映。这样，一切都被头足倒置了，世界的现实联系完全被颠倒了。所以，不论黑格尔如何正确地和天才地把握了一些个别的联系，但由于上述原因，就是在细节上也有许多东西不能不是牵强的、造作的、虚构的，一句话，被歪曲的。"①恩格斯在《反杜林论》中的这段论述和马克思在《资本论》跋中对黑格尔辩证法的评价惊人的一致。

恩格斯通过对现代自然科学发展的研究，确认了辩证法的思维方式。换句话说，在现代自然科学的发展中出现了辩证思维的回归现象。恩格斯试图通过对自然辩证法的研究实现对黑格尔辩证法的颠倒。恩格斯在《自然辩证法》中认为，18世纪末和19世纪初的时候，自然科学获得了空前的发展，这不仅表现在自然科学所掌握的资料以及其所取得的成果日益丰富，更加表现在自然科学取得了标志性的突破。自然科学中的三大发现——细胞学说、能量守恒和转化定律以及生物进化论宣告了现代科学的诞生。按照恩格斯的说法，人们不仅能够说明自然界各个领域内的过程之间的联系，而且也能从总体上说明各个领域之间的联系。现代科学之所以能够形成完整的科学世界图景，在恩格斯看来，其根源就在于辩证法这一思维方式的确立。恩格斯指出，"对于现今的自然科学来说，辩证法恰好是最重要的思维形式，因为只

① 马克思恩格斯全集：第9卷［M］.北京：人民出版社，2009：27.

有辩证法才为自然界中出现的发展过程，为各种普遍的联系，为一个研究领域向另一个研究领域过渡提供类比，从而提供说明方法。"①

恩格斯认为，在哲学领域和在自然科学领域出现了相同的状况。恩格斯指出，"在黑格尔的辩证法中，正像在他的体系的所有其他分支中一样，一切真实的联系都是颠倒的。"②无独有偶，"在自然科学本身中，我们常常遇到这样一些理论，它们把真实的关系弄颠倒了，把映象当做了原型，因而这些理论同样需要倒置过来。"③恩格斯其实是在用自然科学中真实关系的"颠倒"来类比黑格尔辩证法的"颠倒"。恩格斯明确地指出，"黑格尔的辩证法同合理的辩证法的关系，正像热素说同力学的热理论的关系一样，正像燃素说同拉瓦锡的理论的关系一样。"④

马克思通过《资本论》亦即"政治经济学"的研究实现了对黑格尔辩证法的颠倒，而恩格斯则通过"自然辩证法"的研究完成了这一颠倒。"马克思的功绩就在于，他和'今天在德国知识界发号施令的、愤懑的、自负的、平庸的模仿者们'相反，第一个把已经被遗忘的辩证方法、它和黑格尔辩证法的联系以及差别重新提到人们面前，同时在《资本论》中把这个方法应用到一种经验科学即政治经济学的事实上去。"⑤恩格斯所要做的工作在本质上与此是一致的，恩格斯也要拯救辩证法，也要把被遗忘的辩证方法以及它和黑格尔辩证法之间的本质性关联重新提到人们面前，恢复这一伟大方法的有效性。只不过马克思是通过政治经济学批判及其社会发展理论，而恩格斯则是通过对数学和自然科学的考察达到的。通过恩格斯的下面这句话，我们可以清晰地看到这一类比："自然哲学家与自觉的辩证的自然科学的关系，就像空想主义者与现代共产主义的关系一样。"⑥正是由于辩证法，才能够

① 马克思恩格斯全集：第9卷[M]．北京：人民出版社，2009：436．
② 马克思恩格斯全集：第9卷[M]．北京：人民出版社，2009：441．
③ 马克思恩格斯全集：第9卷[M]．北京：人民出版社，2009：441．
④ 马克思恩格斯全集：第9卷[M]．北京：人民出版社，2009：442．
⑤ 马克思恩格斯全集：第9卷[M]．北京：人民出版社，2009：440-441．
⑥ 马克思恩格斯全集：第9卷[M]．北京：人民出版社，2009：14．

建立起真正现代意义上的自然科学和真正的历史科学。正是通过自然辩证法研究，通过确立辩证的、唯物主义的自然观，恩格斯才剥去了黑格尔辩证法的神秘形式，确立了合理形态的辩证法。

三、恩格斯"自然辩证法"理论的真实涵义

通过对"数学和自然科学"的考察，恩格斯指出，辩证法的思维方式在现代自然科学家那里仍然是不自觉的。"学会辩证地思维的自然科学家到现在还屈指可数。"①因为，"现在几乎没有一本理论自然科学著作不给人以这样的印象：自然科学家们自己就感觉到，这种杂乱无章多么严重地左右着他们，并且现今流行的所谓哲学又决不可能使他们找到出路。在这里，既然没有别的出路，既然无法找到明晰思路，也就只好以这种或那种形式从形而上学思维向辩证思维复归。"②这种向辩证思维的复归虽然可以通过不同的道路来实现，但却是一个旷日持久、步履艰难的过程。如果考察一下辩证哲学在历史上的各种形态，那么这一过程可以大大缩短。如果说黑格尔的最大功绩在于提出了辩证思维的理论任务，马克思的伟大功绩在于把被遗忘的辩证法重新提到了人们面前，那么恩格斯的功绩就在于明确了辩证法的思维方式，建立了"理论思维"的辩证法。

恩格斯对理论思维的重视可谓空前绝后。在恩格斯看来，一个民族只有具有理论思维，才能站在科学的最高峰，但是问题的关键在于具有什么样的理论思维。如果不达到对辩证思维的自觉，人类的思维就会"被束缚在旧的形而上学的普罗克拉斯提斯的床上"。"自然科学家尽管可以采取他们所愿意采取的态度，他们还得受哲学的支配。问题只在于：他们是愿意受某种蹩脚的时髦哲学的支配，还是愿意受某种建立在通晓思维历史及其成就的基础

---

① 马克思恩格斯全集：第9卷 [M]. 北京：人民出版社，2009：25-26.

② 马克思恩格斯全集：第9卷 [M]. 北京：人民出版社，2009：438.

上的理论思维形式的支配。"①很显然，"某种蹩脚的时髦哲学"指的就是旧形而上学，"建立在通晓思维历史及其成就的基础上的理论思维形式"指的则是辩证思维。恩格斯关于辩证思维的这一论述至关紧要，它避免我们把辩证法给教条化和僵化为枯燥的条文和现成的结论，抽象化为脱离哲学史的亦即超历史的理论思维形式。从历史唯物主义的观点来看，"每一个时代的理论思维，包括我们这个时代的理论思维，都是一种历史的产物，它在不同的时代具有完全不同的形式，同时具有完全不同的内容。"②"历史性"构成了辩证法最为基本的特性，当我们把辩证法抽象化为一种空洞的、放之四海而皆准的思维方式的时候，恰恰把辩证法最为真实的内涵给失落了。

正是因为理论思维的辩证法是历史的产物，所以这种辩证法绝对不是超时空的绝对真理，批判性和革命性才构成了合理形态的辩证法的理论本性。在《自然辩证法》中，恩格斯论述了辩证法意义上的自然观："一切僵硬的东西溶解了，一切固定的东西消散了，一切被当做永恒存在的特殊的东西变成了转瞬即逝的东西，整个自然界被证明是在永恒的流动和循环中运动着。"③我们读到这句话的时候，不禁会想起《共产党宣言》中的另外一段话，它们是如此的相似。在《共产党宣言》中，马克思和恩格斯这样描述现代社会同过去一切时代的区别："一切固定的僵化的关系以及与之相适应的素被尊崇的观念和见解都被消除了，一切新形成的关系等不到固定下来就陈旧了。一切等级的和固定的东西都烟消云散了，一切神圣的东西都被亵渎了。"④这就是唯物主义辩证法的自然观和历史观，两者的表述之所以如此相似，就在于它们所体现的都是辩证法的思维方式。

恩格斯为了澄清辩证法的思维方式，将其与"旧形而上学"的思维方式对立起来去阐释。恩格斯指出，"旧的研究方法和思维方法，黑格尔称之

---

① 马克思恩格斯全集：第9卷[M]．北京：人民出版社，2009：460．

② 马克思恩格斯全集：第9卷[M]．北京：人民出版社，2009：436．

③ 马克思恩格斯全集：第9卷[M]．北京：人民出版社，2009：418．

④ 马克思恩格斯文集：第2卷[M]．北京：人民出版社，2009：34-35．

为'形而上学的'方法，主要是把事物当作一成不变的东西去研究，它的残余还牢牢地盘踞在人们的头脑中，这种方法在当时是有重大的历史根据的。必须先研究事物，尔后才能研究过程。必须先知道一个事物是什么，尔后才能察觉这个事物中所发生的变化。自然科学中的情形正是这样。认为事物是既成的东西的旧形而上学，是从那种把非生物和生物当作既成事物来研究的自然科学中产生的。"①"旧形而上学"的自然科学基础是"搜集材料的科学"，关于既成事物的科学。这种"旧形而上学"的思维方式在自然科学发展中根深蒂固。从人类认识史和科学发展史来看，真正的自然科学只是从15世纪下半叶才开始。这一时期的自然科学处于"搜集资料"的阶段，虽然取得了长足的发展，但没有本质性的突破，这种科学构成了"旧形而上学"思维方式的根源。恩格斯认为，这种自然科学"把各种自然物和自然过程孤立起来，撇开宏大的总的联系去进行考察，因此，就不是从运动的状态，而是从静止的状态去考察；不是把它们看做本质上变化的东西，而是看做固定不变的东西；不是从活的状态，而是从死的状态去考察。这种考察方式被培根和洛克从自然科学中移植到哲学中以后，就造成了最近几个世纪所特有的局限性，即形而上学的思维方式"。②接下来，恩格斯进一步剖析了这种思维方式，给出了这种思维方式的公式。恩格斯提出，"在形而上学者看来，事物及其在思想上的反映即概念，是孤立的、应当逐个地和分别地加以考察的、固定的、僵硬的、一成不变的研究对象。他们在绝对不相容的对立中思维；他们的说法是：'是就是，不是就不是；除此以外，都是鬼话'。"③

旧形而上学思维方式的形成和当时自然科学的发展密不可分，与此相应，辩证思维方式的确立也应该考察现代自然科学。现代自然科学也已经从"搜集资料"的科学发展为"整理资料"的科学，发展为关于"过程"即"事物的发生发展"以及"这些自然过程结合为一个伟大整体"的科学。恩

---

① 恩格斯.路德维希·费尔巴哈与德国古典哲学的终结[M].北京:人民出版社,1997:36-37.

② 马克思恩格斯全集:第9卷[M].北京:人民出版社,2009:24.

③ 马克思恩格斯全集:第9卷[M].北京:人民出版社,2009:24.

格斯从思维方式的角度表明了现代自然科学的本质性特征。"经验的自然研究已经积累了庞大数量的实证的知识材料，因而迫切需要在每一研究领域中系统地和依据其内在联系来整理这些材料。同样也迫切需要在各个知识领域之间确立正确的关系。于是，自然科学便进入理论领域，而在这里经验的方法不中用了，在这里只有理论思维才管用。"①这里与经验的方法相对应的"理论思维"指的就是辩证法的思维方式。

恩格斯在《路德维希·费尔巴哈和德国古典哲学的终结》一书中通过批判和反省黑格尔哲学，对这种辩证法的思维方式进行了系统的、明确的论述。恩格斯指出，"黑格尔哲学（我们在这里只限于考察这种作为从康德以来的整个运动的完成的哲学）的真实意义和革命性质，正是在于它彻底否定了关于人的思维和行动的一切结果具有最终性质的看法。"②这就是黑格尔辩证法最积极的理论成果——作为创造性和推动性原则的否定性。"这种辩证哲学推翻了一切关于最终的绝对真理和与之相应的绝对的人类状态的观念。在它面前，不存在任何最终的东西、绝对的东西、神圣的东西；它指出所有一切事物的暂时性；在它面前，除了生成和灭亡的不断过程、无止境地由低级上升到高级的不断过程，什么都不存在。……它的革命性质是绝对的——这就是辩证哲学所承认的唯一绝对的东西。"③在这里，恩格斯揭示了辩证哲学或辩证法的思维方式最为本质的特征——革命性。随着辩证法革命本性的彰显，辩证法被恩格斯从黑格尔唯心主义的绝对形式中拯救了出来。

对于这种辩证哲学，恩格斯进一步向我们表明："但是这里确实必须指出一点：黑格尔并没有这样清楚地作出如上的阐述。这是他的方法必然要得出的结论，但是他本人从来没有这样明确地作出这个结论。原因很简单，因为他不得不去建立一个体系，而按照传统的要求，哲学体系是一定要以某种

---

① 马克思恩格斯全集：第9卷[M]. 北京：人民出版社，2009：435.

② 恩格斯. 路德维希·费尔巴哈与德国古典哲学的终结[M]. 北京：人民出版社，1997：7.

③ 恩格斯. 路德维希·费尔巴哈与德国古典哲学的终结[M]. 北京：人民出版社，1997：8.

绝对真理来完成的。所以，黑格尔，特别是在《逻辑学》中，尽管如此强调这种永恒真理不过是逻辑的或历史的过程本身，他还是觉得自己不得不给这个过程一个终点，因为他总得在某个地方结束他的体系。"①绝对精神构成了黑格尔哲学的逻辑终点，这是一个"绝对的绝对"。在这一点上，黑格尔无法再前进一步，只能呆呆地望着这个绝对真理，高声宣布"哲学的终结"和"历史的终结"。恩格斯指出，黑格尔"这就是把历史的终点设想成人类达到对这个绝对观念的认识，并宣布对绝对观念的这种认识已经在黑格尔的哲学中达到了。但是这样一来，黑格尔体系的全部教条内容就被宣布为绝对真理，这同他那消除一切教条东西的辩证方法是矛盾的；这样一来，革命的方面就被过分茂密的保守的方面所窒息"。②

　　一方面，恩格斯肯定黑格尔哲学的意义就在于其辩证方法的批判性与革命性。另一方面，由于黑格尔建立的庞大的形而上学体系，从而使这一革命的方法窒息在死寂的形而上学的丛林之中。拯救辩证法就是把辩证法的"批判性和革命性"彰显出来。无论是马克思，还是恩格斯都一再地强调辩证法的革命性，因为只有从这样的观点来看，资本主义社会才不是人类社会的终极状态，而只是人类社会历史发展中的一个暂时性阶段。恩格斯"自然辩证法"研究的主要目的就是在分析和总结自然科学发展史和现代自然科学的最新进展这一过程中，向人们展示真正的辩证法形态（或者说辩证法的思维方式）是怎么样的。我们需要对恩格斯的"自然辩证法"思想正本清源。恩格斯的"自然辩证法"绝对不是研究自然界的"科学"，而是反思自然科学的"哲学"。这种哲学通过确立"辩证的同时又是唯物主义"的自然观，反思了现代自然科学的"思维方式"，系统地论述了"理论思维"的辩证法，解除了辩证法在黑格尔哲学中所具有的唯心主义的神秘形式，从而达到了拯救自觉辩证法的目的。"如果《自然辩证法》是反思自然科学的哲学，是探索自然科学的思维方式，那么，它所要回答的问题就是如何以理论思维

① 恩格斯. 路德维希·费尔巴哈与德国古典哲学的终结 [M]. 北京：人民出版社，1997：9.

② 恩格斯. 路德维希·费尔巴哈与德国古典哲学的终结 [M]. 北京：人民出版社，1997：9.

把握'自然'和'自然科学'的问题，它所构成的就是作为理论思维的辩证法。"①这是恩格斯"自然辩证法"最为真实的理论涵义。恩格斯通过理论思维的辩证法重新恢复了辩证法的批判本性，从而为批判资本主义，探求未来人类社会发展道路提供理论基础和方法论原则。这是恩格斯"自然辩证法"研究最为真实的理论意义。通过对恩格斯"自然辩证法"涵义和意义的揭示，我们可以做出如下论断：在辩证思维意义上，恩格斯的自然辩证法和马克思的历史辩证法并无本质的不同，"马恩对立论"也就无从谈起。

---

① 孙正聿. 马克思主义辩证法研究[M]. 北京: 北京师范大学出版社, 2017: 103.

第九章　辩证法与反形而上学：从马克思到阿多诺

　　黑格尔以前的辩证法理论（包括黑格尔的辩证法理论）与传统形而上学是相统一的，并不对立。无论是消极的辩证法，还是积极的辩证法都是为形而上学服务的。辩证法与形而上学的对立是由马克思、恩格斯确立起来的，并且成为反形而上学的一条重要的道路。自黑格尔以来，反形而上学逐渐成为西方哲学的主流话语，并且形成了三条主要的反形而上学的道路，即：现象学的道路（海德格尔）、分析哲学的道路（维特根斯坦）和辩证法的道路（马克思）。由马克思所开创的这条辩证法的反形而上学之路，经由马尔库塞，一直延续到阿多诺，并在阿多诺的"否定的辩证法"中得到了最终的完成。

　　在黑格尔哲学中，作为其体系的形而上学与作为其方法的辩证法理论之间是一致的，方法是为其体系服务的。所以胡克认为，"在黑格尔那里，辩证方法之所以是神秘的，还因为他把它当作建立一个囊括一切的整体的逻辑结构的工具"。[①]辩证法成为黑格尔建构其宏伟的形而上学体系的工具，这

---

① 悉尼·胡克. 对卡尔·马克思的理解［M］. 徐崇温，译. 重庆：重庆出版社，1993：315.

就不仅掩盖了辩证法作为思维方式的原本意义，而且也使辩证法变得神秘难解了。但是马克思和恩格斯却看到了黑格尔体系与方法之间的矛盾，"黑格尔体系的全部教条内容就被宣布为绝对真理，这同他那消除一切教条东西的辩证方法是矛盾的；这样一来，革命的方面就被过分茂密的保守的方面所窒息。"①黑格尔的体系是禁锢的，而其方法却是否定的批判的。方法被其体系的茂密性给遮蔽了、禁锢了。辩证法与形而上学开始对立起来，辩证法开始作为反形而上学出现了。

一、马克思：辩证法与传统形而上学的对立

马克思认为，"黑格尔根据否定的否定所包含的肯定方面把否定的否定看成真正的和惟一的肯定的东西，而根据它所包含的否定方面把它看成一切存在的惟一真正的活动和自我实现的活动，所以他只是为历史的运动找到抽象的、逻辑的、思辨的表达。"②黑格尔把思维运动看作唯一的真正的活动和自我实现的活动，这种活动在本质上是一种自我意识的辩证运动，所以这种扬弃活动仅仅是思想上的本质的扬弃，但是思维却"自以为直接就是和自身不同的另一个东西，即感性的现实，从而认为自己的活动也是感性的现实的活动，所以这种思想上的扬弃，在现实中没有触动自己的对象，却以为实际上克服了自己的对象"。③马克思深刻地揭示了黑格尔辩证法的唯心主义实质，这种辩证法只是解释了世界，在现实面前畏缩不前导致它弄残了自身，所以恩格斯毫不客气地认为"黑格尔是一首辩证法的诗"。

马克思不满意黑格尔"醉醺醺的思辨"，不满意黑格尔辩证法的否定性、批判性被禁锢。所以马克思明确地指出辩证法在本性上是批判的、革命的，"这种辩证哲学推翻了一切关于最终的绝对真理和与之相应的绝对的人

---

① 恩格斯.路德维希·费尔巴哈与德国古典哲学的终结［M］.北京：人民出版社，1997：9.

② 马克思.1844年经济学哲学手稿［M］.北京：人民出版社，2000：97.

③ 马克思.1844年经济学哲学手稿［M］.北京：人民出版社，2000：111.

类状态的观念。在它面前，不存在任何最终的东西、绝对的东西、神圣的东西；它指出所有一切事物的暂时性；在它面前，除了生成和灭亡的不断过程、无止境地由低级上升到高级的不断过程，什么都不存在。""它的革命性质是绝对的——这就是辩证哲学所承认的唯一绝对的东西"。①把辩证法的否定性与革命性彰显出来，就是对传统形而上学给以致命的一击。传统的形而上学追求一种超验的、永恒的、绝对的本体，而马克思的辩证法理论否定了一切最终的绝对的真理，消解了传统的神圣形象，打破了一切坚固的东西，绝对精神开始瓦解了。在反传统形而上学的道路上，马克思的辩证法理论对传统形而上学展开了猛烈的攻击。

"拒斥形而上学"是20世纪哲学最为响亮的口号，并逐渐成为当代西方哲学的主流话语。正当哲学家们沾沾自喜以为彻底摧毁了传统形而上学的时候，同一性形而上学却在另一个领域复活了，并且展现出更为强悍的宰制力量，这个领域是被马克思的《资本论》所发现和开辟出来的。因此，对形而上学的批判远非现代哲学家们所认为的那么简单。对同一性形而上学的批判不是一个战场，而是两个战场。如果说第一个战场仅仅发生在思想观念领域，那么第二个战场则关涉现实生活领域。传统形而上学利用强大的理论概念在思想观念领域里发挥着整饬有序的同一性力量，从而把所有的多样性吞噬为"一"。"一"既是原理和本质，也是原则和本源；在现实生活领域里，"资本"逐渐获得了传统形而上学的同一性力量。"商品""货币"和"资本"三大拜物教充分展现了现代社会中"抽象"对人们的统治。传统形而上学与资本形而上学的同质同构构成了我们这个时代最深层的生存论本质。从存在论的意义上来讲，《资本论》完全可以被看作一部反省和批判资本形而上学的理论著作。

资本作为传统"同一性形而上学"在现实生活领域里的"复活"或"显现"，具有三个同构型特征：第一，相对于传统形而上学的"本体"，"资本"或"货币"构成了现代社会中人们全部生活的终极价值。现实中的一切

① 恩格斯.路德维希·费尔巴哈与德国古典哲学的终结 [M]. 北京: 人民出版社, 1997: 8.

都可以追溯为货币，货币衡量着现实世界一切东西的"比重"，成为其是否具有价值或者具有多大价值的标准和尺度；第二，相对于传统形而上学的"概念逻辑"，资本逻辑体现为铲平一切的"同质化"和"总体化"的同一性逻辑，现实中的一切都被纳入到资本增殖的逻辑当中；第三，相对于传统形而上学的"理论体系"或"概念王国"，资本主义社会营造了一个庞大的"物体系"，这个"物体系"不断地向人们发布着"物指令"。资本成为"资本形而上学"。如果我们想深刻地洞察现代资本主义社会的本质，就必须从其形而上学的理论表征中捕捉到这个时代最为本质的理论特征，对资本形而上学的内涵作出进一步的分析和规定。

因此，马克思对传统形而上学的批判并不是直接针对传统形而上学的形态提出来的，而是针对主体性形而上学在现代社会中的表现形态——资本进行批判的。传统形而上学不仅以思想观念的抽象形式出现，而且更展现为一种具体的现实运作，即展现为一种人的现实生活的支配力量，资本主义社会中资本逻辑的总体性统治是其最为典型的表现。马克思通过《资本论》揭示出传统形而上学在以资本为动力和灵魂的现代社会中的新变种——意志（或欲望）形而上学，并暗示我们意志（或欲望）形而上学就是资本形而上学。马克思不但把资本理解为"一种无止境的和无限制的欲望"，同时也把它理解为独立的主体。在《共产党宣言》中，马克思认为："在资产阶级社会里，资本具有独立性和个性，而活动着的个人却没有个性和独立性。"[1]在《1857—1858年经济学手稿》中，马克思进一步明确地指出了"资本作为主体"。"事实上，资本形而上学既是主体形而上学，又是意志（或欲望）形而上学在现代社会的真正谜底"。[2]所以，在现代社会中资本实现了与传统形而上学的内在"共谋"和"联姻"。马克思批判的辩证法瓦解资本的逻辑就是批判传统的主体性形而上学。

所以马克思并不仅仅止于哲学理论上的革命，他要把"哲学现实化"，

① 马克思恩格斯选集：第一卷[M]．北京：人民出版社，1995：287.
② 俞吾金．资本诠释学——马克思考察、批判现代社会的独特路径[J]．哲学研究，2007（1）：25.

他要让理论掌握群众，把辩证法的批判性、否定性，变成物质力量。所以，恩格斯认为德国的工人阶级是德国古典哲学真正的继承者，因为在工人阶级那里，辩证法的否定性、批判性转变成了革命性，批判的武器成为武器的批判，辩证法就是对现存的一切进行无情的批判。马克思辩证法理论的精神就是否定、批判与革命，"辩证法在对现存事物的肯定的理解中同时包含对现存事物的否定的理解，即对现存事物的必然灭亡的理解；辩证法对每一种既成的形式都是从不断的运动中，因而也是从它的暂时性方面去理解；辩证法不崇拜任何东西，按其本质来说，它是批判的和革命的。"①

二、马尔库塞：辩证法与传统形而上学的暧昧

法兰克福学派继承了马克思所开辟的反形而上学道路，其代表人物也自诩继承了辩证法的传统。他们比马克思更强调辩证法的否定性方面，最终达到了彻底摧毁传统形而上学的目的，并且把"否定的辩证法"作为其社会批判理论的哲学基础。马尔库塞在《理性与革命》一书中，通过对黑格尔哲学系统的、全方位的研究，试图挖掘出辩证法理论的否定本性。马尔库塞认为，"黑格尔的哲学正是后来的反应称之为一种否定的哲学。这种哲学最初产生于这样一个信念，即对于常识来说，既定的事实乃是肯定真理的标志，但事实上却是对真理的否定。因此，只有推翻这些既定的事实，才能获得真理。辩证法的动力便存在于这一批判的信念中。总的来说，辩证法也就是这样一种思想，即存在的一切形式都被一种本质的否定性所渗透，这种否定性决定了它们的内容和运动。"②可见，马尔库塞把黑格尔哲学称作"否定的哲学"，把其辩证法的本质看作否定性的。

马尔库塞详细地分析了黑格尔的《逻辑学》，认为黑格尔的"《逻辑

---

① 马克思恩格斯选集：第二卷 [M]. 北京：人民出版社，1995：112.

② 上海社会科学院哲学研究所外国哲学研究室. 法兰克福学派论著选辑：上卷 [M]. 北京：商务印书馆，1998：364.

学》是黑格尔哲学思想成熟的标志，因而，是他哲学成果最高水平的代表作"。指出黑格尔的"逻辑学主要是一种批判的手段"。马尔库塞认为，"黑格尔反复强调，辩证法具有'否定'的特征。否定'构成了辩证理性的本质'。'趋向理性的真正概念'的第一步是'否定的一步'；否定'构成了真正的辩证过程'"。①在实在运动的过程中，否定是必然的，否定揭示出，特定的形式中没有什么是真的，因而"否定是事物存在的基础"。任何一个事物的实在的质料部分都是由这一事物的否定所构成的，是由它所排斥和扬弃的作为其对立面的东西所构成。否定的性质就是其本质，它迫使其自身"超越"存在状态。存在在变化的过程中分解，存在的无限统一是一个否定的统一体，它包含着所有的质和量的规定的否定。每一个规定的性质都是与自身相对立的，因而无论是自在的存在，还是自为的存在，都不是存在于世界中任何一个地方的质和量的统一体，而是所有规定的否定。

事物的无限的统一体被视为一个"否定的统一体"，它不能从质和量的方面被认识。相反地，它包含着所有质和量的规定的否定。因为每个规定的性质都被认为与事物自身相对立。它的本质特征因此就是否定；黑格尔也把它称为"普遍矛盾"，"通过对每个存在的规定的否定"而存在着。它是"绝对的否定"或是"否定的整体"。"黑格尔称这种否定的统一体和自我实现的过程是事物的本质"。②因此，所谓这种统一体"似乎由于一个过程而是这样的统一体，在这个过程中，事物否定了一切单纯的外在性和他性，并把它们和能动的自我联系起来"。所以，实际上统一体只不过是"否定的整体"③。

马尔库塞紧紧抓住黑格尔"过程"思想，指出统一或同一是一个过程，

---

① 马尔库塞. 理性和革命——黑格尔和社会理论的兴起 [M]. 程志民，等译. 重庆：重庆出版社，1993：112.

② 马尔库塞. 理性和革命——黑格尔和社会理论的兴起 [M]. 程志民，等译. 重庆：重庆出版社，1993：129.

③ 马尔库塞. 理性和革命——黑格尔和社会理论的兴起 [M]. 程志民，等译. 重庆：重庆出版社，1993：129.

即统一或同一不是一个永恒的和孤立的实体，而是一个过程。在这个过程中，每一事物都与其固有矛盾相抗争，并展示作为抗争结果的自身。也就是说，"同一包含着事物的对立和差别，表明了自我矛盾和一个与矛盾相伴的统一。每一存在都使自身陷入否定，并只有通过否定之否定才达到它所是的东西。它把状态和关系的多样化分割成无数其它的事物，这些其它的事物对于它来说完全是外在的，但当它们被本质的影响所征服时，这些事物则变成它真正自身的部分。统一因此也就是'否定的整体'，它被表明是实在的结构，它也是'本质'。"①

辩证法已产生了这样的结果：实在充满矛盾的特性，是一个"否定的整体"。马尔库塞认为只要我们深入进黑格尔的《逻辑学》中，我们就会发现，辩证法是作为一个普遍的本体论原则而出现，它主张每一个存在都是通过变成其自身的对立和通过对立的作用产生其存在的同一。但对这一原则，进一步研究则揭示出历史意义，那就是它根本的批判动机。"运用于这个体系的方法比带来这一体系的结论的众多概念更具有深远的意义"。②黑格尔辩证的方法比起体系内容更具有价值。马尔库塞认为马克思的辩证法和黑格尔的辩证法的根本区别在于马克思的辩证法脱离了本体论的基础，它是一种"历史辩证法"。但是，马克思的辩证法和黑格尔的辩证法在本质上是一样的，都是否定的辩证法。所以马尔库塞认为，"对于马克思来说，如同对待黑格尔一样，辩证法注重于这一事实：内在的否定实际上就是'运动和创造的原则'，辩证法就是'否定的辩证法'"。③马尔库塞意识到黑格尔哲学中的否定观对于社会批判理论的意义，但却未把否定作为最高的哲学范畴，并且在批判黑格尔的态度上暧昧不明，他把黑格尔辩证法的同一性原则看作

① 马尔库塞. 理性和革命——黑格尔和社会理论的兴起 [M]. 程志民，等译. 重庆：重庆出版社，1993：133-134.

② 马尔库塞. 理性和革命——黑格尔和社会理论的兴起 [M]. 程志民，等译. 重庆：重庆出版社，1993：234.

③ 马尔库塞. 理性和革命——黑格尔和社会理论的兴起 [M]. 程志民，等译. 重庆：重庆出版社，1993：256.

一个"否定的整体"，进而把黑格尔的辩证法看作"否定的辩证法"。然而，在阿多诺的《否定的辩证法》中，否定范畴就被抬高到至高无上的地位，对黑格尔辩证法的同一性原则展开了彻底批判。阿多诺要和黑格尔彻底决裂，指出了黑格尔辩证法的同一性本质，其自身的一体化是以牺牲它的否定性潜能为代价的。阿多诺认为辩证法的本质在于否定，否定就是上帝、就是生命，就是一切。

三、阿多诺：辩证法与传统形而上学的崩溃

阿多诺的《否定的辩证法》是一部试图为社会批判理论提供全面系统的哲学论证的著作。在这部著作中，阿多诺提出，仅仅去发掘辩证法的否定内涵是不够的，认为必须在"辩证法"之前冠以"否定的"这一定语，才能更彻底地突出辩证法的否定特征，才能表明社会批判理论的绝对否定性。在《否定的辩证法》序言中，阿多诺宣称："否定的辩证法是一个藐视传统的词组。早在柏拉图之时，辩证法就意味着通过否定来达到某种肯定的东西；'否定之否定'的思想形象后来成了一个简明的术语。本书试图使辩证法摆脱这些肯定的特性，同时又不减弱它的确定性。"[①]在阿多诺看来，辩证法的根本任务就在于研究"差异"和"矛盾"，辩证法就是"矛盾地思考矛盾"。以往的辩证法，特别是黑格尔的辩证法尽管把否定性看作其辩证法的灵魂，但由于对同一性原则的追求，建构了无所不包的哲学体系，从而使辩证法成了哲学用以达到"同一性"的工具，实际上等于否认了辩证法的否定本性。

传统形而上学最主要的特征就是其同一性原则，就是说，传统形而上学从纷繁复杂的事物中抽象出同一性，从而把整个世界看作一个总体，哲学体系则成了与这个总体相对立的思维总体。同一性原则是一个虚假的哲学原则，但哲学概念却把这个虚假的原则实在化了，并构建了一个无所不包的同

一性哲学体系。所以，在传统形而上学那里，同一性是总体性的基础，正是因为哲学建立起了同一性的观念，才出现了世界的总体性。当同一性被证明仅仅是思维的原则时，总体性也就被证明是非统一的。阿多诺认为，"否定的辩证法"正是从这一点开始了它的思维进程。对于否定的辩证法来说，它的任务就是去"探求思想和事物的不相称性，在事物之中体验这种不相称性"。否定的"辩证法不必害怕被指责为不管事物的对抗性是否被平息都坚持客观的、对抗的固定观念。在未平息的总体中，任何个别的事物都不是平静的"。因为，"辩证法倾向于不同一的东西。"①阿多诺的辩证法就是批判同一性的非同一性辩证法。

因此，在阿多诺看来，否定的辩证法在哲学史上所实现的变革就在于从同一性哲学向非同一性的哲学转向。对于辩证法来说，唯一的信仰就是否定。即使在黑格尔那里，"早在写《精神现象学》的导言时，黑格尔就接触到了他正在阐释的辩证逻辑的否定性意义。"②当然，对于黑格尔通过同一性达到对同一性的否定这一点，阿多诺是不能同意的，所以他并不把黑格尔的辩证法视作真正的否定的辩证法。不过，他认为，黑格尔由于把概念看作内在地处于运动之中，从而部分地摆脱了同一性的强制性，达到了同一性辩证法向非同一性辩证法的转换阶段。问题不在于是否承认否定性是辩证法的根本环节，而在于对否定作什么样的理解。阿多诺认为，否定就是绝对的否定，是不包含任何肯定性的否定，"否定之否定"不会导致肯定，只是证明第一次否定不彻底。显然，阿多诺是容不得任何肯定性的，他把那种由黑格尔所发现的肯定与否定的辩证统一看作同一性辩证法的遗迹。他批评黑格尔用同一性来平息辩证矛盾、平息不能解决的非同一物的表现，是向纯粹推论的思维的复归。

阿多诺所理解的辩证法只有一个原则。即绝对的否定，他说："被否

---

① 阿多诺. 否定的辩证法 [M]. 张峰，译. 重庆：重庆出版社，1993：150.

② 阿多诺. 否定的辩证法 [M]. 张峰，译. 重庆：重庆出版社，1993：154.

定的东西直到消失之时都是否定的。这是和黑格尔的彻底决裂。"①不过，阿多诺一再声明，这种绝对否定的辩证法决不进行抽象的否定，而是进行现实的否定，即坚持不懈地否定它不愿意认可的现存事物，即使否定之否定也不会意味着肯定，他说："否定之否定并不会使否定走向它的反面，而是证明这种否定不是充分的否定。"②如果认为否定之否定能够走向肯定和同一性的话，那只能是一种一开始就从肯定性出发的唯心主义幻想。"在辩证法中，总的同一化并不是定论，因为辩证法使人们认识到了曾被神秘拐走的差别。辩证法可以毫不教条地从外部破除同一化的符咒，从而和一种所谓的唯心主义的命题形成对照。"③黑格尔体系结构必然解体的命运恰恰说明，黑格尔把"否定之否定看作肯定"的做法是违背辩证法的原则的。当黑格尔体系反映了同一性的总体性要求时，它是反辩证法的；而当它抵制同一性的总体性的压力时，它又是辩证法的。无论黑格尔哲学是怎样的反辩证法，却开始了从前辩证法向辩证法的转变。因为，他虽然要求实现肯定的目的，但他通向肯定的道路却是否定的过程。因而否定的辩证法并不抹杀与黑格尔哲学的联系，相反，否定的辩证法正是把辩证法彻底化，即在一切哲学范畴中发现其否定性内涵。

　　阿多诺的否定辩证法依旧是主客二元对立的，但是他的主客体的结构与传统哲学的主客结构不同。阿多诺认为，传统形而上学的主体和客体的两极性表现为"非辩证结构"，"假如主体和客体的二元论被确定为基本的原则，那么它就会像它拒绝符合的同一性原则一样成为另一种总的一元论：绝对的二元性就是统一性。"④在黑格尔那里，用主体去统一客体，换言之，"主体和客体的辩证法开始成为主体"。传统形而上学的主体和客体变成了绝对对立面但恰恰又是彼此同一的。但是，阿多诺认为，其实主体不完全是

① 阿多诺. 否定的辩证法 [M]. 张峰，译. 重庆：重庆出版社，1993：157.
② 阿多诺. 否定的辩证法 [M]. 张峰，译. 重庆：重庆出版社，1993：157.
③ 阿多诺. 否定的辩证法 [M]. 张峰，译. 重庆：重庆出版社，1993：170.
④ 阿多诺. 否定的辩证法 [M]. 张峰，译. 重庆：重庆出版社，1993：172.

主体，客体也不完全是客体；"这两个概念是作为结果而产生的反思范畴，是表示一种不可调和性的公式。它们不是肯定的、原始的事实陈述，而是彻底否定的且只表达非同一性。"①作为结果的反思范畴，主体与客体这两个范畴各自都包含着对自身的否定，任何情况下，都不能够对主体和客体做出绝对的理解。主体与客体二者互相构成，就像它们由于这种构成而互相分离一样，主体包含着否定自己的客观因素，而客体也包含着否定自己的主观因素。而且在主体和客体总是不确定的这一意义上，它们各自的否定性恰恰是它们的本质。

可见，阿多诺的辩证法是一种完全的、绝对的否定辩证法。否定的辩证法决不思索规律，也决不遵从任何戒律，它对一切与自身倾向相反的东西作永不停息的批判。无论对于实存的社会历史还是对于思想体系，否定的辩证法都深入其中，从内部去破除一切内在性的关联。否定的辩证法在社会批判理论中就是一种批判的力量，"但这种辩证法是不能再与黑格尔和好的，它的运动不是倾向于每一客体和其概念之间的差异中的同一性，而是怀疑一切同一性；它的逻辑是一种瓦解的逻辑。"②

否定的辩证法作为一种"瓦解的逻辑"，就是对传统形而上学同一性逻辑的瓦解。至此，由马克思所开创的反形而上学的辩证法道路，在阿多诺否定的辩证法中得到了最终的完成。但是传统形而上学被终结之后，作为反形而上学的否定的辩证法也就失去了它应有的意义。当然，作为社会批判理论哲学基础的否定的辩证法依旧具有独立的价值。但是，事实表明，在后形而上学时代，以否定的辩证法为基础的社会批判理论已经遭遇到了前所未有的理论困境，哈贝马斯已经逐渐把法兰克福学派的社会批判理论转化为交往行为理论。当解构传统形而上学的使命终结之后，辩证法理论也必须适应哲学的后形而上学转向，与后形而上学时代的思想主题结合起来，发展出一种全新形态的辩证法理论。探讨后形而上学时代的辩证法理论，就成为辩证法理论研究下一阶段的历史使命。

---

① 阿多诺. 否定的辩证法 [M]. 张峰，译. 重庆：重庆出版社，1993：172.

② 阿多诺. 否定的辩证法 [M]. 张峰，译. 重庆：重庆出版社，1993：142.

辩证法的哲学观

下篇

第十章　辩证法的旨趣与使命

　　在现代性的语境下，推进马克思辩证法理论的当代进展，确立马克思辩证法的当代课题，有一个最为重要的理论前提：澄清辩证法理论的旨趣与使命。从哲学的发展史来看，"辩证法"是一个充满歧义的概念，哲学家们经常在不同的意义甚至是相对立的意义上使用这一概念。对于"辩证法"，人们人云亦云，莫衷一是。当五花八门的辩证法概念充斥我们头脑的时候，辩证法就被深深地遮蔽了，以至于我们遗忘了辩证法最源初的理论形态和最本己的理论使命。辩证法的旨趣和使命处于晦暗不明之中。因此，我们有必要将这种探求追溯到辩证法的古希腊本源并诉诸辩证法的整个发展史。否则，辩证法的研究将永远充满了任意性和歧义性，也将无法确立马克思辩证法的当代课题和理论形态。

　　在马克思辩证法之前，辩证法给人的印象总是远离政治，远离日常生活。辩证法被看作一种通过对话、辩谈或逻辑运动而探求真理的方法，因此它的发生场域是语言和逻辑领域。这种传统从苏格拉底和柏拉图，一直延续到康德和黑格尔。在传统哲学中，通往真理的逻辑进程被称作辩证法，换句话说，真理始终是辩证法追求的目标，和辩证法联系在一起的是概念、思维和逻辑。到了马克思辩证法之后，事情发生了改变，马克思开始把辩证法同人类的现实生活关联了起来。马克思通过辩证法对"现存的一切"——资本主义社会——进行了无情的批判，揭示出现实生活中的矛盾、蒙昧与荒谬，即现代社会中的异化或拜物教状态。于是，现实的社会生活就替代原来的语言和逻辑领域构成了辩证法的存在基础。在这里，我想强调的是：事情本身并非这样。我们之所以形成上述观点，关键在于我们没有对辩证法的古希腊本源做出详尽的考察。实际上，辩证法自其产生之日起，就不是一个单纯的哲学认识论概念，而是一个实践哲学或政治哲学的概念。

一、辩证法与政治决断

辩证法是古希腊独有的产物，世界上其他地方充其量可以有辩证思维或辩证智慧，而不可能出现辩证法。这是因为辩证法的产生和古希腊独特的政治制度——城邦联系在一起。辩证法是城邦的女儿，没有城邦，就不可能有辩证法的诞生。希腊城邦是人类社会发展史上的奇迹。城邦以广场为中心，广场标志着城邦的性质。韦尔南说："城市一旦以公众集会广场为中心，它就已经成为严格意义上的'城邦'。"[①]所谓广场，就是人们可以自由地、公开地谈论公共事务的地方。根据古希腊关于广场的定义，不是我们在城市里随便规划一块公共空间，就可以称为广场。广场是一个政治空间，而不仅仅是一个地理空间。如果不能在这个空间里公开地谈论公共事务，即使我们把它叫作广场，它也不是广场。只要人们能够在这一空间中公开地谈论公共事务，教室、电视、报纸、期刊、网络等也都可以称为广场。

有资格在广场上谈论公共事务的人，古希腊称之为"公民"。亚里士多德在《政治学》中指出："（一）凡有权参加议事和审判职能的人，我们就可说他是那一城邦的公民；（二）城邦的一般含义就是为了要维持自给生

---

① 韦尔南. 希腊思想的起源［M］. 秦海鹰，译. 北京：生活·读书·新知三联书店，1996：34.

活而具有足够人数的一个公民集团。"①在这里，我们可以看到亚里士多德是通过"公民"来定义城邦的。那么，究竟什么是公民就成为我们理解城邦的一个重要问题。公民之所以不是其他人，首先在于他拥有公民权利。公民权利主要是指参与公共事务的权利，即亚里士多德所说的"有权参加议事和审判"。其次，公民与公民之间是一种平等的关系。组成城邦的公民，不论他们的出身、地位和职务有多么的悬殊和不同，从某种意义上讲都是"同类人"，后来又以更抽象的方式被定义为"平等人"，从而取代了服从和统治的等级关系。最后，全体公民都有权利参与公共事业的管理，并且这种公共活动具有完全的公开性和透明性。

希腊城邦通过"公民大会"的形式保证全体公民都参与公共事务。相对于现代社会的民主而言，公民大会的民主是没有中间环节的直接民主，直接民主可以有效地排除和降低营私舞弊之类的政治弊病。希腊城邦之所以能够实行直接民主，与其人数的规模密不可分。城邦存在着一个最佳规模或上限。柏拉图在《法律篇》中认为理想城邦的最佳规模是约五千人。而现代社会由于人口数量庞大，只能实行间接民主，也就是我们所说的代议制民主。公民大会是在广场进行的，广场作为一个专门的公共空间出现，对于确立政治公共领域有着极其重要的作用。公民大会主要通过商谈来进行，广场上的商谈类似于竞技者在奥林匹亚赛会上的较量。广场变成了赛场，政治表现为对抗赛，而公民就是运动员。这是一种口才比赛，更是一种论据对抗和逻辑竞赛。亚里士多德关于人曾经有两个定义：人是政治的动物和人是会说话的动物。这意味着：人们通过"说话"来从事政治，商谈成了古希腊人最为重要的政治手段。正因如此，古希腊人崇拜说服力之神，这也是古希腊人所独有的神祇。"话语的地位提高了，它以自由的论辩和对立的论证的形式被运用到世俗事物中，成为最有效的政治武器和国家的最高权力工具。"②话语作为政治手段不是宗教仪式中的格言警句，更非专制统治中独断式的言语命

---

① 亚里士多德. 政治学 [M]. 吴寿彭，译. 北京：商务印书馆，1965：113.

② 韦尔南. 希腊思想的起源 [M]. 秦海鹰，译. 北京：生活·读书·新知三联书店，1996：序4.

令，而是针锋相对的对话和辩论。原来属于国王和王公大臣等食利者所决断的公共事务，现在都应该提交给论辩，在广场上通过讨论来解决。话语成为最重要的政治工具，这对西方的民主政治影响深远。

广场上的政治商谈导致了"辩证法"与"修辞术"的诞生：辩论的技巧是修辞术，辩论中论证的规则是辩证法。虽然修辞术在古希腊大受欢迎，被认为是一项"伟大的技艺"，开设了许多专门教授修辞术的学校。但从苏格拉底、柏拉图，一直到亚里士多德，都对"修辞术"持否定态度，并将之与"辩证法"对立起来。亚里士多德就曾明确指出，"修辞术是辩证法的对应部分"。^①这是因为，在他们看来，话语的力量不能依靠修辞术（一种辩论技巧），而只能依靠辩证法（逻各斯或逻辑的力量）来达成富有成效的商谈结果。在《高尔吉亚篇》中，柏拉图通过高尔吉亚和苏格拉底之口揭示了修辞术的本质。高尔吉亚认为："用你的话语去说服法庭上的法官、议事会的议员、公民大会的民众或其他任何公民集团。拥有这种力量，你可以造就医生，你可以使教练成为你的奴隶，使你的商人不为自己挣钱，而为他人挣钱，因为你能对众人谈话，可以说服他们。"根据高尔吉亚的这一论述，苏格拉底指出，高尔吉亚"断定修辞学是说服的创造者，它所有的活动都与此相关，这就是修辞学的全部与本质"。^②修辞术的威力就在于它所拥有的说服能力。高尔吉亚毫不讳言苏格拉底的判断，指出"说服"正是修辞学的全部与本质，它能够通过说服人而支配人。其实，问题并不在于"说服"，而在于这种说服的"方式"。高尔吉亚所赞扬的这种修辞术其实就是"雄辩术"或者"花言巧语的技术"，其目的就是"不择手段"地去说服别人。修辞术在智者学派哲学家那里更是被发挥到了出神入化的地步，从而彻底沦落成了"诡辩术"。

修辞术之所以对古希腊城邦的政治决断是有害的，主要原因有两点：第一，从过程来看，它不是一种必然为真的逻辑推断；第二，从结果来看，它

① 亚里士多德. 亚里士多德全集：第九卷 [M]. 北京：中国人民大学出版社，1994：333.
② 柏拉图. 柏拉图全集：第一卷 [M]. 王晓朝，译. 北京：人民出版社，2002：326.

不考虑商谈的结果是否正义。从逻辑推理的视角来看，修辞术实际上是一种修辞式推论，我们也可以将之称为省略三段论。这种修辞式推论是一种"或然性推论"，而不是一种必然性推论。它依靠辞藻的华丽和语言的技巧，而不是依靠逻辑的力量去说服民众。亚里士多德比较了辩证法与修辞术两种推理方式之间的区别："辩证法的推理不基于偶发的事实，而是从所需的论证中推出结论，修辞术则从已经是约定俗成的东西中得出结论。"①辩证法用逻辑论证来保证结论，而修辞术只是从经验事实推出结论，这种推论并不具有必然性，修辞术所具有的形式上的语言的力量极容易掩盖其在逻辑上的缺陷和漏洞；修辞学家有能力谈论任何主题，反对任何人，可以在民众面前就他所希望谈论的每个论题上证明自己比其他人更有说服力。按照亚里士多德的分析，修辞术一般用于各种煽动性演说。修辞家可以运用修辞术去说服任何一个人，而不论其结果是好或坏、公正或不公正、高尚或丑恶，这些对修辞学家来说都是微不足道的。正如斐德罗所言："打算做演说家的人丝毫不需要明白什么是真正的正义，只要知道那些将对演说做出裁决的听众对正义会怎么看就行了；他也不需要知道什么是真正的善和真正的美，只要知道听众对善和美的看法就可以了，因为说服的效果取决于听众的意见，而不是依据真理。"②

苏格拉底和柏拉图对修辞术甚是厌恶，他们认为修辞术所发现的语言的力量只是语言的外在的、形式意义上的力量，这种力量容易误入歧途，他们决心从语言中发现内在的、正确的力量，这种力量就是辩证法。苏格拉底和柏拉图把辩证法和修辞术绝对对立了起来，亚里士多德的态度相对来说则比较温和。苏格拉底认为修辞术是对逻各斯的坏的使用，是对人们的思想误导，只有辩证法才是使用逻各斯的正确方式。表面上看来，辩证法主要是一种反驳技术，对话辩证法似乎是以揭示他人语言中的逻辑错误为目的，但辩证法并不是话语逻辑，而是真理的逻辑。尽管真理与话语逻辑规范存在着一

① 亚里士多德. 亚里士多德全集：第九卷 [M]. 北京：中国人民大学出版社，1994：341.

② 柏拉图. 柏拉图全集：第二卷 [M]. 王晓朝，译. 北京：人民出版社，2003：175.

定的联系，但是话语逻辑不能达致真理。真正的辩证法，它能够使人更好地通过理性去发现真理。正是在这个意义上，苏格拉底把辩证法形象地比喻为"真理的接生术"。在苏格拉底式的对话中，辩谈经常被引向或者指向事物的内涵和普遍性。柏拉图更是明确地将这些普遍性称为"理念"，策勒尔把辩证法和理念论等同起来也就不足为奇了。与智者们相反，柏拉图力求纯粹、独立地在思想之中展示普遍性，即作为定义或规定而正确地把握普遍性。正是在这个意义上，修辞术与辩证法的对立也就最终被归结为意见与真理之争。

真理被认为是判断什么是正义的和不义的可靠依据，而正义又是城邦（国家）的最高目的和合法性依据。在苏格拉底和柏拉图看来，作为政治手段的辩证法以真理为目的，这就等同于把话语的政治活动化归为知识活动。换句话说，辩证法只不过是把一个政治决断诉诸对真理的判定。合法的知识就成为政治论辩的依据，政治就不得不超越意见而去寻求真理。在所有对真理的认识和把握中，最重要的是能够认识"至善的理念"，这是政治决断最终的根据。"在可知世界中最后看见的，而且是要花很大的努力才能最后看见的东西乃是善的理念。我们一旦看见了它，就必定能得出下述结论：它的确就是一切事物中一切正确者和美者的原因，就是可见世界中创造光和光源者，在可理知世界中它本身就是真理和理性的决定性源泉；任何人凡能在私人生活或公共生活中行事合乎理性的，必定是看见了善的理念的。"[①]可见，"至善的理念"对于公民的私人生活或公共生活何等重要，它是我们判断一切事物正确与否的根据和标准。柏拉图之所以推崇"哲学王"，原因就在于此。因为"哲学王"是对"理念"确切地说是对"至善的理念"认识和把握最好的人。认识"至善的理念"，的逻辑进程就是辩证法。在《国家篇》中，苏格拉底对格老孔说："我们终于到达辩证法所陈述的法律正文了，它虽然属于可理解的，但我们可以在前面说过的那个视觉变化过程中看到它的摹本，从一开始企图看见像那个人一样的真的活物，然后是真的星

---

① 柏拉图. 理想国[M]. 郭斌和，张竹明，译. 北京：商务印书馆，1986：276.

辰，最后是太阳本身。同样，当一个人根据辩证法企图只用推理而不要任何感觉以求达到每个事物本身（即理念——引者注），并且这样坚持下去，一直到他通过纯粹的思想而认识善本身的时候，他就达到了可理解的世界的极限，正像我们寓言中的另一个人最后达到了可见世界的极限一样。"接着苏格拉底反问道："你不想把这个思想的过程叫作辩证法吗？"格老孔回答说："当然想。"[①]根据《国家篇》里的这段论述，我可以得出如下定义：辩证法就是通过纯粹的思想认识至善的理念的逻辑进程。具体而言：辩证法不需要借助任何感官，它从每个具体事物出发，首先认识到每个事物本身的理念，最后一直达到对至善理念的认识。柏拉图把辩证法放在整个城邦教育的顶端，就是因为辩证法是认识理念的思想进程。只有掌握了辩证法，才有可能认识到"至善的理念"，也才有可能对公共事务做出正确的政治决断。

二、辩证逻辑与君主立宪

辩证法是认识真理的逻辑，但是这一逻辑的详细过程并没有被柏拉图十分清楚地揭示出来。黑格尔是柏拉图主义的完成者，他秉承了柏拉图关于辩证法的基本判定，并进一步把辩证法追求真理的逻辑进程明确和系统化为"逻辑学"。黑格尔明确指出，认识真理应该是哲学的任务，真理的王国是哲学所最熟悉的领域，也是哲学所缔造的。"凡生活中真实的伟大的神圣的事物，其所以真实、伟大、神圣，均由于理念。哲学的目的就在于掌握理念的普遍性和真形相。"[②]从这一哲学目的出发，黑格尔以绝对精神的自我运动实现了全体的自由性与各个环节的必然性的统一。作为"全体的自由性"的绝对真理不是抽象的和空洞的，它蕴含着"各个环节的必然性"。黑格尔逻辑学的真正使命，实现"全体的自由性"与"各个环节的必然性"的统一，就是以逻辑的必然性去实现思维的"全体的自由性"，从而建立起一个

① 柏拉图. 柏拉图全集：第二卷[M]. 王晓朝，译. 北京：人民出版社，2003：533-534.

② 黑格尔. 小逻辑[M]. 贺麟，译. 北京：商务印书馆，1980：35.

庞大的哲学体系。"哲学若没有体系，就不能成为科学。没有体系的哲学理论，只能表示个人主观的特殊心情，它的内容必定是带偶然性的。哲学的内容，只有作为全体中的有机环节，才能得到正确的证明，否则便只能是无根据的假设或个人主观的确信而已。"^①这意味着：由逻辑学构成的黑格尔的哲学体系排除了一切偶然性，各个环节都是全体的、必然的有机环节，"全体的自由性"和"各个环节的必然性"在"逻辑学"中达到了统一，"绝对理念"被置于整个体系的最顶端。

在《哲学全书》中，黑格尔指出，精神为了成其为精神必须"外化"，亦即实体化自身。先是存在的等级系列，从最低级的无生命形式，经过各种生命种类，直到人。然后经过意识形态的等级系列，直到最后我们获得一种关于绝对精神的知识，一种作为对全体的完美自我认识的知识。在这个自我认识的过程中，精神认识到了在逻辑中揭示出来并在理念中达到顶点的概念必然性之链。最终达到了完美的自我实现，即达到了绝对精神，这是一个精神发展的闭合了的圆圈。在精神自我实现的圆圈中，全体的自由性与各个环节的必然性相辅相成。同样，在一个科学体系中，各个环节必须加以明确地区别与规定，并使它们相互联系，以形成一个有机整体。黑格尔的哲学就是表述"精神成其为精神"的这样一个科学体系，无论从什么地方开始，它最终都会经过各个环节而回到原始的出发点上来。在黑格尔看来，哲学是"关于真理的客观科学，是对于真理之必然性的科学"。辩证法作为"真理之必然性"的逻辑，它就是作为"全体的自由性"的真理的"各个环节的必然性"的展开过程，也就是思维自己运动、自己展开、自己发展的辩证过程。黑格尔的概念辩证法作为人类思想运动的逻辑，既是思想内容发展的"内涵逻辑"，也是展现这种"内涵逻辑"的方法，因此在黑格尔这里"内容"与"方法"是统一的。离开绝对理念的自我认识就不存在表现这种自我认识进程的绝对方法；离开绝对方法的逻辑展开也不存在实现自我认识的绝对理念。他的逻辑学、本体论就是概念自我发展的辩证法；他的概念发展的辩证

---

① 黑格尔. 小逻辑 [M]. 贺麟，译. 北京：商务印书馆，1980：56.

法就是他的逻辑学本体论。黑格尔的本体论、认识论和逻辑学，是以辩证法为内容而实现的统一。我们完全可以用一个词来表达黑格尔的全部哲学，这就是"辩证法"。辩证法是黑格尔建构其哲学体系内在的逻辑支撑。因此，与其说是黑格尔的辩证法，不如说是黑格尔的辩证逻辑。黑格尔的辩证法是一种人类思想运动的内涵逻辑。

黑格尔的辩证法的这种逻辑学体系决定了他的政治立场，或者说为他的政治主张提供了理论根据。黑格尔以这一哲学理念为出发点，深刻地剖析了德国社会。拿破仑战争时代即在弗兰西斯二世放弃德意志帝国的皇冠之后，德国政治近乎崩溃。面对这一残酷的现实，黑格尔力图用自己的精神创造拯救德国。黑格尔指出，哲学作为"被把握在思想中的它的时代"，其任务就"在于理解存在的东西，因为存在的东西就是理性"①。因此，我们必须返回到黑格尔所生活的那个特定的历史环境当中。"黑格尔哲学的社会和政治作用以及他的哲学与复辟王朝之间的密切联系只有在这种特定的历史环境中才能被理解和证明。这特定的历史环境和由此产生的结果就是现代社会在拿破仑时代末期发现了自身。"②黑格尔的哲学被称为"法国革命的德国理论"，这就是说，黑格尔的哲学在实质上是以一种思辨的方式表达着法国革命的自由精神。法国大革命不仅废除了封建专制制度，代之以资产阶级的经济和政治制度，而且完成了德国宗教改革所开始的以自由的个人成为自己命运的主人的使命。所以，人在世界中的地位以及人的行为方式再也不依靠某些外在的权威，而是取决于他自己的自由的理性的活动，所以黑格尔欣然地欢迎法国大革命的到来，称它为"新时代的黎明"。但这绝不意味着黑格尔哲学为法国大革命提供了理论先导，而是因为黑格尔把自己的哲学基本原则和法国大革命所主张的社会理想联系在一起。

黑格尔把拿破仑看作完成法国大革命这一使命的伟大英雄人物，"拿破

---

① 黑格尔. 法哲学原理 [M]. 范扬, 张企泰, 译. 北京: 商务印书馆, 1961: 12.

② 马尔库塞. 理性和革命——黑格尔和社会理论的兴起 [M]. 程志明, 等译. 重庆: 重庆出版社, 1993: 154.

仑把1789年的革命成果肯定下来并巩固成为一个国家的秩序，并把个人自由同符合普遍理性的社会稳固的制度联系起来"。①黑格尔不是以抽象的"伟大"来敬仰拿破仑，而是要表述一个时代历史需要的个性。"拿破仑是世界之'绝对精神'，在他的身上体现着时代的绝对观念的使命。这使命就是巩固和维护代表理性原则的新的社会秩序。"②但是，黑格尔的哲学或者是法国大革命虽然破除了外在的权威，却把理性自身树立为权威，新的社会秩序体现着理性的原则。人的行为方式不需要再靠某些外在的权威如上帝来规范，却要依赖于理性，依赖于绝对精神。换言之，上帝不再是伦理实体，而"绝对精神"代替上帝成为伦理实体。"黑格尔认为，君主立宪制则会带来这样的统一体。"③君主立宪制国家作为一个纪律国家而产生了。个体的自由被置于普遍性中的权威所掩盖，它将把自由变成必然，使理性成为权威。可见，在君主立宪制国家中，黑格尔使自由屈从于必然，理性屈从于幻想。"拿破仑建立了国家的外在君主立宪制——历史的使命现在是建立内在的君主立宪政体，一个凌驾于市民之上的无可争议的政府的权威。"④拿破仑之所以是"骑在马背上的世界精神"，承载着绝对观念的使命，就在于他巩固和维护了代表理性原则的新的社会秩序——君主立宪制。

在黑格尔的哲学中，绝对精神是整个体系的最顶端。与此相应，君主就是社会制度中的绝对精神，是社会制度的最高点。君主就是社会制度中最高理念的化身，是国家稳固的基础。如果说辩证法在逻辑学的层面上实现了"全体的自由性"和"各个环节的必然性"的统一，那么君主立宪制的国家

---

① 马尔库塞. 理性和革命——黑格尔和社会理论的兴起 [M]. 程志明，等译. 重庆：重庆出版社，1993：154-155.

② 马尔库塞. 理性和革命——黑格尔和社会理论的兴起 [M]. 程志明，等译. 重庆：重庆出版社，1993：155.

③ 马尔库塞. 理性和革命——黑格尔和社会理论的兴起 [M]. 程志明，等译. 重庆：重庆出版社，1993：155.

④ 马尔库塞. 理性和革命——黑格尔和社会理论的兴起 [M]. 程志明，等译. 重庆：重庆出版社，1993：158.

则在现实层面上也实现了"全体的自由性"和"各个环节的必然性"的统一。在黑格尔看来，君主就是国家人格。作为无限的自我相关者的人格和主观性，只有作为人，作为自为地存在的主体，才更加无条件地具有真理性。"国家人格只有作为一个人，作为君主才是现实的。"①黑格尔认为，在君主立宪制的国家中，人民的主权和君主的主权并不是对立的，"把君主的主权和人民的主权对立起来是一种混乱思想，这种思想的基础就是关于人民的荒唐观念"。②在黑格尔看来，如果没有自己的君主，没有那种正是同君主必然而直接地联系着的整体的划分，人民就是一群"无定形的东西"，他们不再是一个国家，不再具有只存在于内部定形的整体中的任何一个规定，就是说，没有主权，没有政府，没有法庭，没有官府，没有等级，什么都没有。换言之，如果没有了社会制度的人格化的绝对精神，社会制度的每个环节也将不复存在。因此，"君主立宪政体成为拿破仑的制度的真正继承者"，也是黑格尔辩证逻辑在公共生活中的具体外化。

黑格尔通过对市民社会的辩证分析得出这样的结论：市民社会本身不能自主地建立理性和自由，需要有一个外在的东西，以实现赋予市民社会理性和自由的目的。因而，黑格尔提出了建立一个强大的国家以实现他的目的，并试图通过建立一个有助于君主制的强大的宪法把国家和自由的理想结合起来。在黑格尔看来，拿破仑只是维护或巩固了"外在的君主立宪制"，然而现在历史的任务是确立"内在的君主立宪制"。从君主立宪制的"君主"到君主政体国家的"宪法"，黑格尔实现了从"外在君主立宪制"到"内在君主立宪制"的转变。在君主立宪制的国家中，人们的行为方式都必须贯彻宪法的原则，而不能违背。无可争议的权威必然被强加于个体之上，国家被置于至高无上的地位。但是，黑格尔的国家观念是一个"伦理国家"。"国家是伦理理念的现实——是作为显示出来的、自知的实体性意志的伦理精神，这种伦理精神思考自身和知道自身，并完成一切它所知道的，而且只是完

---

① 黑格尔.法哲学原理［M］.范扬，张企泰，译.北京：商务印书馆，1961：296.

② 黑格尔.法哲学原理［M］.范扬，张企泰，译.北京：商务印书馆，1961：298.

成它所知道的。"①因此，国家就必然凌驾于社会主体之上，成为第一推动者、行动者和认识者，从而体现了终极实在性。黑格尔的国家理念实质上就是精神概念的推演，这更加体现了黑格尔的辩证法理论的逻辑结构。国家游离于社会之外，控制和凌驾于社会之上，将所有理性集于一身，成为地上的神。列斐伏尔极其深刻地揭示了黑格尔国家概念的实质，他指出黑格尔的国家是"圣父（概念）、圣子（意识、语言、认识和再认识、痛苦的考验、苦刑）和圣灵（国家元首）的统一"②。因此，国家是在地上行走的神，是神在世俗界的体现。"神自身在地上的行进，这就是国家。国家的根据就是作为意志而实现自己的理性的力量。"③

黑格尔的概念辩证法看似与实践无关，实则构成了其君主立宪制政体和国家理念的合法性根基。黑格尔所主张的君主立宪制的社会制度和他的辩证法理论的逻辑体系具有同质性结构。在《法哲学原理》中，黑格尔为我们展现了公共生活秩序的逻辑推演：上帝的意志—国家—君王—官僚（国家的形体）—市民社会。概念的各个环节在其中都可按各自特有的真理性达到现实性。黑格尔最终是以普鲁士国家来结束他对历史的辩证叙述的。在普鲁士解决了德国政治生活的危机后，"黑格尔的全部思想和希望从此以后也就集中于普鲁士国家上"。④黑格尔将普鲁士国家归结为绝对理念的完美体现。普鲁士国家作为行进在地上的神是精神的、道德的以及自由的体现，是自由国家的世俗化形态。黑格尔对普鲁士君主立宪制的过度颂扬，也使他成为普鲁士国家官方意识形态的代言人。

---

① 黑格尔. 法哲学原理 [M]. 范扬，张企泰，译. 北京：商务印书馆，1961：253.

② 列菲弗尔. 论国家——从黑格尔到斯大林和毛泽东 [M]. 李青宜，等译. 重庆：重庆出版社，1988：90.

③ 黑格尔. 法哲学原理 [M]. 范扬，张企泰，译. 北京：商务印书馆，1961：259.

④ 卡西尔. 国家的神话 [M]. 范进，杨君游，柯锦华，译. 北京：华夏出版社，1999：308.

三、批判的武器与自由解放

如果说在黑格尔哲学中，辩证法只是为其政治主张和国家理念提供了逻辑论证，那么在马克思的哲学中，辩证法则直接和政治关联了起来。这种关联性表现为马克思辩证法批判的和革命的理论本性，表现为它要对现存的一切——资本主义社会进行无情地批判，表现为它能引起"资产阶级及其空论主义的代言人的恼怒和恐怖"。①因此，马克思要把辩证法锻造成"批判的武器"。"工欲善其事，必先利其器"，马克思首先要做的就是对这一"武器"本身进行批判。

马克思在《1844年经济学哲学手稿》（以下简称《手稿》）中指出："因为黑格尔根据否定的否定所包含的肯定方面把否定的否定看成真正的和惟一的肯定的东西，而根据它所包含的否定方面把它看成一切存在的惟一真正的活动和自我实现的活动，所以他只是为历史的运动找到抽象的、逻辑的、思辨的表达。"②在黑格尔那里，精神是根本的实在，世界历史的一般的目的乃是"精神的概念"的实现，或者说是思想过程的客观化。世界按照一个逻辑的公式发展着，逻辑统治着历史，历史的发展就像一局象棋一样地合乎逻辑。因此，"黑格尔在哲学中扬弃的存在，并不是现实的宗教、国家、自然界，而是已经成为知识的对象的宗教本身，即教义学；法学、国家学、自然科学也是如此。"③如果黑格尔把辩证法的批判界定为思想上的扬弃，那么这种批判在现实中根本不可能触动自己的对象，却自以为克服了现实中的对象。马克思超越黑格尔的辩证法，实质上就是克服这种"神秘化"的批判。只有做到了这一点，辩证法才能真正地彰显出自己批判的和革命的本质。

---

① 马克思恩格斯文集：第5卷［M］．北京：人民出版社，2009：22．

② 马克思．1844年经济学哲学手稿［M］．北京：人民出版社，2000：97．

③ 马克思．1844年经济学哲学手稿［M］．北京：人民出版社，2000：112．

问题在于，当马克思在《手稿》中指出黑格尔的批判是一种"神秘化批判"，从而触动不了"现实事物"的时候，马克思又如何能够超越黑格尔辩证法的抽象批判，从而触动现实中的对象呢？马克思在《手稿》中，基于费尔巴哈人本主义的唯物主义立场，来批判黑格尔的"神秘主义"，最终仍然落入了抽象批判的窠臼。只有到了《资本论》，马克思将辩证法的批判诉诸政治经济学批判，才彻底超越了黑格尔辩证法，建立起了一种他所谓的"合理的形态"的辩证法。虽然早在《〈黑格尔法哲学批判〉导言》中，马克思就宣称哲学的视域要从"彼岸世界"转向"此岸世界"，历史的任务要从对"神圣形象的消解"转为对"非神圣形象的消解"。但是这一转向只有到了《资本论》，才彻底完成。在《资本论》中，马克思已经不再像传统意识哲学那样说着"震撼世界"的词句，只是同"现实的影子"作哲学斗争，以纯思想批判代替反对现实制度的实际斗争。我们知道，《资本论》的副标题是"政治经济学批判"，这也是其原来的"主标题"。如果我们据此就把《资本论》看作"政治经济学批判"，就会抹煞掉《资本论》所具有的真实的理论意义。政治经济学是资本主义社会的意识形态，如果我们把《资本论》单纯地定位为"政治经济学批判"，那么《资本论》就仅仅是一种"意识形态批判"，依旧是同"现实的影子"作哲学斗争。我们很难说这种辩证法的批判完全超越了黑格尔的抽象化批判，因为这种批判也同样无法触动现实的对象。《资本论》中的辩证法之所以是批判的和革命的，就是因为它既是对资本主义社会意识形态即古典政治经济学的批判，也是对资本主义社会现实即其政治和经济的批判。这两种批判在《资本论》中熔铸为对"资本主义生产方式"的分析和批判。马克思试图通过改变"生产关系"来实现对"现实生活世界"的改变。

马克思将辩证法锻造为"批判的武器"，展开对资本主义猛烈地批判，其目的在于实现人类的自由解放。伯尔基明确把马克思主义称为"人类自由解放"的学说，马克思的整个哲学理论都呈现出一种解放的旨趣。尽管人们可以从学科分类的角度把马克思的学说分为哲学、政治经济学和科学社会主义，但就其理论实质而言，马克思的学说是关于人类自由解放的学说。马克思明确地把自己对人类解放的价值理想的承诺做出这样的表述："对宗教的批判最后归结为人是人的最高本质这样一个学说，从而也归结为这样的绝对命令：必须推翻那些使人成为被侮辱、被奴役、被遗弃和被蔑视的东西的一切关系。"①

在《手稿》中，马克思基于人道主义批判的立场把"使人成为被侮辱、被奴役、被遗弃和被蔑视的东西的一切关系"称为"异化劳动"。在资本主义社会条件下，"劳动的这种现实化表现为工人的非现实化，对象化表现为对象的丧失和被对象奴役，占有表现为异化、外化"。②以劳动的异化为前提，发生了四重异化：人同自己的劳动产品、自己的生命活动、自己的类本质相异化，最后是"人同人相异化"。正是这种异化劳动把人的自主活动、自由活动贬低为手段，也就把人的类生活变成维持人的肉体生存的手段。后来，马克思在《资本论》中进一步把"异化"拓展为"拜物教"。就其理论内涵而言，异化和拜物教在本质上是同一个词语。但是，在《资本论》中，马克思基于政治经济学批判的立场把"使人成为被侮辱、被奴役、被遗弃和被蔑视的东西的一切关系"称为"资本关系"。马克思在《大纲》中曾经批判古典政治经济学只是把资本理解为"物"，而没有理解为"关系"。马克思认为，资本是一种社会生产关系，是资产阶级社会的生产关系。资本主义社会的生产关系体现为"资本家"和"工人"之间的阶级关系。资本家通过资本雇佣工人进行劳动，无偿占有工人所创造的"剩余价值"。因此，资本主义社会的生产关系从本质上说是一种"剥削关系"。在前资本主义社会，人与人之间的奴役关系是显而易见的。而在资本主义社会人与人之间的奴役关系却是被掩盖起来的。从表面上看来，劳动力成为商品是一种等价交换。工人为资本家进行劳动，而资本家支付工人相应的工资。马克思在《资本论》中明确指出，"资本——而资本家只是人格化的资本，他在生产过程中

---

① 马克思恩格斯选集：第一卷[M]. 北京：人民出版社，1995：9-10.
② 马克思. 1844年经济学哲学手稿[M]. 北京：人民出版社，2000：52.

只是作为资本的承担者执行职能——会在与它相适应的社会生产过程中，从直接生产者即工人身上榨取一定量的剩余劳动，这种剩余劳动是资本未付等价物而得到的，并且按它的本质来说，总是强制劳动，尽管它看起来非常像是自由协商议定的结果。"①因此，马克思剩余价值理论最为重要的使命就在于揭示物的掩盖下所形成的人与人之间的奴役关系——剥削关系。

马克思通过批判的和革命的辩证法找到了一条实现人类自由解放的现实道路。一方面，马克思指出，"唯一实际可能的解放是以宣布人是人的最高本质这个理论为立足点的解放"。②另一方面，马克思试图找出造成这种异化状态和剥削关系的根源，并将其扬弃或瓦解。"人是人的最高本质"构成了马克思关于人类自由解放的学说的理论基点。马克思把实践作为人的本质，实践是一种"自由自觉地创造性的活动"。但是，在资本主义条件下，作为生产劳动的实践却处于一种异化的状态。"自由自觉"意味着人的活动是一种有意识的生命活动，体现了人的"主观能动性"。而异化劳动则把人的自由活动贬低为维持人自身肉体生存的手段。从这个角度来讲，人的自由解放就是人向人的本质的复归；在马克思看来，资本家之所以能够剥削工人，无偿占有工人所创造的剩余价值，是由资本主义社会的生产关系决定的。正是由于资本的存在，使资本家能够从市场上购买劳动力，形成雇佣关系。而资本的存在，又根源于私有财产。私有财产或私有制是整个资本主义社会生产关系产生的现实根源。因此，马克思要消解或者说是扬弃私有财产，而这种扬弃的结果就是共产主义。"共产主义是私有财产即人的自我异化的积极的扬弃，因而是通过人并且为了人而对人的本质的真正占有。因此，它是人向自身、向社会的即合乎人性的人的复归。"③扬弃私有财产和消除人的异化走的是同一条道路。

对于马克思来说，通过彻底的革命实现全人类的解放，不是乌托邦式的

---

① 马克思恩格斯文集：第7卷［M］．北京：人民出版社，2009：927.

② 马克思恩格斯选集：第一卷［M］．北京：人民出版社，1995：16.

③ 马克思. 1844年经济学哲学手稿［M］．北京：人民出版社，2000：81.

梦想。解放的实际可能性"就在于形成一个被戴上彻底锁链的阶级"，即无产阶级。哲学的现实化和人类的解放是一致的，理论一经无产阶级所掌握，就会变成物质力量，从而去实现自身的自由解放，而无产阶级的解放就是整个人类的解放，这是"因为整个的人类奴役制就包含在工人对生产的关系中，而一切奴役关系只不过是这种关系的变形和后果罢了"。[①]也正是在这个意义上，恩格斯认为德国的工人阶级是辩证法的真正继承者。在马克思看来，批判性和革命性的辩证法就是要对现存的一切进行无情的批判，把人从资本主义异化的生存样态当中解放出来。这样，马克思辩证法的理论使命就和人类的自由解放紧密联系在一起，为人类的解放和人的全面发展开辟道路就成为马克思辩证法自觉承担的历史使命。如果说黑格尔的辩证法是人类思想运动的内涵逻辑，那么马克思的辩证法就表现为人类自由解放的逻辑，表现为无产阶级的革命学说。也正是由于这个原因，马克思的辩证法才会"引起资产阶级及其空论主义的代言人的恼怒和恐怖"。[②]

列宁在《哲学笔记》中强调：辩证法也就是黑格尔和马克思主义的认识论。列宁的这一判断无疑是振聋发聩的，他可以避免我们把马克思的辩证法降低到素朴实在论的水平，但同时也有可能引导我们把马克思的辩证法当作纯粹的认识论问题。因此，有学者指出："辩证法不仅仅是一种思维方式，也是一种存在论，具有无法革除的'形而上'维度。把辩证法仅仅看作一种思维方式还是不够的，只有上升到存在论的高度，才能真正理解辩证法，特别是马克思的辩证法。"[③]这一论断无疑也是发人深省的。众所周知，辩证法的认识论化发端于近代哲学的认识论转向。这样做的后果，就是把辩证法工具化或思维方式化了，其所具备的形上意义也就丧失殆尽。但是，揭示出辩证法的形上维度，把辩证法看作单纯的"存在论"概念，对于辩证法尤其是马克思的辩证法也是极不恰当的。这样做的话，也就意味着我们需要接受

---

① 　马克思. 1844年经济学哲学手稿[M]. 北京：人民出版社，2000：62-63.

② 　马克思恩格斯文集：第5卷[M].北京：人民出版社，2009：22.

③ 　刘森林. 作为存在论的辩证法[N]. 光明日报，2010-4-6.

海德格尔对马克思的判断：马克思是最后一个"形而上学家"。

　　如果追溯辩证法的古希腊本源，就会发现辩证法在古希腊就具有形而上学的意义，又具有认识论的意义。陈康在谈论柏拉图辩证法的时候，就已经敏锐地捕捉到了这一点。在此基础上，我想强调的是：辩证法从其本己的旨趣和使命来讲，更加具有一种实践指向。辩证法是一个实践哲学的概念，它所具备的伦理和政治的意义，自古希腊以来从来没有消失过，并且在马克思的辩证法中得到了更为强烈的凸显。如果我们放弃对辩证法本己理论旨趣与使命的澄清，就会把辩证法研究退回到与人的存在方式无关的纯粹的认识论领域，或者上升和抽象化为形而上学意义上的存在论。通过回溯辩证法的古希腊本源和梳理辩证法的发展史，我们可以认定辩证法的本己旨趣和使命就是通过认知真理确立一种合乎人之本性的公共生活。无论是柏拉图辩证法试图把握"至善的理念"，黑格尔辩证法通过逻辑学通达"绝对精神"，还是马克思确立"此岸世界的真理"，其最终目的都是为了建立一个他们心目中所谓的"真正共同体"。

第十一章　辩证法作为政治哲学的概念

"辩证法"是古希腊人的发明，也是其所独有的。那么在古希腊为什么会产生"辩证法"这一概念呢？辩证法的原初意蕴是什么？它又是个什么意义上的概念呢？澄清这个问题，对于我们今天的辩证法研究具有至关重要的意义。

一、城邦、广场与辩证法

公元前12世纪，由于多利安人的入侵，迈锡尼文明土崩瓦解，迈锡尼势力的瓦解不仅仅是一个王朝的灭亡，而且是一种王国制度被永远地摧毁，一种以王宫为中心的社会生活形式被彻底废除。自此以后，"神王"这个人物从古希腊人的社会生活中永远地消失了。迈锡尼王国的社会生活以王宫为中心，王宫同时具有宗教、政治、军事和经济的作用。在这种被称为王宫经济的体制中，国王（其称号是"瓦纳卡"）集政权和王权的所有职能于一身，依靠一个传统的固定职业阶层——书吏①，借助一种由王宫显贵和王室检查官组成的复杂的等级制度，严密地控制和管理着经济生活的各个领域和社会生活的各个方面。随着迈锡尼王朝的衰落，整个王宫体制都崩溃了，而且再也没有复兴。"瓦纳卡"一词从纯粹政治词汇中消失。瓦纳卡的统治被废除后，我们再也看不到国王控制的痕迹，再也看不到行政机构和书吏阶层的痕迹。文字本身也消失了，仿佛被淹没在王宫的废墟中。希腊人不得不从腓尼基人那里重新借来文字，文字不再是书吏阶层的专长，而用来满足公共职能的需要，它可以把社会政治生活的一切内容都公布出来，置于所有人的目光之下。迈锡尼制度瓦解所产生的后果远远超出了政治和社会历史的范围，直接影响了希腊人本身，改变了希腊人的精神世界和文化心态。"神王"的消失为黑暗时代之后出现的两种相互关联的创新做了准备，这两种创新是：城邦的建立和理性思想的诞生。城邦与哲学可能是古希腊留给后世影响最大和最深远的成就。城邦不仅创造了西方意义上的政治，而且创造了哲学。与古代世界的其他文明相比，古希腊的独特性就在于国家政权所具有的特殊形式，在于古代城邦的建立。在希腊人看来，这种社会生活形态和思维模式确定了希腊的独特性和它相对于野蛮世界的优越性：他们取消了那个在秘密宫殿中不受限制和控制地行使最高权力的神王，政治生活成为一种可以公开辩论的公共事务。

城邦是一个政治创新，"标志着一个开端，一个真正的创举"。那么，这个体现古希腊独特性的"城邦"的性质究竟是什么？亚里士多德在《政治学》中认为，"我们先要问明什么是城邦。现在常常听到人们在争辩城邦的性质"。②从亚里士多德的论述中我们可以看出古希腊人也在争论城邦的性质，他们自己也并不见得能够非常清楚地界定城邦的意义。亚里士多德相信理解城邦必须理解公民，他的定义是："凡有权参加议事和审判职能的人，

---

① 在迈锡尼王国中，书吏的权力很大，他掌管着地租、原材料的分配、劳动力、奴隶、捐税、军队的编制、指挥和行动、祭神等情况，并且书吏掌握着文字的特权。

② 亚里士多德. 政治学 [M]. 吴寿彭，译. 北京：商务印书馆，1997：109.

我们就说他是那一城邦的公民；城邦的一般含义就是为了要维持自给生活而具有足够人数的一个公民集团。"①亚里士多德从公民去理解和定义城邦，确实是看到了城邦的本质。城邦创造了"公民"，这是以前没有的，它通过创造公民而把远古的部族公共原则发展成为一个至今为人津津乐道的政治制度。组成城邦的公民，不论他们的出身、地位和职务有多么不同，从某种意义上讲都是"同类人"。这种相同性是城邦统一的基础，因为对希腊人来讲，只有"同类人"才能被"友爱"联系在一起，结合成一个共同体。这样，在城邦的范围内，人与人的关系便表现为一种相互可逆的形式，取代了服从和统治的等级关系。所有参与国家事务的人都被定义为"同类人"，后来又以更抽象的方式被定义为"平等人"。尽管在社会实际生活中，公民之间有很多相互对立的地方，但在政治上，他们都认为自己是可以互换的个体，处在一个以平衡为法则、以平等为规范的体制中。"城邦"就意味着全体公民都参与公共事业的管理，所有的集体活动都具有完全的公开性。

古希腊是通过公民大会的形式保证全体公民都参与公共事务，公民大会是古希腊政治的最大成就。公民大会首先是标准的直接民主。由于没有中间环节，直接民主能够相对有效地排除阴谋、背叛和营私舞弊之类的弊病。公民大会是在广场进行的。广场作为一个专门的公共空间的出现，对于确立政治公共领域有着极其重要的作用。神庙和广场足够聚众，而且严肃神圣，是城邦的象征。当人们在广场聚集，所有的事情就公开化而成为共同问题，必要的信息在此公开而被分享，话语获得同时性的传播和反馈，不同意见可以在一起比较和讨论，正是神庙和广场在客观条件上使公众集体活动成为可能，而且赋予严肃的、分享的、共命运的气氛，它在城邦的政治化过程中具有特殊意义。韦尔南说："城市一旦以公众集会广场为中心，它就已经成为严格意义上的'城邦'（polis）。"②城邦的诞生不

①　亚里士多德. 政治学 [M]. 吴寿彭，译. 北京：商务印书馆，1997：113.

②　韦尔南. 希腊思想的起源 [M]. 秦海鹰，译. 北京：生活·读书·新知三联书店，1996：34.

仅带来了一系列经济和政治的变化，也意味着思维方式的变化，意味着打开了一片完全不同的思想视野，建立了一个以公众集会广场为中心的、新的社会空间。

广场上的商谈类似于竞技者在奥林匹亚赛会上的较量。而且，政治本身也表现为"对赛"的形式，它是一种口才比赛，一种论据对抗，赛场就是"广场"，这种广场是一个公众集会的地方，任何敌对性，任何厄里斯（Eris，争吵），都意味着关系平等，竞争永远只能在同类人之间进行。广场作为城邦的中心，意味着"话语的地位提高了，它以自由的论辩和对立的论证的形式被运用到世俗事物中，成为最有效的政治武器和国家的最高权力工具"。[①]所以，城邦制度意味着话语具有压倒其他一切权力手段的特殊优势。话语成为重要的政治工具，国家一切权力的关键，指挥和统治他人的方式。希腊人后来把话语的威力变为一个神：说服力之神"皮托"（Peitho）。这种话语的威力让人联想到某些宗教仪式中使用的警句格言的效能，或者联想到国王威严地宣读"法令"时所发出的"法言"的作用，但实际上这里的话语完全是另一回事，它不再是宗教仪式中的警句格言，而是针锋相对的对话、讨论、争论、辩论。所有那些原来由国王解决的属于最高领导权范围的涉及全体人利益的问题，现在都应提交给论辩的艺术，通过论战来解决。所有这些问题必须能用演说的形式来表述，符合证明和证伪的模式。这样，政治和逻各斯就有了密切的相互联系。对话是公民的真正的政治活动，修辞术和辩证法在广场对话、辩论、商谈当中产生了，辩论的技巧就是修辞术，辩论当中论证的规则就是辩证法，辩证法是一种真的逻辑，它是理论认知所特有的，与指导实际活动中随机性争论的可能性逻辑和或然性逻辑相对立。

---

① 韦尔南. 希腊思想的起源[M]. 秦海鹰, 译. 北京: 生活·读书·新知三联书店, 1996: 序4.

二、辩证法与修辞术

广场上的政治商谈导致了辩证法与修辞术的诞生，讨论、辩论和论战也就成了思想和政治的游戏规则。正是在这个意义上，"希腊理性是城邦的女儿"，希腊人的这种以语言为工具、可以用来制约人而不是用来改造自然的理性是一种政治的理性，即亚里士多德所说的人是政治的动物这个意义上的政治理性，这种话语的力量不是依靠修辞术（一种辩论技巧），而是依靠辩证法（逻各斯）的力量来制约人，从而达成富有成效的商谈结果。可见修辞术与辩证法是相对立的，是故，亚里士多德认为，"修辞术是辩证法的对应部分"。①

亚里士多德"把修辞术定义为在每一事例上发现可行的说服方式的能力"。②从亚里士多德的定义看来，希腊人的这种修辞术其实就是雄辩术或者花言巧语的技术，其目的就是不择手段地去说服别人。修辞术在智者学派哲学家那里更是被发挥到出神入化的地步，从而变成了诡辩术。但是智者学派并不认为修辞术是一种有害的技艺，相反，例如高尔吉亚就相信修辞术是一项伟大的技艺，它能够通过说服人而支配人，并且修辞术是遵循逻各斯的。在柏拉图的对话《高尔吉亚篇》中，高尔吉亚认为："用你的话语去说服法庭上的法官、议事会的议员、公民大会的民众或其他任何公民集团。拥有这种力量，你可以造就医生，你可以使教练成为你的奴隶，使你的商人不为自己挣钱，而为他人挣钱，因为你能对众人谈话，可以说服他们。"③这就是修辞术的威力。据此，苏格拉底指出，高尔吉亚"断定修辞学是说服的创造者，它所有的活动都与此相关，这就是修辞学的全部与本质"。④高尔

---

① 亚里士多德. 亚里士多德全集：第九卷 [M]. 北京：中国人民大学出版社，1994：333.
② 亚里士多德. 亚里士多德全集：第九卷 [M]. 北京：中国人民大学出版社，1994：338.
③ 柏拉图. 柏拉图全集：第一卷 [M]. 王晓朝，译. 北京：人民出版社，2002：326.
④ 柏拉图. 柏拉图全集：第一卷 [M]. 王晓朝，译. 北京：人民出版社，2002：326.

吉亚本人认可了这一说法，说服正是修辞学的全部与本质。可见，修辞学家有能力谈论任何主体，反对任何人，可以在民众面前就他所希望谈论的每个论题上证明自己比其他人更有说服力。

按照亚里士多德的分析，修辞术一般用于各种煽动性演说，"有三种不同的修辞演说：议事演说、法庭演说和展示性演说"。[①]议事演说（也即政治演说）意在劝说或劝阻，私人场合的劝告者或在公众场合的平民领袖都使用其中某一种方式。法庭演说或是控告或是辩护，因为诉讼当事人必须做其中某一种事情。展示性演说或是赞颂或是谴责。三种演说分别对应于不同的时间。议事演说涉及未来的事情，因为演说者无论意在劝说还是劝阻，都围绕将会出现的结果。所以，议事演说是肯定或否定某种未来的事情；法庭演说涉及过去发生的事情，因为总是围绕已经做过的事情，一些人控告而另一些人辩护，所以法庭演说是肯定或者否定某种过去的事情；展示性演说（典礼演说）最主要涉及当下的事情，因为所有的赞颂或谴责都是针对业已存在的人或事，所以展示性演说是肯定或否定某种现在的事情。在这三种演说中，修辞家可以运用修辞术去说服任何一个人，而不论其结果是好或坏、公正或不公正、高尚或丑恶，这些对修辞学家来说都是微不足道的。就像斐德罗所说的："打算做演说家的人丝毫不需要明白什么是真正的正义，只要知道那些将对演说做出裁决的听众对正义会怎么看就行了；他也不需要知道什么是真正的善和真正的美，只要知道听众对善和美的看法就可以了，因为说服的效果取决于听众的意见，而不是依据真理。"[②]所以，修辞术与辩证法之争最终被归结为意见与真理之争。

从逻辑上看，修辞术往往采用希腊原本意义上的enthymene式推论（修辞式推论），后来被称为省略三段论，修辞式推论确实在形式上是三段论。所以，在亚里士多德看来，修辞术与辩证法是同类的技术，两者不限于任何一种确定的事物对象。在表面上看来，两者的论证方法并没有太大的区别：根

---

① 亚里士多德. 亚里士多德全集：第九卷 [M]. 北京：中国人民大学出版社，1994：346.

② 柏拉图. 柏拉图全集：第二卷 [M]. 王晓朝，译. 北京：人民出版社，2003：175.

据众多同类事物的证明在辩证法中称为归纳法，在修辞术中则成为例证法。给定了某些条件，从这些条件中推出另外某一结论与它们并列，这在辩证法中被称为三段论，而在修辞学中被称为推理论证。尽管如此，辩证法与修辞术有着本质的区别，"辩证法的推理不基于偶发的事实，而是从所需的论证中推出结论，修辞术则从已经是约定俗成的东西中得出结论。"①辩证法用逻辑论证来保证结论，而修辞术只是从经验是事实推出结论，其结论并不具有必然性。其论证模式大概是这样的："前提p是一个或然事实，然后以可能p蕴含q而推出q。这样的推论并没有必然性，事实上只能推出可能q。"②在实际论述中，滔滔之词很容易掩盖这个不很显眼的逻辑错误，而且这个推论方式在风格上最为积极肯定，有鼓舞人心的功效。所以修辞术的三段论只能是一种省略三段论。

　　苏格拉底对修辞术甚是厌恶，认为它是对逻各斯的坏的使用，是对人们的思想误导，于是他努力发展据说是源于芝诺的辩证法，苏格拉底相信辩证法才是使用逻各斯的正确方式。真正的辩证法，它能够使人更好地通过理性去发现真理。苏格拉底与柏拉图都怀抱更高理想，他们承认语言的力量，但决心从语言中发现正确的力量，修辞术所发现的语言的力量并不是正确的，这就是从logos发展出logic的理由，以便把语言引向真理。真理被认为是判断什么是正义的和不义的可靠依据，而正义又是城邦（国家）的最高目的和合法性依据。苏格拉底、柏拉图都推崇辩证法。辩证法和修辞术是亲缘性的论辩技术，都是关于如何说话的技术，修辞术是叙述式的滔滔之词，而辩证法是回答式的论证与反驳。辩证法就是从logos中发现logic，希腊时代的辩证法主要是一种反驳技术，首先是芝诺的"归于不可能论证"，然后又发展为"归谬法"，这些逻辑技术虽然并不复杂，但足以揭露各种话语的自相矛盾。合乎逻各斯的概念"对话"唯有辩证法，没有其他形式，这是苏格拉底和柏拉图坚持的观点。苏格拉底和柏拉图把辩证法和修辞术绝对对立了起

① 亚里士多德. 亚里士多德全集：第九卷［M］. 北京：中国人民大学出版社，1994：341.
② 赵汀阳. 城邦、民众和广场［J］. 世界哲学，2007（2）：71.

来，在这一点上，亚里士多德与前两者不同。在亚里士多德这里，辩证法和修辞术同为思维和论证的工具，主观的"良善的意图"可以保证对修辞术的合理性运用。

辩证法虽然是从logos中发现逻辑，但是辩证法并不是话语逻辑，对话辩证法也不是以揭示他人语言中的逻辑错误为目的。话语逻辑并不是获取真理的积极武器，它自身的合理性也需要求助于对本质的观照。因此，尽管真理与话语逻辑规范存在着一定的联系，但是话语逻辑不能达致真理。柏拉图在《理想国》中论述几何学与辩证法的差异时说，几何学是从假设的公理出发，按照逻辑的演绎，而辩证法则正好相反，它需要向真理世界的"跳跃"。柏拉图这里使用的"跳跃"一词揭示了辩证法的逻辑与普通逻辑的区别，这也就是我们所谓的"思辨逻辑"与"形式逻辑"的区别。柏拉图辩证法这种"思辨逻辑"后来为黑格尔所继承，黑格尔称之为内涵逻辑。正是在这个意义上，伽达默尔认为，黑格尔"是第一个确实把握了柏拉图辩证法的深度的哲学家"①。在柏拉图哲学中，黑格尔看到了思辨辩证法的最早的成长，因为柏拉图超越了那种通过单纯地推翻某一特殊观点而让普遍性间接地浮现出来的方法，而智者学派正是这样做的。正像黑格尔所看到的这样，与智者们相反，柏拉图力求纯粹、独立地在思想之中展示普遍性，即作为定义或规定而正确地把握普遍性。这才是辩证法所谓的真正的"跳跃"。因而，依黑格尔之见，这就意味着他谋求在普遍性与它的对立面的同一之中展示普遍性。

三、辩证法与团结

在苏格拉底和柏拉图看来，辩证法以真理为目的，这就等同于把话语的政治活动化归为知识活动，或者说，试图让合法的知识成为合法的政治论辩的依据。这样的话，政治就不得不超越意见而去寻求真理。那么辩证法认识

---

① 伽达默尔. 伽达默尔论黑格尔 [M]. 张志伟, 译. 北京: 光明日报出版社, 1992: 4.

真理（或者说认识至善的理念），其最终的政治目标是什么呢？

在古希腊迈锡尼王朝时期，"瓦纳卡用一种超人的权力统一协调王国的各种因素，在他消失后，新的问题出现了：怎样在敌对的社会集团的冲突中、在不同的特权和职能的对抗中形成社会秩序？怎样在各种难以调合的社会因素的基础上建立公共生活？或者用俄耳甫斯秘典教派的话说，在社会这个层面上，'一'如何产生于'多'，'多'如何产生于'一'？"[①]这些问题成为城邦社会所面临的亟需解决的问题，关于这个问题古希腊哲学家们称之为"团结"的问题。但是城邦的团结和迈锡尼王朝的团结有着本质的不同，城邦的团结包括冲突的力量和团结的力量，"厄里斯"（Eris，争吵）和"菲里亚"（philia，友爱）：人们既赞美战斗、竞争、敌对等价值，又感到属于一个共同的社会集团，要求社会协调统一。

如何解决冲突，实现社会团结？通过苏格拉底之口，柏拉图明确指出："对于一个国家来讲，还有什么比闹分裂化一为多更恶的吗？还有什么比讲团结化多为一更善的吗？"[②]在柏拉图看来，"团结"就是国家制度的至善。那么什么是管理得最好的国家呢？什么又是"维系团结的纽带"呢？柏拉图认为，"一个国家最大多数的人，对同样的东西，能够同样地说'我的'、'非我的'，这个国家就是管理得最好的国家。"[③]所以，当一个国家最像一个人的时候，它是管理得最好的国家。管理得最好的国家最像各个部分痛痒相关的一个有机体。可见，柏拉图把一个管理得好的国家比之于个人的身体，各部分苦乐同感，息息相关。管理得最好的国家对什么叫自己的有同一的看法，行动有同一目标，尽量团结一致，甘苦与共。那么，一个国家最大多数的人如何形成同一的看法，同甘共苦，这种途径和纽带就是"至善的理念"。"在可知世界中最后看见的，而且是要花很大的努力才能最后看见的东西乃是善的理念。我们一旦看见了它，就必定能得出下述结论：

① 韦尔南. 希腊思想的起源[M]. 秦海鹰, 译. 北京: 生活·读书·新知三联书店, 1996: 32.
② 柏拉图. 理想国[M]. 郭斌和, 张竹明, 译. 北京: 商务印书馆, 1986: 197.
③ 柏拉图. 理想国[M]. 郭斌和, 张竹明, 译. 北京: 商务印书馆, 1986: 197.

它的确就是一切事物中一切正确者和美者的原因，就是可见世界中创造光和光源者，在可理知世界中，它本身就是真理和理性的决定性源泉；任何人凡能在私人生活或公共生活中行事合乎理性的，必定是看见了善的理念的。"[①]"至善的理念"使各个社会成员在私人生活或公共生活中具有了同一的行为准则，从而成为维系团结的纽带。这种"善的理念"维系着不同个人之间的"团结"，从而实现了社会的统一性。柏拉图在《理想国》中所描述的这种"团结"模式，在后来的哲学中得到了进一步的延续和强化。

传统形而上学时代的哲学家们最为关心的问题是找到一个一劳永逸的途径和纽带，来避免"化一为多"的"分裂"，而实现"化多为一"的"团结"。柏拉图找到维系社会"团结"的途径和纽带就是"至善理念"。那么至善理念是如何达到呢？这就要通过辩证法，辩证法就是认识理念的思想进程。柏拉图在《理想国》中通过苏格拉底与格老孔的对话揭示了辩证法的实质。在《理想国》中，苏格拉底对格老孔说："我们终于到达辩证法所陈述的法律正文了，它虽然属于可理解的，但我们可以在前面说过的那个视觉变化过程中看到它的摹本，从一开始企图看见像那个人一样的真的活物，然后是真的星辰，最后是太阳本身。同样，当一个人根据辩证法企图只用推理而不要任何感觉以求达到每个事物本身（即理念——引者注），并且这样坚持下去，一直到他通过纯粹的思想而认识善本身的时候，他就达到了可理解的世界的极限，正像我们寓言中的另一个人最后达到了可见世界的极限一样。"接着苏格拉底反问道："你不想把这个思想的过程叫作辩证法吗？"格老孔回答说："当然想。"[②]柏拉图在对话中明确地表示要把这个思想的进程叫作辩证法。可见，柏拉图认为辩证法就是对理念的认识，只有辩证法不需要借助任何感官，在认识理念的进程中，首先认识了具体事物所分有的理念，然后依靠心灵自身上升去把握较高的、更一般的理念，最终达到对善理念的认识。正是由于辩证法对"至善理念"的认识，才最

---

① 柏拉图. 理想国[M]. 郭斌和，张竹明，译. 北京：商务印书馆，1986：276.

② 柏拉图. 柏拉图全集：第二卷[M]. 王晓朝，译. 北京：人民出版社，2003：533-534.

终保证了社会的团结。但是柏拉图的这种团结模式是一种典型的传统形而上学的团结模式。

传统形而上学终结以后，宗教与同一性形而上学的一体化力量也随之消失，非同一性、多元化就成为后形而上学时代的主要特征，多元、差异、他者成为我们时代的主流哲学话语。谁再能为社会的一体化提供维系的力量？罗尔斯把这种时代的非同一性特征称之为"理性多元论的事实"，并且认为这种理性多元论的事实"不是一种可以很快消失的纯历史状态，它是民主社会公共文化的一个永久特征"。所以，对于现代政治哲学来说，最基本的问题是如何在"理性多元论"的社会文化条件下建立并保持民主社会的秩序和稳定。罗尔斯认为"政治自由主义的问题在于：一个因各种尽管互不相容但却合乎理性的宗教学说、哲学学说和道德学说而产生深刻分化的自由平等公民之稳定而公正的社会如何可能长期存在？"[①]换言之，就是在理性多元论的社会前提下，如何实现社会的团结。"团结"已经逐渐成为当代西方哲学的一个核心概念，包括伽达默尔、哈贝马斯、罗蒂、德里达、罗尔斯在内的几乎所有的西方著名哲学家们都在关注"团结"的问题。罗尔斯把传统形而上学看作一种合乎理性的完备性学说，并明确反对传统形而上学时代的团结模式，即依靠认同一个同一完备性学说而达到社会统一的模式。罗尔斯认为，"如果我们把政治社会当作以认肯同一完备性学说而达到统一的共同体，那么，对于政治共同体来说，压迫性地使用国家权力就是必需的"。[②]所以，只有依靠压迫性地使用国家权力，人们对某一种完备性宗教学说、哲学学说和道德学说的持续共享性理解才得以维持下去。可见，如果我们使用传统形而上学的团结模式，就必然会导致压迫性地使用国家权力，从而导致专制政权的形成，这与多元民主社会是不相容的。

当代西方哲学家们在解决社会团结的时候，采取的策略惊人的一致。无论是罗尔斯的重叠共识、哈贝马斯的商谈共识、伽达默尔的解释学对话，还

---

① 罗尔斯. 政治自由主义 [M]. 万俊人，译. 南京：译林出版社，2000：导论5.

② 罗尔斯. 政治自由主义 [M]. 万俊人，译. 南京：译林出版社，2000：38.

是德里达的友爱政治学，都是试图恢复话语（对话）的力量。这和古希腊把话语当作重要的政治工具的传统是一致的。话语（对话）如果成为最有效的政治武器和国家的最高权力工具，被抬高到至高无上的地位，这便意味着辩证法理论的当代复兴。随着传统形而上学绝对真理观的瓦解，辩证法不再是一种思辨逻辑（对话逻辑），而是一种对话伦理。不是通过话语逻辑认识至善理念来保证社会的团结，而是通过商谈伦理达成商谈共识来达到社会的协调统一。从辩证法的本源、功能及其终极使命来讲，辩证法都是一个政治哲学的概念。

第十二章　辩证法理论研究的两个教条及其超越

辩证法理论的研究在我们的时代陷入了前所未有的窘境。在国外，辩证法理论几乎成为一个被废弃的概念，被看作一种传统形而上学的语言而受到拒斥；在国内，辩证法理论的研究被教条化和僵化，以至于进展缓慢。

"人们经常挂在嘴边的东西，往往是其最无知的东西"，对于辩证法我们众说纷纭，以至于其面目全非，辩证法理论的真实意蕴及其源初语境被深深地遮蔽了。我们时代的辩证法理论，正陷于海德格尔在《存在与时间》中所说的"闲谈"的处境，闲谈不仅背离了真正理解的使命，而且造成了一种没有区别的流俗理解力，所以闲谈本为一种锁闭。在闲谈中，讨论的东西被误以为理解了，由于这种误解，闲谈阻止并以特有的方式遏制并妨碍了每一次新的询问和一切争论，于是锁闭再度加剧。正是这种闲谈的处境，使辩证法的研究被僵化、教条化，从而使辩证法理论的研究视野变得非常的狭窄。所以，我们现在面临着同黑格尔和马克思一样的任务——拯救辩证法，在分析国内辩证法研究现状的同时，返本开新，为辩证法理论的研究开出一条新路来。

一、辩证法研究的黑格尔式教条

目前，国内对辩证法理论的研究主要集中于对马克思主义辩证法理论的研究。由于马克思并没有专门讨论辩证法理论的哲学著作，所以关于马克思主义辩证法理论的研究主要有两条途径，而这两种研究方式都无一例外地指向了黑格尔的辩证法理论。第一种研究方式，集中于马克思关于辩证法理论的一些经典论述：马克思的辩证法是对黑格尔辩证法的颠倒，吸收了黑格尔辩证法的合理内核，黑格尔辩证法是自觉形态的辩证法，马克思在《资本论》关于价值理论一章中有意地卖弄起黑格尔特有的表达方式，并自称是这伟大思想家的学生等等；第二种研究方式，研究列宁的《哲学笔记》。列宁的《哲学笔记》是马克思主义经典作家中专门研究辩证法的，但是众所周知，《哲学笔记》是列宁在阅读黑格尔的《逻辑学》和《哲学史讲演录》时所作的笔记，这被称作马克思主义辩证法理论的"列宁式构想"。可见，无论是第一种研究方式还是第二种研究方式都不可避免地指向了黑格尔的辩证法。国内把这种模式的辩证法理论研究当成了唯一的合法的辩证法理论的研究，而完全无视于整个西方哲学史上众多的哲学家对辩证法理论的阐释。所以，国内对于辩证法理论的研究打上了深深的黑格尔的烙印，黑格尔情结已经成为辩证法理论研究中最大的教条，"黑格尔教条"浸透着辩证法理论研究的方方面面。[①]

相对于辩证法理论研究方式的"黑格尔教条"，在辩证法理论研究中，还隐藏着一个更为深层的教条，那就是辩证法理论研究内容的"本体论教

---

① 作者在此批判辩证法研究的"黑格尔教条"，并不是想抹煞黑格尔对辩证法理论的巨大贡献，而是批判那种把黑格尔辩证法理论当成唯一的、合法的辩证法研究，从而宰制、取代了包括马克思在内的其他哲学家的辩证法理论，并进而把黑格尔关于辩证法的某些结论当作教条，从而禁锢了辩证法理论进展的研究方式。

条"。①把辩证法理论看作"关于自然、人类社会和思维的运动和发展的普遍规律的科学",这是典型的传统实体形而上学的思维模式。"本体论教条"的形成基于对辩证法理论本性的一种基本认识,这种观点认为辩证法具有一种理论根基,作为一种理论系统包含和悬设了一个"本体论承诺"。在理论本性上,是一种与真理的内容即本体密不可分的"内涵逻辑"。因此,辩证法在理论本性上是一种本体性的理论,辩证法是植根于其相应的本体论基础之上的辩证法,所谓辩证法的本体论基础也就是辩证法得以立足和生成自身的载体和依托。这种观点认为要想解决辩证法理论的当代理论困境,就必须寻求辩证法理论的真实根基和坚实载体,认为只有这样才能克服和超越辩证法理论的知性化和实体化。其实正好相反,如果我们把辩证法理论看作一种本体论理论,寻求辩证法理论的真实根基,恰恰就是把辩证法理论给实体化了。所以无论把"客观物质世界"设定为辩证法的根基和载体,把"处于思维与存在的矛盾关系之中的思维及其活动性"作为辩证法的根基和载体,把辩证法的真实载体看作"人类实践活动",还是主张辩证法的生存论本体论根基,所有这一切都没有超越传统形而上学的本体思维方式。在国内辩证法理论研究的模式中渗透着深层的"本体论教条",而对"本体论教条"的突破是辩证法理论进一步发展的关键所在。辩证法研究中的两个教条并不是毫不相关的,由于黑格尔哲学是传统形而上学的完成,所以辩证法理论研究方式的"黑格尔教条"必然导致研究内容的"本体论教条"。

二、辩证法研究的本体论教条

尽管如此,国内辩证法理论的研究还是取得了长足的进步。国内关于辩

---

① 此处所批判的"本体论教条"是在实体本体论的意义上,而非一般本体论意义上而言的。换言之,是在海德格尔"存在者"的意义上而非"存在"的意义上而言的。本书并不反对辩证法理论是一种本体论的理论,而只是反对对其作实体本体论(即传统形而上学)式的理解,试图突破辩证法的传统形而上学界限。

证法理论的研究主要有三种区分，这三种区分对于辩证法理论的研究有着巨大的推动作用。

第一种区分，"积极辩证法"与"消极辩证法"的区分。这种区分打破了辩证法理论的"神圣性"与"真理性"，这是一种正确对待辩证法的态度，因为它符合辩证法理论在西方哲学史上的真实形象；这种观点认为虽然不同的哲学家们在使用辩证法这个概念时曾赋予了不同的涵义，"但就其主流而言，我们还是可以确定其内涵，并可大致上将辩证法分为消极的辩证法或否定的辩证法和积极的辩证法或肯定的辩证法两种类型。前者以芝诺、康德为代表，后者以后期柏拉图、黑格尔为代表。"①"辩证法"这个概念在不同的历史时期具有不同的理论形象，并不一直是一个褒义词。所以，海德格尔才会认为"辩证法在古希腊使哲学狼狈不堪"，康德也认为辩证法是一种"先验幻相"，只有到了黑格尔和马克思才完全确立了辩证法的正面形象。

第二种区分，"自在辩证法"与"自为辩证法"的区分。这种区分避免了使辩证法理论的研究常识化和庸俗化，哲学辩证法只能是一种"自为辩证法"，自然界包括人的思维领域本身就是一个自然而然的辩证过程，所以所谓的"自在辩证法"是不存在的；这种观点认为："需要使用'自在'和'自为'这两个概念，把辩证法区分为'自在的辩证法'和'自为的辩证法'。所谓'自在的辩证法'，是指包括人的思维活动在内的全部存在的辩证运动过程；与此相对应，所谓'自为的辩证法'，则是指人们用以认识世界的辩证的思维方式和辩证法理论。"②只有用自为的即概念的辩证法才能反映"对象本质自身中的矛盾"；没有概念的辩证法，自在的辩证法对人来说就是"有之非有""存在着的无"。区分辩证法的自在性与自为性，才能超越对唯物辩证法的经验层次的、直观反映论的理解。"自在辩证法"与"自为辩证法"的区分，有力地促使了国内辩证法理论研究克服长期以来停

---

① 王南湜.辩证法与实践智慧[J].哲学动态，2005（4）：3.

② 孙正聿.哲学通论[M].沈阳：辽宁人民出版社，1998：332.

留于经验和常识层次的低俗理论状态，推动了其超越素朴实在论的原始水平。

第三种区分，辩证法理论研究范式的区分。从研究范式的角度可以把辩证法理论的研究分为"自然主义范式""认识论范式""实践论范式"与"生存论范式"。生存论范式的提出对于突破辩证法理论的知性化和实体化具有一定的推动作用，这种观点认为：按照自然主义范式来理解辩证法，就是把客观物质世界设定为辩证法的根基和载体；认识论范式把处于思维与存在的矛盾关系之中的思维及其活动性作为辩证法的根基和载体；实践论范式的辩证法认为辩证法的真正载体不应是人类认识活动，而是人类实践活动，因为人类实践活动领域的基本矛盾更具根本性和基础性。但是这三种辩证法理论的研究范式依旧没有寻找到辩证法理论的真实根基与坚实载体。辩证法处于无根漂泊状态，其真实根基处于被遮蔽和晦暗之中。"马克思辩证法的根基乃是生存论本体论根基，或'生存论根基'"。①辩证法的根基乃是"生存论本体论根基"，这是立足于现代哲学的理论视野对马克思辩证法的理论基础所做出的一种全新的阐释。把辩证法的真实根基和坚实载体规定为"生存论本体论根基"，对于克服和超越辩证法的知性化和实体化，具有重大的推动作用，但是并没有彻底地突破辩证法研究内容的"本体论"教条。因为这种对辩证法理论的研究依旧是一种传统形而上学的本体的思维方式。

三、后形而上学时代的辩证法

"'辩证法'与'形而上学'是相比较而存在的。对'辩证法'的种种误解，总是同对'形而上学'的种种误解密不可分的，甚至也可以这样说，正是由于简单化地、庸俗化地误解了'形而上学'，从而也简单化地、庸俗化地误解了'辩证法'。"②所以辩证法理论的研究只有在与形而上学的相互关系中才能得到澄清。海德格尔认为西方传统哲学就是形而上学，所以我

---

① 贺来.辩证法的生存论基础[M].北京：中国人民大学出版社，2004：74.

② 孙正聿.马克思辩证法理论的当代反思[M].北京：人民出版社，2002：6.

们以形而上学为标准或者是坐标原点，可以将西方哲学史简单划分为：传统形而上学时代、反形而上学时代与后形而上学时代。与此相应，辩证法理论可以划分为：传统形而上学时代的辩证法、反形而上学时代的辩证法与后形而上学时代的辩证法。

在国内已有的三种关于辩证法区分的基础上提出第四种区分，是因为自觉到了辩证法理论的"本体论教条"。后形而上学时代辩证法理论的提出就是要探讨一种非传统形而上学本质的辩证法理论是否可能。对"本体论教条"的超越就是超越传统形而上学性质的辩证法理论。在传统形而上学时代，无论是拒斥辩证法还是褒扬辩证法都是为传统形而上学服务的，其本质上都是一种传统形而上学的性质。后形而上学时代的辩证法就是要探讨一种超越本体思维方式的辩证法理论。这就需要从辩证法的开端处寻找后形而上学时代辩证法的理论根基。

第欧根尼·拉尔修在《名哲言行录》里称柏拉图为"辩证法的创始人"，柏拉图是古代世界的辩证法大师，这是因为"辩证法"这一概念在双重意义上都是柏拉图首先使用的，1. "辩证法"作为一个特定的术语，在词语形式上是柏拉图的创造；2. 柏拉图第一个在哲学的意义上正式使用了辩证法这个概念。[①]所以黑格尔也确定无疑地认为柏拉图是辩证哲学的创始人，"在古代，柏拉图被称为辩证法的发明者。就其指在柏拉图哲学中，辩证法第一次以自由的科学的形式，亦即以客观的形式出现而言，这话的确是对的。"[②]但是在柏拉图的著作中存在着两种意义上的辩证法理论。第一种辩证法可以称之为"对话辩证法"，这种辩证法主要体现在柏拉图早期的对话中，是由苏格拉底所开创的，所以也可称之为"苏格拉底意义上的辩证法"；第二种辩证法可以称之为"思辨辩证法"，主要体现在柏拉图后期的对话中，这种辩证法理论被黑格尔的辩证法所继承，奠定了整个西方传统形而上学时代辩证法理论的基础，所以也可称之为"黑格尔意义上的辩证法"。

---

① 方朝晖. "辩证法"一词考[J]. 哲学研究, 2002（1）: 31.

② 黑格尔. 小逻辑[M]. 贺麟, 译. 北京: 商务印书馆, 1980: 178.

在柏拉图的早期著作《美诺篇》中，苏格拉底问道："你认为什么是美德？我十分急切地向你提出这个问题，请不要拒绝回答。"美诺立刻做出一些区别，就男人和女人的美德来下定义说："男人的美德就是能干地管理城邦事务，这样他就能帮助他的朋友，打击他的敌人"；女人的美德是"照管家里的财物，服从她的丈夫。有一种美德是孩子的美德，无论是男孩还是女孩；还有一种美德是老人的美德"……"美德的种类很多"。①苏格拉底打断美诺说，这不是他所问的，他问的是"包括一切的普遍的美德"。美诺说："这种美德就是支配别人、命令别人。"苏格拉底举出例子来反驳道："儿童和奴隶的美德却不在于发号施令。"苏格拉底指出了美诺的那些观念是不对的，而他自己又没有给出明确的说法，最终美诺被搞糊涂了。从苏格拉底和美诺的对话中，我们可以看出苏格拉底引导美诺思考关于美德的普遍的概念，但是苏格拉底并没有给美诺一个最终的答案。

这就是苏格拉底式对话的一般形式。在我们这样不厌其烦的引述中，我想我们应该能够看得很清楚了，柏拉图记录苏格拉底这些谈话，并非教导人们某些固定的道理，而是揭示矛盾——并非解释感觉世界的矛盾，而是揭示道理上的矛盾，以及理性的矛盾。长期以来，学者们为柏拉图《对话》之缺乏明确正面答案而很伤脑筋，并没有意识到苏格拉底对话的真实的意义所在。苏格拉底运用这种方法所得到的结果首先是形式的，也就是说，谈话使人们相信，虽然他们自以为对这些事情如此熟悉，却是现在才开始意识到："我们所知道的东西是彼此相互矛盾的。"这使人们的意识混乱起来，对先前习以为常的观念发生了动摇，人们陷入困惑从而催生了努力求知的热望，所以苏格拉底把自己对话辩证法称之为"真理的催生术"。但是苏格拉底的辩证法只是促使人们产生一种"爱智之忧"，并没有给人一个一致同意的结论，也就是并没有告诉人们真理本身是什么。苏格拉底对话辩证法的精神实质是一种批评过程，而不是追求结论的确定性，是一种思维训练，而不是为了证明任何一个预设的前提。

---

① 柏拉图全集：第一卷［M］. 王晓朝，译. 北京：人民出版社，2002：492-495.

　　在柏拉图的晚期对话中，辩证法与理念论（形而上学）是不可分的。辩证法就是认识理念的思想进程，柏拉图在《理想国》中写道："我说，格老孔，我们终于到达辩证法所陈述的法律正文了，它虽然属于可理解的，但我们可以在前面说过的那个视觉变化过程中看到它的摹本，从一开始企图看见像那个人一样的真的活物，然后是真的星辰，最后是太阳本身。同样，当一个人根据辩证法企图只用推理而不要任何感觉以求达到每个事物本身（即理念——引者注），并且这样坚持下去，一直到他通过纯粹的思想而认识善本身的时候，他就达到了可理解的世界的极限，正像我们寓言中的另一个人最后达到了可见世界的极限一样。"接着苏格拉底反问道："你不想把这个思想的过程叫作辩证法吗？"格老孔回答说："当然想。"①柏拉图在对话中明确地表示要把这个思想的进程叫作辩证法。可见，柏拉图认为辩证法就是对理念的认识，只有辩证法不需要借助任何感官，在认识理念的进程中，首先认识了具体事物所分有的理念，然后依靠心灵自身上升去把握较高的、更一般的理念，最终达到对善理念的认识。

　　到了《巴门尼德篇》，理念论遇到了困难，辩证法理论开始和对理念论的诘难联系在一起。在现象当中存在着矛盾，同一个事物存在着不同的性质，那么矛盾着的事物是怎么分有理念呢？少年苏格拉底为了"拯救现象"，所以《巴门尼德篇》谈话的中心问题就是"相反的"能不能相互结合，即事物的相反性质和相反的"理念"之间的相互结合。这已经非常接近黑格尔关于辩证法的观点，所以黑格尔称"柏拉图的《巴门尼德篇》——这可以说是古代辩证法的最伟大的作品"，②柏拉图认为把握理念间的渗透需要一门专门的技术，并把这种技术称之为辩证法。在《智者篇》中，柏拉图认为，在理念关系中，有一些理念，它们可以渗透入一切理念中，如存在与非存在、动与静、同与异。柏拉图详细研究了这三对理念的独立性和普遍性，认为它们便是贯通于一切之中的理念，柏拉图的这些思想通常被称之为

---

① 柏拉图全集: 第二卷[M]. 王晓朝, 译. 北京: 人民出版社, 2003: 533-534.

② 黑格尔. 精神现象学: 上卷[M]. 贺麟, 王玖兴, 译. 北京: 商务印书馆, 1979: 49.

"通种论"，通种论就是最基本的相反的理念之间的结合，是柏拉图对话中的黑格尔意义上的辩证法。所以黑格尔认为，"柏拉图的研究完全集中在纯粹思想里，对纯粹思想本身的考察他就叫辩证法"，①黑格尔所继承的正是这种意义上的柏拉图的思辨辩证法，黑格尔的概念辩证法就是沿着柏拉图的"通种论"发展下来的。柏拉图的思辨辩证法是通向真理的途径，其目的是发现真理，所以在柏拉图看来，那些纯粹沉迷于揭示命题矛盾而不专心于发现真理的人，他们的论证方法是反证法或诡辩法，是与辩证法相对立的。所以，策勒尔认为"在柏拉图那里，辩证法成了一种科学理论，一种认识事物的真正实在的手段"。②后来，策勒尔干脆把辩证法与理念论等而同之，使用了"辩证法，或理念论"这种表达方式。

苏格拉底的对话辩证法可以这样概括，苏格拉底想通过对话的方式达到事物普遍性、必然性的认识。换言之，就是通过正反的形式达到对真理的认识，但是却无定论。因为思考的结果和所做出的结论是关闭问题。苏格拉底对话辩证法的结论"无定性"正是为了保持着问题的开放性。柏拉图只看到了苏格拉底辩证法的目的，但是遗忘了苏格拉底辩证法的对话形式和其结论的无定性。所以，在柏拉图后期的对话中，辩证法变成了对理念的认识。苏格拉底的形象也发生了根本性的变化，在早期的对话中，苏格拉底是作为一个对话者出现的，而到了后期，随着柏拉图的理性主义的发展和系统化，苏格拉底的"形象"出现了改变，苏格拉底逐渐成了一个代号、一个柏拉图越来越系统化的观点的传声筒，苏格拉底的形象变成了一个哲学"导师"。柏拉图后期著作内容的"独白化"开始使"苏格拉底对话"的形式解体。早期的对话的形式作为哲学的体裁完全丧失了。辩证法被视为通向知识的唯一途径，其目标就是要通过理性去把握现象世界背后的"真理"——理念世界。

在苏格拉底对话辩证法中，辩证法作为形而上学的思想工具是一种对话的形式，这和后来是很不相同的，后世的"形而上学"通常以逻辑为其思想

---

① 黑格尔.哲学史讲演录:第二卷[M].贺麟,王太庆,译.北京:商务印书馆,1960:204.

② 策勒尔.古希腊哲学史纲[M].翁邵军,译.济南:山东人民出版社,1992:139.

工具，从而使之带上独断教条的性质，即使在被称为辩证法大师的黑格尔那里更是把辩证法发展成为一种"逻辑学"，此乃南辕北辙之举，这跟柏拉图把辩证法理解为通向真理的途径有关，并非苏格拉底的"辩证法"的本真意思。可见，柏拉图的思辨的辩证法奠定了整个西方辩证法的传统，但是这条辩证法道路，背离了苏格拉底对话辩证法的本意。后形而上学时代的辩证法理论就是苏格拉底意义上的辩证法在当代的复活，后形而上学时代的辩证法就是要"回到苏格拉底"，这种辩证法不再是一种逻辑，而是一种开放的、宽容的、符合哲学本性的"对话辩证法"。

第十三章　辩证法理论的思想移居

毋庸置疑，辩证法与哲学的发展紧密联系在一起。自苏格拉底、柏拉图起，途经康德、黑格尔与马克思，一直延续到阿多诺、伽达默尔等当代哲学家，辩证法总能获得全新的语境和内涵而重新出现在哲学的中心。因此，反思和展望当代辩证法的得失与未来，有一个最根本的前提，就是澄清当代哲学所发生的深刻变化。只有在这一哲学视域中，才能建构辩证法理论的当代形态。

海德格尔把当代哲学发生的转向称为"思想的移居"。在其"晚期的讨论班纪要"中，海德格尔谈到了这一问题。"那么从意识转向此–在，就其本源而言，难道不就是康德所谓'思想方式的革命'，或者如荷尔德林所说的'一切表象方式与一切形式的回转'吗？海德格尔纠正说，也许更好的说法是思想之居所（Ortshaft）的革命。也许，将之简单地理解为那原初意义上的'移居'（Ortsverlegung），便比理解为'革命'要好一些；也是在这个意义上，那借《存在与时间》而行的思便将哲学曾经置于意识之中的东西从一处迁移到了另一处。"①这和海德格尔在《哲学的终结和思的任务》一文中关于"终结"的理解保持着一致。海德格尔指出，"我们太容易在消极意义上把某物的终结了解为单纯的中止，理解为没有继续发展，甚或理解为颓败和无能。相反地，关于哲学之终结的谈论却意味着形而上学的完成"。紧接着海德格尔又指出，"'终结'一词的古老意义与'位置'相同：'从此一终结到彼一终结'，意思即是从此一位置到彼一位置。哲学之终结是这样一个位置，在那里哲学历史之整体把自身聚集到它的最极端的可能性中去了。作为完成的终结意味着这种聚集。"②如果把海德格尔的这两处论述联系起来理解，"哲学的终结"就意味着"思想的移居"。

"思想的革命"与"思想的移居"虽然都意指哲学的转向和改变，但这两者之间却存在着本质性的差别。思想的"革命"强调的是思想本身的"断裂"，亦即思想本身的改变。思想"移居"的称谓则更富有深意，"移居"意味着思想本身没有发生改变，发生改变的仅仅是思想的"居所"。正是因为思想的"居所"发生了变化，才引发了思想的主题、视域、功能等一系列的改变。建构辩证法理论的当代形态必须以这一新的思想居所、新的思想方向、新的思想视域为前提。

一、辩证法思想主题的转换

海德格尔把思想的移居看作从"意识"向"此在"的转向。在西方哲学史上，从近代哲学到现代哲学确实是一个根本性的转变。因为整个现代西方哲学已经不再停留于抽象的思辨之上，追求一种知识形态的形而上学，而是关注人的存在和生存问题。因此，传统本体论哲学的最大问题归根结底就在于失落了人和人的主体性这一根本点上。这并不是说传统形而上学不关心"主体性"问题，相反，传统形而上学被海德格尔称之为"主体形而上

---

① 费迪耶, 等. 晚期海德格尔的三天讨论班纪要[J]. 丁耘, 摘译. 哲学译丛, 2001（3）: 56.

② 海德格尔. 面向思的事情[M]. 陈小文, 孙周兴, 译. 北京: 商务印书馆, 1999: 69-70.

学"。之所以如此，是因为传统形而上学把所有问题最终都归结为主体的"内在意识"，而从不关心人的现实"生存"的问题。转向"此在"就是关涉人的"实际生命"，所以，海德格尔才会认为哲学是对实际生命的明确解释而已，并指出哲学如果不想错失自己的使命，必须守护好这一责任。但是，海德格尔从"意识"转向"此在"只是一个非常笼统的说法，这一问题必须在存在论的意义上得到最彻底的阐明。近代哲学与现代哲学有诸多差别，但其最根本的差别还是存在论意义上的差别，集中体现为"存在论论题"的转换。

我们知道，海德格尔关于存在论有一个著名的区分：存在者与存在的区分，即存在论差异。但是，海德格尔在《现象学的基本问题》一书中还提出了另外一个更加重要的区分：essentia［拉：本质］与existentia［拉：实存］①的区分，即"存在论分说"。"存在论分说"与海德格尔的"存在论差异"并不重合。存在论差异指的是存在与存在者之间的差别，而存在论分说指的是存在本身的差别。"它属于存在论差异环节的方面，也就是说，无论实在性还是实有都不是存在者，它们两者正好造就了存在结构。实在性与实有之间（即本质与实存——引者注）的区别在存在之本质性的建制中更切近地分说了存在。"②"存在论分说"是以"存在论差异"为前提的，存在论分说所讨论的"本质和实存"都属于存在的层面而非存在者的层面，是对存在本身的分说。

海德格尔认为，"essentia"（本质）回答的是"什么存在"这个问题，什么是一个存在者，即存在者何以存在的根据？"existentia"（实存）说的是一个存在者的如此存在，即它存在这一如此。这个区分命名的是两个不同的存在，其中昭示出某种差异中的存在。海德格尔指出，"对什么—存在与如此—存在的区分不仅包含着形而上学思想的一个教本。它指示着存在历

---

① essentia（英文为：essence）有实在、实质、本质等译法，existentia（英文为：existence）有实存、实有、存在等译法，本文分别将其译为"本质"与"实存"。

② 海德格尔. 现象学之基本问题［M］. 丁耘，译. 上海：上海译文出版社，2008：95—96.

史中的一个事件。"①这一区分表面上看来是"什么存在"与"如此存在"的问题，其实这两个"不同的存在"意味着存在论论题的转换，这实际上蕴含着两种不同的致思取向。在存在论的意义上，传统哲学向现代哲学的转换就是从"本质"转向"实存"。

从根本上而言，辩证法自开端起就是关于"存在"的科学。柏拉图被称为古代世界的辩证法大师，是辩证哲学的创始人。黑格尔指出，"在古代，柏拉图被称为辩证法的发明者。就其指在柏拉图哲学中，辩证法第一次以自由的科学的形式，亦即以客观的形式出现而言，这话的确是对的。"②柏拉图在《理想国》的第七卷中，对辩证法的研究方法、理论使命、教育地位等进行了详细的分析。柏拉图指出，"辩证法是唯一的这种研究方法，能够不用假设而一直上升到第一原理本身，以便在那里找到可靠根据的。"③这就是说，辩证法所要把握的就是"第一原理"和"纯粹实在"，辩证法就是"能不用眼睛和其它的感官，跟随着真理达到纯实在本身"。④正因如此，柏拉图特别强调辩证法的重要地位。"辩证法像墙头石一样，被放在我们教育体制的最上头，再不能有任何别的学习科目放在它的上面是正确的了，而我们的学习课程到辩证法也就完成了。"⑤只有辩证法有能力让人看到实在，别的途径是没有的。在柏拉图看来能够正确论证每一事物的真实存在的人就是辩证法家。辩证法在实质上就是关于"存在"的科学。在柏拉图的意义上，作为"存在"的"纯实在"就是理念。因此，辩证法就是认识理念的科学进程，辩证法就是理念论。

可见，哲学的认识论和存在论自古希腊起就是统一的。我们把近代哲学称之为"认识论转向"，从笛卡尔的"我思故我在"所引发的先验主体构成了这种哲学的起始点和根基点。但是，我们不能基于此就把近代哲学的辩

① 海德格尔. 尼采：下卷 [M]. 孙周兴, 译. 北京：商务印书馆, 2002：1037.
② 黑格尔. 小逻辑 [M]. 贺麟, 译. 北京：商务印书馆, 1980：178.
③ 柏拉图. 理想国 [M]. 郭斌和, 张竹明, 译. 北京：商务印书馆, 1986：300.
④ 柏拉图. 理想国 [M]. 郭斌和, 张竹明, 译. 北京：商务印书馆, 1986：306.
⑤ 柏拉图. 理想国 [M]. 郭斌和, 张竹明, 译. 北京：商务印书馆, 1986：301-302.

证法称之为"认识论的辩证法",从而把辩证法从近代哲学到现代哲学的变化,称之为"认识论辩证法"向"存在论辩证法"的转换。实际上,辩证法从近代哲学向现代哲学的转换绝不是从"认识论辩证法"向"存在论辩证法"的转换,而是辩证法存在论论题的转换。

辩证法理论形态的转变不是一种辩证法简单地代替另一种辩证法,也不是辩证法理论对象简单地从自然转到认识或者转到实践或人类社会。辩证法理论形态的转变是辩证法理论研究的深化,是辩证法理论研究主题的转换。因此,只有在"本质"与"实存"的比较中,才能理解辩证法理论的当代主题。"本质"与"实存"的区分表面上看来是"什么存在"与"如此存在"的问题,其实这两个"不同的存在"实际上是两种不同的哲学范式,蕴含着两种不同的理论旨趣。以"本质"为主题的存在论,实际上是研究"何以存在",存在者之为存在的根据。"实存存在论"则关心人的实际生命,是对"如何存在"的研究,这是一种关于人的"生活世界"的存在论。如果说"本质存在论"寻求"物之理"的话,那么"实存存在论"澄明的则是"事之理"或"人之理"。两种存在论对应的是两个世界:物的世界(world of things)与事的世界(world of facts)。"本质"昭示的是对"物"的追问,而"实存"则是对"人"的追问。

"哲学的首要问题是事(fact)而不是物(thing),哲学不能'向物而思'(to the things)而只能'因事而思'(from the facts)。如果说科学是关于物的世界的解释,那么哲学是关于事的世界的思想。"[①]简而言之,"寻求'本质'需要科学的研究方式,反思'存在'则需要哲学的研究方式"。[②]传统形而上学寻求"物之理",因此把成为"科学"作为哲学的目标,在这个意义上传统哲学都是"本质主义"。海德格尔指出,"'物理学'从一开始就规定了形而上学的历史和本质。即使在把存在视为actus purus(托马斯·阿奎那);视为绝对概念(黑格尔);视为同一意志向着强力的

---

① 赵汀阳. 每个人的政治[M]. 北京:社会科学文献出版社,2010:163.

② 孙正聿. 哲学通论[M]. 沈阳:辽宁人民出版社,1998:371.

永恒回归（尼采）的种种学说中，形而上学也还仍旧是'物理学'。"①传统哲学不可避免地会走向科学化的道路，并且以"严格科学"作为自己努力的目标。科学最终终结了哲学，"哲学之发展为独立的诸科学——而诸科学之间却又愈来愈显著地相互沟通起来——乃是哲学的合法的完成。哲学在现时代正在走向终结。"②因此，20世纪西方哲学中拒斥形而上学的科学主义思潮所表征的正是哲学的完成和终结。存在论论题从"本质"转向"实存"之后，哲学便有了完全不同的思想任务。关于"实存"的追问是无论如何也成不了科学的。这是因为作为本质"物之理"是单一的，而作为"实存"的"事之理"则是多元的、差异的。

因此，辩证法已不再是与人无关的冷漠的客观知识，不再是客观的中性的认识构架和概念工具，而是内在地包含着生存焦虑、渴望和价值关怀的人生态度和理想。换言之，辩证法已经不再是把握物的逻辑，而只能是把握人的逻辑。所谓当代形态的辩证法，就其存在论主题而言表征的主要是人、人的存在及其活动的本性，只有自觉地运用辩证法的观点去理解人与自然、人与人、人自身，才会使作为此在的我们激荡起来，才会彰显人的"神性"，亦即人的形上本性。这就启示我们当代形态的辩证法必然是生存论意义上的存在论辩证法。这种存在论论题的转换也同时意味着哲学关注的视域或者研究的视域发生了转向。

二、辩证法哲学视域的转向

"思想的移居"最形象、最直接的表现就是哲学的理论视域的转向。包括哲学在内的人类所有知识无非都是关于世界的把握，这种认识既包括对那个被假设独立于我们而存在的外部世界的认识，也包括对人类活动所形成和所塑造的人类世界的认识。在这种意义上，哲学就是一种世界观理论。因

---

① 海德格尔. 形而上学导论 [M]. 熊伟，王庆节，译. 北京：商务印书馆，1996：19.

② 海德格尔. 海德格尔选集：下卷 [M]. 孙周兴，选编. 上海：上海三联书店，1996：1245.

此，哲学视域的转向集中体现在对"世界"概念的理解上。但是传统哲学的世界观是一种"颠倒的世界观"。传统哲学把世界区分为现象界和本质界，变动不拘的现象界或经验世界是不真实的、是假象或摹本，而本质界或理念世界则被看作真实的、不变的。这样对事物的认识就转换为对事物本质的认识，对世界的把握就成为对理念世界的把握。整个西方哲学就是这种柏拉图主义，柏拉图对辩证法的理解规定了整个传统形而上学时代辩证法的理论空间。

辩证法哲学视域的转向就是把辩证法的目光从这种超时空的、绝对的本质世界转向他处。在《〈黑格尔法哲学批判〉导言》中，马克思清楚地表明了这一转向："真理的彼岸世界消逝以后，历史的任务就是确立此岸世界的真理。"[①]在马克思看来，传统哲学寻求的是"彼岸世界的真理"，所谓"彼岸世界"就是本质世界、理念世界。而马克思转换了这一理论视域：传统哲学主张"世界是受观念支配的，思想和概念是决定性的本原，一定的思想是只有哲学家们才能理解的物质世界的奥秘"。[②]在马克思看来，以黑格尔为代表的传统哲学包括青年黑格尔派都相信现实世界是观念世界的产物，德国的哲学家们在他们的"黑格尔的思想世界中迷失了方向"。马克思把理念世界视之为"种种虚假观念"，这些"幻想、观念、教条和臆想的存在物"构成了人们的"真正的枷锁"，并且人们在这种枷锁下日渐萎靡消沉。马克思认为不仅作为自然的自然界，与这些抽象概念分隔开来并与这些抽象概念不同的自然界是无，而且"被抽象地理解的，自为的，被确定为与人分隔开来的自然界，对人来说也是无"。[③]正是在这个意义上，马克思强调，"德国哲学从天国降到人间，和它完全相反，这里我们是从人间升到天国"。[④]

① 马克思恩格斯文集：第1卷[M].北京：人民出版社，2009：4.
② 马克思恩格斯文集：第1卷[M].北京：人民出版社，2009：510.
③ 马克思.1844年经济学哲学手稿[M].北京：人民出版社，2000：116.
④ 马克思恩格斯文集：第1卷[M].北京：人民出版社，2009：525.

　　毫无疑问，马克思所强调的"此岸世界"是指现实的生活世界。与胡塞尔、海德格尔不同，马克思强调"世界"概念的"社会性"内涵。历史唯物主义的前提是一个"现实的前提"，"它的前提是人，但不是处在某种虚幻的离群索居和固定不变状态中的人，而是处在现实的、可以通过经验观察到的、在一定条件下进行的发展过程中的人。"[①]在马克思看来，人们的存在就是他们的现实生活过程，历史唯物主义所要描述的就是"人们的实践活动和实际发展过程"。马克思在这里所谓的"现实生活"和"实际发展"指的就是人的社会性。"人的本质不是单个人所固有的抽象物，在其现实性上，它是一切社会关系的总和。"[②]人就是人的世界，人的社会性决定了人的世界是一个社会关系所构成的世界。因此，马克思在《法哲学批判导言》中有一个更为明确的、至关重要的判断："人不是抽象的蛰居于世界之外的存在物。人就是人的世界，就是国家，社会。"[③]马克思所理解的"世界"就是国家、社会，就是生产关系意义上的此岸世界。

　　在与胡塞尔先验哲学相区分的意义上，海德格尔的世界概念也实现了这一转向。我们知道胡塞尔也特别强调生活世界，但是胡塞尔的生活世界依旧是在彼岸世界的意义上使用的。胡塞尔把生活世界看作一个"原初的自明性的领域"，其目的是为科学进行奠基。"关于客观的—科学的世界的知识是'奠立'在生活世界的自明性之上的。生活世界对于从事科学研究的人来说，或对于研究集体来说，是作为'基础'而预先给定的"。[④]可见，胡塞尔的生活世界是一个彼岸世界意义上的"先验生活世界"。而海德格尔的"世界"概念是一个有"意蕴"的世界，是人在操劳中与人所照面的世界。海德格尔认为人首先是"在世之中"的，他拒绝接受一个与世界相脱离的主体，也拒绝接受一个与人无关的世界。在《存在与时间》里海德格尔把人的

①　马克思恩格斯文集：第1卷[M]. 北京：人民出版社，2009：525.
②　马克思恩格斯文集：第1卷[M]. 北京：人民出版社，2009：501.
③　马克思恩格斯选集：第一卷[M]. 北京：人民出版社，1995：1.
④　胡塞尔. 欧洲科学的危机与超越论的现象学[M]. 王炳文，译. 北京：商务印书馆，2001：158.

存在方式称之为"此在"，就是为了说明这个问题。海德格尔指出，"我们用'此在'这个术语既指世界的存在也指人生的存在"。①"此在"表明了"人"和"世界"的同一与共在。

正是在此岸世界的意义上，海德格尔把世界看作一个有意蕴的世界。世界是一个因缘整体性，这种"因……缘……"是一种指引性关联。海德格尔把"这些指引关联的关联性质把握为赋予含义"。"我们把这种含义的关联整体称为意蕴。它就是构成了世界的结构的东西，是构成了此在之为此在向来已在其中的所在的结构的东西。处于对意蕴的熟悉状态中的此在乃是存在者之所以能得到揭示的存在者层次上的条件——这种存在者以因缘（上手状态）的存在方式在一个世界中来照面，并从而能以其自在宣布出来。"②世界的因缘整体性关联决定了世界是一个有"意蕴"的世界，这表明海德格尔的世界概念是一个现实的生活世界的概念。在《论根据的本质》中，海德格尔详细地分析了世界概念，指明了世界概念的四重内涵："一、世界所指的与其说是存在者本身，还不说是存在者之存在的一种如何（Wie）。二、这种如何规定着存在者整体。它根本上乃是作为界限和尺度的任何一种一般如何（Wie überhaupt）的可能性。三、这一如何整体在一定程度上是先行的。四、这一先行的如何整体本身相关于人之此在。因此，世界恰恰归属于人之此在，虽然世界涵括一切存在者，也一并整个地涵括着此在。"③概述海德格尔的"世界概念"，其最根本的一点就是世界"归属于人之存在"。用海德格尔的话来表述就是："在这里，世界被带入与人之此在的实际生存的基本方式的关系之中了。"④

这样哲学的视域就从传统哲学抽象的、超验的彼岸世界转移到了现代哲学活生生的现实生活世界。但是哲学视域的转换远远没有这么简单。因为彼

---

① 海德格尔.存在论：实际性的解释学[M].何卫平，译.北京：人民出版社，2009：87.

② 海德格尔.存在与时间[M].陈嘉映，王庆节，译.北京：三联书店，1999：102.

③ 海德格尔.海德格尔选集：上卷[M].孙周兴，选编.上海：上海三联书店，1996：174-175.

④ 海德格尔.海德格尔选集：上卷[M].孙周兴，选编.上海：上海三联书店，1996：174.

岸世界不仅仅代表着一种哲学视域，在某种意义上更代表着一种研究方式。我们不能说传统哲学的思想家们不关注"现实生活世界"。柏拉图的"理想国"、康德的"永久和平论"、黑格尔的"伦理国家"等等也是对现实生活世界的关注。早在古希腊时期，苏格拉底就已经实现了从自然哲学到道德哲学的转变。西塞罗指出，苏格拉底"把哲学从天上带到了地上"，使人们意识到"未经审视的生活是无价值的生活"。但是西方传统哲学用思维规定存在，进而宰制和控制存在。换言之，就是用彼岸世界来宰制此岸世界。因此，如果一种哲学关注此岸世界，但依旧认为现实世界是观念世界的产物，是理念世界的摹本，理念世界是现实世界何以可能的根据，那么这种哲学的视域就依旧停留在彼岸世界，依旧是柏拉图主义的延伸或变形。

　　哲学的视域转向之后，关注现实生活世界的辩证法又是一种什么样的辩证法呢？现实的生活世界总是一个有缺陷的定在，完满的生活世界只能属于彼岸世界的天国，但是我们绝不能因此就放弃对美好生活的追求。如果辩证法的哲学视域转向此岸世界，如果我们追求完美的、理想的生活世界，否定的辩证法就只能是一种对现存的一切所进行的无情的批判。对于马克思而言，我们所处的现实的生活世界就是资本主义社会。因此，辩证法就是对现存事物——资本主义世界——的批判。"辩证法，在其合理形态上，引起资产阶级及其夸夸其谈的代言人的恼怒和恐怖，因为辩证法在对现存事物的肯定的理解中同时包含对现存事物的否定的理解，即对现存事物的必然灭亡的理解；辩证法对每一种既成的形式都是从不断的运动中，因而也是从它的暂时性方面去理解；辩证法不崇拜任何东西，按其本质来说，它是批判的和革命的。"①如果站在海德格尔世界概念的立场上，辩证法就是对常人的生活世界（沉沦于世）的批判。在这个意义上，海德格尔反省了胡塞尔的现象学。"实际上在现象学中存在着一个认识或对于认识的一种可能性的限度，它并不总是把握一切，而且也许今天根本就没有把握一切。但问题在于这样

────────

① 马克思恩格斯选集：第二卷［M］．北京：人民出版社，1995：112．

一个限度从哲学的基本任务的意义上看是否就是一个缺点。"①我们知道，海德格尔在《那托普报告》中对哲学的基本任务作出了明确的规定："哲学研究的对象乃是人类此在（Dasein）——哲学研究就人类此在的存在特征来追问人类此在"，"它必须被理解为对实际生命的一种基本运动的明确把握"。②胡塞尔曾经对现象学进行了严格的限制，认为现象学必须局限在认识论的范围内，而不能越界。在哲学基本任务的意义上，海德格尔认为现象学的这一限度是一个缺陷，即它没有对人的生存做出观照。对此，海德格尔指出，"由于这个缺点，现象学远远滞后于辩证法的更高尚的深度透视的工作。"③就哲学的基本任务而言，辩证法哲学视域的转向必然引起辩证法理论功能的转变。

三、辩证法理论功能的转变

追求真理一直是哲学的天职和使命，也因此黑格尔把"追求真理的勇气"看作哲学研究的首要条件之一。在黑格尔看来，"真理的王国是哲学所最熟习的领域，也是哲学所缔造的，通过哲学的研究，我们是可以分享的。"④因此，"哲学的目的就在于掌握理念的普遍性和真形相"。哲学的本性就是对真理的认识。整个传统哲学把一个超感性的、永恒在场的、先验的理性概念世界作为自己的理论根据，并奉之为永恒的、绝对的真理。在传统哲学的语境中，辩证法与形而上学并不对立，辩证法就是形而上学的思维方式与思想工具。例如，"在黑格尔那里，辩证方法之所以是神秘的，还因为他把它当作建立一个囊括一切的整体的逻辑结构的工具"。⑤因此，黑格

---

① 海德格尔. 存在论：实际性的解释学［M］. 何卫平，译. 北京：人民出版社，2009：51.

② 海德格尔. 形式显示的现象学：海德格尔早期弗莱堡文选［M］. 孙周兴，译. 上海：同济大学出版社，2004：78.

③ 海德格尔. 存在论：实际性的解释学［M］. 何卫平，译. 北京：人民出版社，2009：51.

④ 黑格尔. 小逻辑［M］. 贺麟，译. 北京：商务印书馆，1980：35.

⑤ 悉尼·胡克. 对卡尔·马克思的理解［M］. 徐崇温，译. 重庆：重庆出版社，1993：315.

尔的辩证法就是达到绝对精神（亦即绝对真理）的辩证运动过程。随着时间或历史意识引入形而上学，真理观也随之发生了重大变化。由于真理的内涵发生了变化，辩证法的理论功能也必将随之发生转变。

海德格尔在西方哲学的语境下专门探讨了真理的本质，即真理之为真理的东西。海德格尔所追求的真理是"那种在今天给予我们以尺度和标准的现实真理""我们要寻求那个应当在人的历史中并为这种历史而给人设立起来的目标。我们要现实的'真理'"。[①]在海德格尔看来，流俗的真理概念认为：真实的东西，无论是真实的事情还是真实的命题，就是相符、一致的东西。在这里，真实和真理就意味着符合，而且是双重意义上的符合：一方面是事情（Sache）与关于事情的先行意谓的符合；另一方面则是陈述的意思与事情的符合。传统的真理概念表明了符合的这一双重特性。可见，真理的符合性包括两个方面：命题的真理和事情的真理。命题的真理只有建立在事情的真理的基础上才是可能的。

但是海德格尔指出，"真理原始地并非寓居于命题之中"，[②]"真理的本质乃是自由"。[③]自由之所以是正确性之内在可能性的根据，只是因为它是从独一无二的根本性的真理之源始本质那里获得其本己本质的。一个正确的表象性陈述与之相称的那个可敞开者，乃是始终在开放行为中敞开的存在者。向着敞开域的可敞开者的自由让存在者成其所是。于是，自由便自行揭示为让存在者存在。让存在，亦即自由，本身就是展开着的，是绽出的。着眼于真理的本质，自由的本质显示自身为进入存在者之被解蔽状态的展开。因此，对于海德格尔来说，"'真理'并不是正确命题的标志，并不是由人类'主体'对一个'客体'所说的、并且在某个地方——我们不知道在哪个领域中——'有效'的命题的标志；不如说，'真理'乃是存在者之解蔽，通过这种解蔽，一种敞开状态才成其本质。一切人类行为和姿态都在它的敞

① 海德格尔.海德格尔选集：上卷[M].孙周兴,选编.上海三联书店,1996：214.

② 海德格尔.海德格尔选集：上卷[M].孙周兴,选编.上海三联书店,1996：220.

③ 海德格尔.海德格尔选集：上卷[M].孙周兴,选编.上海三联书店,1996：221.

开之境中展开。因此，人乃以绽出之生存（Ek-sistenz）的方式存在。"①所谓人绽出地生存就意味着：一个历史性人类本质的可能性的历史对人来说被保存于存在者整体之解蔽中了。历史的罕见而质朴的决断就源出于真理之源始本质的现身方式中。因此，在海德格尔看来，真理的本质揭示自身为自由。自由乃是绽出的、解蔽着的让存在者存在。所以，真理就是存在者之解蔽，一种解蔽状态或敞开状态。海德格尔的真理观已经突破了意识哲学的理解，是一种生存论意义上的存在论真理。

马克思在反思和批判的意义上把黑格尔哲学为代表的绝对真理观的"瓦解"过程称之为"绝对精神的瓦解过程"。马克思转换了真理观的哲学视野，把真理从天国拉回了尘世。正是在这个意义上，马克思把真理区分为"彼岸世界的真理"和"此岸世界的真理"。马克思指出，"真理的彼岸世界消逝以后，历史的任务就是确立此岸世界的真理。人的自我异化的神圣形象被揭穿以后，揭露具有非神圣形象的自我异化，就成了为历史服务的哲学的迫切任务。于是，对天国的批判变成对尘世的批判，对宗教的批判变成对法的批判，对神学的批判变成对政治的批判。"②在马克思看来，宗教和传统形而上学所追求的超感性世界的真理实际上是一个"彼岸世界的真理"。而现代哲学的迫切任务是确立"此岸世界的真理"，这就要求揭露具有非神圣形象的自我异化，具体表现为对尘世、法、政治和国家的批判。

此岸世界的真理相对于彼岸世界的真理，不再是超验的、永恒的真理。因此其真理性的标准也不再是严格的普遍性和必然性，而是思维的现实性和力量。马克思在《关于费尔巴哈提纲》第二条中明确指出，"人的思维是否具有客观的真理性，这不是一个理论的问题，而是一个实践的问题。人应该在实践中证明自己思维的真理性，即自己思维的现实性和力量，自己思维的此岸性。关于思维——离开实践的思维——的现实性或非现实性的争论，是

---

① 海德格尔. 海德格尔选集：上卷[M]. 孙周兴, 选编. 上海：上海三联书店, 1996: 225.

② 马克思恩格斯文集：第1卷[M]. 北京：人民出版社, 2009: 4.

一个纯粹经院哲学的问题。"①在马克思看来，真理的问题不再是一个单纯的意识哲学的思想客观性问题，而变成了一个"实践"问题。

哈贝马斯进一步指出，"无论是从皮尔斯到米德和杜威的实用主义，皮亚杰的成长心理学或维果斯基的语言理论，还是舍勒的知识社会学和胡塞尔对生活世界的分析，都充分证明了我们的认识能力深深地扎根在前科学的实践以及我们与人和物的交往中"。②如果我们的认识能力植根于实践的话，那么由认识所形成的理论也就必然是植根于实践的，而不是脱离实践的、超验的、彼岸世界的真理。因此，以改变世界为根本任务的马克思主义哲学不再是关于绝对真理、世界终极真理的遐想，它不再是企求在某种意识的明证性、绝对的确定性基础上构造永恒真理的学说。在马克思的实践观点看来，事物和世界就是人的历史实践活动不断生成的结果，自然是人化的自然，世界是人的历史世界；不仅如此，作为科学认识的主体人本身也是历史性的存在：人既是历史的经常的前提，也是历史的经常的结果。因此，这就决定了包括哲学认识在内的全部人类知识都是特定历史阶段人类自身历史形态的精神表现。绝对的、永恒的真理只是理性的幻想或将统治阶级思想作为意识形态的假冒和欺骗。但是，否认真理的永恒性、绝对性并不意味着否认真理的客观性。对于马克思来说，作为感性物质活动的实践既是能动的，又是客观的，作为理解方式和思维方式的实践观点既是历史主义的，又是客观主义的。

海德格尔反对传统符合论的真理，转而寻求"现实的真理"，指出真理的本质乃是自由。马克思主张确立此岸世界的真理，将真理的客观性理解为"现实性和力量"，去寻求和实现人类自由解放的道路。两者有一个共同的特点，就是所理解的真理都是现实的真理，都是以人的"自由"为目标的此岸世界的真理。这就意味着，辩证法对真理的认识，已经不再是对传统哲学知识论意义上的绝对真理的把握，而是对现实世界人的生活观念的反省和批判。

---

① 马克思恩格斯文集: 第1卷[M]. 北京: 人民出版社, 2009: 500.

② 哈贝马斯. 后形而上学思想[M]. 曹卫东, 付德根, 译. 南京: 译林出版社, 2001: 7.

辩证法理论的思想移居在其直接性的意义上表现为肯定的辩证法向否定的辩证法的转变。由于消解了传统形而上学的绝对真理观，这就为辩证法理论敞开了批判的空间。否定的辩证法其实质就是对人类无限理性信念的怀疑和否定。但是，辩证法绝对不是一种"相对主义"。相对主义是无根基的思维的罪过。"辩证法是同相对主义严格对立的，同时也是同绝对主义严格对立的。"①未被束缚的辩证法（即否定的辩证法）"并非没有任何稳固的东西。但它不再赋予这种东西以第一性"。②简而言之，这种辩证法就是"相对的绝对"。辩证法理论就其本性来说，它既要寻求和建构无限理性的原则和理论形态，又要不断地消解这种绝对理性的僵死性。辩证法理论的思想移居，实际上所表征的是哲学理性信念的变化，即由绝对的无限理性信念转向对相对有限的理性追求。辩证法所要达到的不再是人类永恒的绝对精神，而是属于我们时代的人类自我意识。

---

① 阿多诺. 否定的辩证法 [M]. 张峰, 译. 重庆：重庆出版社, 1993: 34.

② 阿多诺. 否定的辩证法 [M]. 张峰, 译. 重庆：重庆出版社, 1993: 37.

第十四章 辩证思维与彻底的反思何以可能

　　哲学作为人类把握世界的一种基本方式，它的首要特征就在于它是一种区别于常识、科学、艺术等思维方式的哲学思维方式。"思维方式是人们思维活动中用以理解、把握和评价客观对象的基本依据和模式。"[①]因此，哲学同其他人类把握世界的基本方式的区别必须在思维方式的层面上得到澄清。哲学独特的魅力和价值也正是在于哲学非同一般的思维方式。"哲学作为人类把握世界的一种基本方式，它的首要特征，在于它是一种区别于常识思维方式、科学思维方式和艺术思维方式的哲学思维方式。"[②]关于哲学的思维方式，黑格尔在《小逻辑》中指出，"哲学乃是一种特殊的思维方式，——在这种方式中，思维成为认识，成为把握对象的概念式的认识。所以哲学思维无论与一般思维如何相同，无论本质上与一般思维同是一个思维，但总是与活动于人类一切行为里的思维，与使人类的一切活动具有人性

---

① 高清海. 哲学的创新 [M]. 长春: 吉林人民出版社, 1997: 112.

② 孙正聿. 哲学通论 [M]. 沈阳: 辽宁人民出版社, 1998: 133.

的思维有了区别。"①那么，这种与一般思维相区别的哲学思维究竟是一种什么样的思维呢？"每一种哲学理论在它产生之时，都不仅具有超常识观念的性质，而且对于当时流行的科学观念也有着某种超越性。这是哲学作为反思意识而具有的根本特点。"②哲学超越于常识、科学的地方，就在于哲学反思的思维方式。在黑格尔看来，哲学思维方式的特殊性在于："反思以思想的本身为内容，力求思想自觉其为思想。"③"反思"是一个典型的近代哲学的概念。近代认识论哲学，尤其是黑格尔思辨哲学（辩证法理论）的重大功绩就在于觉解到了哲学所独有这种思维方式。

一、哲学与反思的思维方式

纵观哲学史，哲学思维方式的理论自觉，可以说，真正开始于从康德到黑格尔的德国古典哲学。如果说康德哲学仍然是在传统形而上学非此即彼的知性思维方式上打转的话，那么黑格尔则已自觉地提出哲学必须有自己独特的思维方式。黑格尔认为，哲学是关于事物的思维着的考察，而哲学之所以能承载这样的使命，则在于"哲学乃是一种特殊的思维方式，——在这种方式中，思维成为认识，成为把握对象的概念式的认识"。④黑格尔也把这种概念思维称之为"思辨的思维方式"。真正的哲学思想亦即达到真正必然性的知识的思想，只能是哲学思辨的思维方式。黑格尔由此批判地分析和考察了"表象思维""形式思维"与"思辨思维"三种思维方式。

黑格尔指出："表象思维的习惯可以称为一种物质的思维，一种偶然的意识，它完全沉浸在材料里，因而很难从物质里将它自身摆脱出来而同时还能独立存在。与此相反，另一种思维，即形式推理，乃以脱离内容为自由，

---

① 黑格尔. 小逻辑 [M]. 贺麟, 译. 北京: 商务印书馆, 1980: 38.

② 高清海. 哲学的创新 [M]. 长春: 吉林人民出版社, 1997: 112.

③ 黑格尔. 小逻辑 [M]. 贺麟, 译. 北京: 商务印书馆, 1980: 39.

④ 黑格尔. 小逻辑 [M]. 贺麟, 译. 北京: 商务印书馆, 1980: 38.

并以超出内容而骄傲；而在这里，真正值得骄傲的是努力放弃这种自由，不要成为任意调动内容的原则，而把这种自由沉入于内容，让内容按照它自己的本性，即按照它自己的自身而自行运动，并从而考察这种运动。"①也就是说，"表象思维"陷入"各个环节的必然性"中根本无法实现"全体的自由性"。与此相反，第二种思维方式"形式推理"，"乃是以脱离内容为自由，并以超出内容而骄傲"。这种思维方式的问题则在于"全体的自由性"离开了它的根基即"各个环节的必然性"。由此，黑格尔提出了哲学层次的思维方式——思辨思维，这正是黑格尔本人所倡导的思维方式。因此，作为"反思"的"哲学思维"，它既不是以经验材料为对象而形成关于经验世界的各种知识的"表象思维"，也不是以思维的形式推理为对象而形成关于思维的结构与规则的知识的"形式推理"。正是在这个意义上，黑格尔把哲学的思维方式看作"对认识的认识""对思想的思想"，也就是思想以自身为对象的"反思"，亦即概念思维或思辨思维。"思辨"在其最直接的意义上，就是"思想辨析"或"辨析思想"。但是，在黑格尔哲学的意义上，它是一种必须把自由沉入内容——让内容按照它自己的本性而自行运动的思维方式，是在否定中包含肯定、在有限中包含无限的概念的辩证运动。

关于哲学的反思思维方式，我们必须在概念思维和思辨思维双重意义上得到理解。用黑格尔自己的话说就是"哲学是以思想、范畴，或更确切地说，是以概念去代替表象"，"以思想的本身为内容，力求思想自觉其为思想。"②这也表明了黑格尔的"思辨思维"并不是脱离思想"内容"的"名称游戏"，而恰恰是为了使思想"自觉"到它的"内容"。因此，黑格尔的反思并不是一种抽象的反思，黑格尔的"思辨思维所特有的普遍形式，就是概念"。③思维意义上的概念是具有内容的，一般意义上的概念则是抽象的，这种概念仅仅是名称。所以黑格尔强调"对于思辨意义的概念与通常所

① 黑格尔.精神现象学:上卷[M].贺麟，王玖兴，译.北京:商务印书馆，1979:40.
② 黑格尔.小逻辑[M].贺麟，译.北京:商务印书馆，1980:39-40.
③ 黑格尔.小逻辑[M].贺麟，译.北京:商务印书馆，1980:48-49.

谓概念必须加以区别。认为概念永不能把握无限的说话之所以被人们重述了千百遍，直至成为一个深入人心的成见，就是由于人们只知道狭义的概念，而不知道思辨意义的概念"。①只有把思辨意义上的概念与一般意义上的概念区别看来，才能把哲学反思的思维方式与抽象的反思区别开。

　　哲学反思并不是一般意义的"反复思考"，而是以一种特殊的思维进行的"对思想的思想"。同时黑格尔也指出一般人认为哲学之所以难懂，原因之一就在于人们"不惯于作抽象的思维，亦即不能够或不惯于紧抓住纯粹的思想，并运动于纯粹思想之中"，②原因之二则是"将意识中的思想和概念用表象的方式表达出来"。③区别于"表象思维""形式推理"的"思辨思维"，是以思想的"内容"即"概念"为对象的。这正是哲学思维的难懂之处，因为"意识一经提升到概念的纯思的领域时，它就不知道究竟走进世界的什么地方了"。④

　　黑格尔作为西方传统哲学的集大成者，他对"哲学"及其思维方式的理解，一方面表明了他是以最宏伟的形式总结了以往全部哲学的发展，从而深刻地揭示出哲学不同于一般的"反思"的思维方式，达到了哲学思维方式的理论自觉；另一方面，黑格尔本身也没有逃脱传统哲学自身的历史局限性，这种局限性也必然制约黑格尔对"哲学"及其思维方式的概括总结。这种局限性就是恩格斯所揭示的体系与方法之间的矛盾。所以，我们要批判的是黑格尔的绝对真理的"形而上学体系"，要继承的是黑格尔"概念思维"或"思辨思维"的反思思维方式。

　　与黑格尔一样，胡塞尔也达到了哲学思维方式的理论自觉。胡塞尔对哲学思维方式（现象学思维方式）与自然态度的思维方式的比较也让我们感受到一种振聋发聩的巨大的思想冲击力。胡塞尔继承并发展的是自笛卡尔以

---

① 黑格尔. 小逻辑 [M]. 贺麟, 译. 北京: 商务印书馆, 1980: 49.

② 黑格尔. 小逻辑 [M]. 贺麟, 译. 北京: 商务印书馆, 1980: 40.

③ 黑格尔. 小逻辑 [M]. 贺麟, 译. 北京: 商务印书馆, 1980: 41.

④ 黑格尔. 小逻辑 [M]. 贺麟, 译. 北京: 商务印书馆, 1980: 41.

来直到康德的先验的哲学道路。胡塞尔毕生都在追求建立一门"严密科学的哲学"。他曾断言："欧洲诸民族病了"，欧洲正陷入一场危机，"哲学的危机意味着作为哲学总体的分支的一切新时代的科学的危机，它是一种开始时隐藏着，然后日渐显露出来的欧洲的人性本身的危机，这表现在欧洲人的文化生活的总体意义上，表现在他们的总体的'存在'上"。①胡塞尔把欧洲科学的危机与人性本身、文化生活和人的存在联系起来，从哲学的视野看现实的生活，而这场危机的根源在胡塞尔看来主要是欧洲诸民族的"整个思维方式基于一种致命的偏见"——在对科学以及实证主义的赞美中，现代人让整个世界观受实证科学所支配而不能自拔。"这种独特现象意味着，现代人漫不经心地抹去了那些对于真正的人来说至关重要的问题。只见事实的科学造成了只见事实的人"②，而"在人生的根本问题上，实证科学对我们什么也没有说。实证科学正是在原则上排斥了一个在我们的不幸的时代中，人面对命运攸关的根本变革所必须立即作出回答的问题：探问整个人生有无意义……这些问题归根到底涉及人在与人和非人的周围世界的相处中能否自由地自我决定的问题"。③精神科学一味效仿精密实证科学的方法，结果就是只能对精神进行历史的报道和描述，而始终无法摆脱其直观的有限性，并陷入物理主义与实证主义的偏执中，这正是造成欧洲人精神困倦的原因。胡塞尔认定，只有他的先验现象学方法才是合适的哲学方法和思维方式，才能摆脱欧洲科学的危机。

胡塞尔区分了"自然科学"和"哲学科学"，指出"前者产生于自然的思维态度，后者产生于哲学的思维态度"。④胡塞尔认为自然的认识就是这样前进着：它在不断扩展的范围中获得从一开始就显而易见地实存着的被给予的，并只根据范围和内容、根据诸要素、关系、规律进一步研究的现实

---

① 胡塞尔. 胡塞尔选集：下卷 [M]. 倪梁康, 选编. 上海：上海三联书店, 1997: 988.
② 胡塞尔. 胡塞尔选集：下卷 [M]. 倪梁康, 选编. 上海：上海三联书店, 1997: 981.
③ 胡塞尔. 胡塞尔选集：下卷 [M]. 倪梁康, 选编. 上海：上海三联书店, 1997: 982.
④ 胡塞尔. 现象学的观念 [M]. 倪梁康, 译. 北京：人民出版社, 2007: 16.

性。于是这样就形成和成长出各种自然的科学，这包括自然科学、精神科学和数学科学。因此，"认识的可能性对自然思维来说是自明的。自然思维的工作已结出了无限丰硕的成果，日新月异的科学是一个发现连着一个发现向前迈进，它根本就不会想到要提出关于认识可能性的问题。"①换言之，对于自然态度的思维来说，思维与存在的统一性即认识的可能性是不证自明的，是理论思维的不自觉的和无条件的前提。

因此，在所谓"自然的思维态度"中，认识的可能性是自明的，认识是深不可测的，但在"反思"的哲学思维中，认识的可能性却成为理性批判的对象。胡塞尔指出，"随着对认识和对象之间关系的反思的苏醒，出现了深不可测的困难。认识，这个在自然思维中最显而易见的事物一下子变成了神秘的东西。"②反思的哲学思维取决于对认识可能性问题的态度，对认识可能性的寻求，是通过"反思"被给予的，即通过本质直观的明见性达到对本质和真理的"相应感知"。胡塞尔明确指出："生活和科学中的自然的思维对认识可能性的问题是漠不关心的——而哲学的思维则取决于对认识可能性问题的态度。"③因此对于哲学来讲，最重要的就是解决思维与存在如何统一的问题，胡塞尔称之为"切中性问题"。但是，在胡塞尔看来，对切中事物本身的认识可能性的反思陷入这样一种困境之中，即认识如何能够确信自己与自在的事物一致，如何能够"切中"这些事物？自在事物同我们的思维活动与那些给它们以规则的逻辑规律是一种什么关系呢？这种认识的可能性问题正是哲学所努力要解决的，也是哲学的思维区别于自然思维的关键所在。

胡塞尔把哲学思维明确为"现象学的反思"，而与"自然态度的思维"区别开来。"现象学反思"的本质在于，"尽管它在立义，但不是自然地进行立义。自然主义在任何情况下都预设了物理自然"。"如果我反思我的直

---

① 胡塞尔.现象学的观念[M].倪梁康，译.北京：人民出版社，2007：18.
② 胡塞尔.现象学的观念[M].倪梁康，译.北京：人民出版社，2007：18.
③ 胡塞尔.现象学的观念[M].倪梁康，译.北京：人民出版社，2007：3.

观活动或思维活动，反思我的'我感知''我想象''我判断'，反思我的任意的感受、欲求、意愿，那么我的目光可以指向意识组成，一如它在'纯粹'内在中'绝对'被给予的那样"。①在胡塞尔看来，只有这样的方法才能清除掉实证主义带来的欧洲科学的危机和欧洲人的精神困倦。"如果我们这样做，那么从那势必焚毁万物的无信念的大火之中，从对西方对于人类负有的使命的绝望的洪流之中，从严重的困倦造成的废墟之中，一种新的内在精神生活的不死鸟将站立起来支撑人类伟大而遥远的未来。"②胡塞尔是一个典型的欧洲中心主义者，而欧洲精神的发源地是古希腊，古希腊哲学体现了欧洲精神的本源，古希腊人"根据纯粹的理性，即根据哲学，自由地塑造他们自己，塑造他们的整个生活，塑造他们的法律"。③古希腊人的生活方式就是"哲学"的人的生存方式。胡塞尔指出，对于哲学生活的这种理解，将引导着欧洲人一代一代地追求下去，所以他对于欧洲民族思维方式弊端和危机的拯救，就是在拯救现代世界。

　　无论是黑格尔还是胡塞尔，他们对哲学思维方式的论述都不约而同针对着当时时代的精神危机，他们虽然选择了不同的哲学的道路，但都在反思层面上将"思维和存在的关系"作为了哲学的问题，达到了哲学思维方式的理论自觉。

二、反思思维方式的真实意蕴

　　毫无疑问，作为"思想"的哲学，只能是以"知识"的形态出现。但是，问题的实质在于，哲学是人类思想的一种特殊维度，而不是人类关于经验世界的某种特殊知识。因此，只有深切地理解和真正地把握哲学的"反思"的特性，才能形成哲学的思维方式，并运用哲学的思维方式去"反思"

①　胡塞尔.文章与讲演（1911—1921）[M].倪梁康，译.北京：人民出版社，2009：169.

②　胡塞尔.现象学与哲学的危机[M].吕祥，译.上海：国际文化出版公司，1988：175.

③　胡塞尔.胡塞尔选集：下卷[M].倪梁康，选编.上海：上海三联书店，1997：983-984.

人类创建的全部科学和人类把握世界的各种方式及其成果。而对哲学反思思维方式的把握，必须从哲学的基本问题入手，才能充分地得到理解。

恩格斯在《费尔巴哈和德国古典哲学的终结》中提出"全部哲学，特别是近代哲学的重大的基本问题，是思维和存在的关系问题"。[①] 通过分析恩格斯的经典论述，我们可以知道哲学不是以"思维"和"存在"为研究对象去形成关于"思维"和"存在"的某种知识，而是把"思维和存在的关系"作为问题来研究。考察和追究"思维和存在的关系"，这种区别的重大意义就在于凸显了哲学的理论本性和思维方式。如何理解和解释哲学的基本问题，这关系到对哲学的研究对象、理论性质和社会功能等全部哲学问题的理解与解释，而其中最直接地关系到的是对哲学的思维方式的理解与解释。

包括科学在内的人类的任何认识都是以思维和存在的统一性为前提的，思维与存在的关系对其不成为问题。因此，自然、素朴态度的思维绝对不会去反省人类认识的可能性问题，而哲学态度的思维却把"思维和存在的关系"当作问题去反思、去追问。这意味着："只有在'反思'的意义上，才能够理解作为哲学基本问题的'思维和存在的关系问题'；反过来说，也只有在理解哲学基本问题的过程中，才能深化对哲学'反思'的认识和领悟。"[②] "反思"，是思维对存在的一种特殊关系。"思维对存在的'反思'关系，从根本上说，就是思维把'思维和存在的关系'作为'问题'（对象）来思考。思维对存在的这种'反思'关系，构成了人类思想的哲学维度。"[③] 可见，只有在思维把"思维与存在的关系"当作"问题"进行"反思"时，"思维与存在的关系问题"才成为哲学的重大的"基本问题"。

从哲学史的角度看，哲学的基本问题只有到了近代哲学才达到了充分的理论自觉。但是我们不能据此就认为，哲学的基本问题只是近代哲学即认识

① 马克思恩格斯选集：第四卷[M].北京：人民出版社，1995：223.
② 孙正聿.哲学通论[M].沈阳：辽宁人民出版社，1998：146.
③ 孙正聿.哲学通论[M].沈阳：辽宁人民出版社，1998：146.

论哲学或意识哲学这一哲学类型的基本问题。而是近代哲学经过认识论转向以后，充分自觉到了哲学的理论本性和哲学的思维方式。

近代哲学的出发点，就像黑格尔所指出的那样，是"现实的自我意识的立场"。笛卡尔的"我思故我在"、贝克莱的"存在就是被感知"都显著地体现了近代哲学的这一立场。因而，"近代哲学的原则并不是淳朴的思维，而是面对着思维与自然的对立"。因此，"近代哲学并不是淳朴的，也就是说，它意识到了思维与存在的对立。"①古代哲学思维的淳朴性表现在古代哲学离开思维与存在的关系而单纯地去直接断言存在，近代哲学思维的不淳朴性表现在近代哲学从思维对存在的关系出发，去追究二者的"关系问题"。这样，近代哲学便不能直接地采取一种独断论的态度直接地考察本体论问题，而且必须首先解决思维与存在的对立问题，证明思维与存在的统一性，证明我们知识的客观性，才能够进而在此基础上考虑本体论问题。一言以蔽之，"没有认识论的本体论为无效"。思维的不淳朴性意味着近代哲学自觉到了哲学的"反思"的思维方式，开始反省"思维与存在"的关系问题。

哲学不仅是对常识的一种超越，也是对科学的一种超越；哲学不仅以常识为反思对象，更以科学为反思对象。哲学对科学的反思，最重要的是对于以思维和存在问题为实质内容的科学活动的基础性问题的反思。在人们广泛持有的常识科学观中，总是把科学视为"建立在事实上面的建筑物"，并因而把科学看作一种纯粹"客观的""中性的""确定的"东西，甚至把科学看作一种与人无关的真理，即科学真理"客观地"存在着，问题只在于我们是否以及何时发现它。科学活动是以思维的规律去把握和描述存在的规律，从而形成关于经验对象的"普遍必然性"的知识。然而，这一切却都是以把思维和存在的统一性作为"理论思维的不自觉的和无条件的前提"。在具体的科学那里，不管是数学和自然科学，还是社会科学和人文科学，他们都"不自觉的和无条件的"把思维和存在的统一性当作自己认识世界的"前

① 黑格尔.哲学史讲演录：第4卷[M].贺麟，王太庆，译.北京：商务印书馆，1978：7.

提"。不仅如此，在人类把握世界的诸种方式中，除哲学之外的各种方式也都把理论思维的"前提"当作不言而喻和不言自明的东西，而去进行生产活动、经验积累、科学探索，等等。也就是说，它们的使命都不是研究理论思维的前提、探索思维和存在的关系，把"思维和存在的关系"作为"问题"来研究，而是使"思维和存在"在观念和实践两个基本层次上获得现实的、具体的统一。它们现实地实现思维和存在的统一，但不去"反思"实现这种统一的前提——思维和存在的关系问题。

哲学的"反思"，可以说，在其最直接的意义上，就是思想以自身为对象反过来而思之。由此，"反思"的对象不是别的，是"思想"，用黑格尔的话说就是"对思想的思想"。"思想"是关于"世界"的思想，人们正是在"思想"中才能达到对"世界"的把握、理解和解释；"反思"是对"思想"的反思，关于"世界"的全部"思想"都是哲学"反思"的对象。同时"反思"也是思维对存在的一种特殊关系。思维对存在的"反思"关系，从根本上说，就是思维把"思维和存在的关系"作为"问题"来思考。思维对存在的这种"反思"关系，构成了人类思想的哲学维度。哲学作为"反思思想"的思想，它本身也是"构成思想"的一种方式。但在人类把握世界的全部方式中，哲学又不只是"构成思想"的一种方式，而且是"反思思想"的方式，正是后者，标志着哲学理论的特殊性质，标志着哲学思维方式的特殊功能。

"反思思想"的维度，在有些人看来是相当难理解的，甚至对把"思维和存在的关系"当作"问题"来进行"反思"感到困惑不解。其实，人类"反思思想"的哲学思维并不神秘，它深深地植根于人类思想的存在方式——实践活动及其历史发展之中。人类作为改造世界的实践—认识主体，其全部活动的指向和价值，在于使世界满足人类自身的需要，把世界变成对人来说是真、善、美相统一的世界。因此，具有理论思维能力的人类，不仅仅是把"思维和存在"的统一当作"理论思维的不自觉的和无条件的前提"，去探索自然的、社会的和人生的奥秘，去形成关于"世界"的各种

"思想"，而且总是对"前提"本身提出质疑，把"思维和存在的关系"当作"问题"而进行反思。

孙正聿教授的《哲学通论》最为重大的理论功绩就在于系统地分析和区别了哲学的反思的思维方式。"反思思想"是以人类把握世界的诸种方式（如常识、神话、宗教、艺术、伦理和科学）及其全部成果当作"反思"的对象，去追问"思维和存在"统一的根据，去考察断定"思维与存在"相统一的标准，去揭示"思维与存在"之间深层次的矛盾，从而达到人类思想在逻辑上的跃迁。"反思思想"的哲学维度，是一种批判性的、理想性的、超越性的维度。因此，"反思思想"是以"思想"为对象，揭露这些"思想"的内在矛盾，及这些"思想"之间的矛盾，从而为人类思想敞开自我批判的空间，从而推动人类思想的变革。孙正聿教授在考察和反省整个哲学的基础上，把哲学这种反思的思维方式定义为"理论思维的前提批判"。

孙正聿教授指出，"哲学对理论思维的前提批判，并不仅仅是对科学活动的反思和批判，而是对人类全部活动中的'不自觉的和无条件的前提'——思维和存在的同一性——的前提批判。人类的全部活动——实践活动、认知活动、评价活动和审美活动——都隐含着一个'不自觉的和无条件的前提'，这就是对思维和存在的同一性的'悬设'和'承诺'。批判地反思人类全部活动中的这个'不自觉的和无条件的前提'，也就是批判地反思人类全部活动中所'悬设'和'承诺'的这个根本性'前提'——思维和存在的关系问题。"[①]孙正聿教授把自己的哲学思想概括为"前提批判的哲学理论"，这是因为"前提批判"构成了孙正聿教授哲学思想的"研究范式"和"解释原则"，贯穿于他的整个哲学活动之中，这也为我们理解哲学思维方式开辟了一条新的道路，为哲学的发展带来了新的契机。

---

① 孙正聿. 前提批判的哲学理论——一种哲学解释原则的自我阐释 [A] // 哲学基础理论研究：第二辑. 北京：中国社会科学出版社，2009：4.

三、彻底性反思的哲学史意义

人类思想的反思活动，是"对思想的思想""对认识的认识"，也就是以"思想"为对象的再思想、再认识的特殊维度的思想活动，由此决定了反思活动具有"超验性""批判性""综合性"和"前提性"等基本特性。"思想的自我反思有两个基本层次：一是思想对自己的思想内容的反思，二是思想对构成自己的根据和原则的反思。前者是普遍地存在于各种思想活动之中的思想自我反思，后者则是属于哲学层面的哲学反思。"①思想对自己思想内容的反思属于原有逻辑层次上的理论的延伸、拓展和深化，而思想对构成自己的根据和原则的反思则要求突破原有的思维方式，实现逻辑层次的跃迁。思想构成自己的根据和原则就是思想的前提。因此，在孙正聿教授看来，哲学的"反思"，并不是一般意义上的思想内容的修正，而是"反思"思想中所隐含的各种"前提"——这就是哲学的"理论思维的前提批判"。

关于哲学的基本问题，恩格斯还有一个经典论述："我们的主观的思维和客观的世界遵循同一些规律，因而两者在其结果中最终不能互相矛盾，而必须彼此一致，这个事实绝对地支配着我们的整个理论思维。这个事实是我们的理论思维的本能的和无条件的前提。"②人类思想的哲学维度，就在于它不像各门具体科学和人类把握世界的其他方式那样，把理论思维的"前提"当作毋庸置疑的出发点，去实现思维和存在的某种形式的统一，而是把理论思维的这个"不自觉的和无条件的前提"作为考察的对象，去反思"思维和存在的关系问题"。换句话说，反思的思维方式不是对"思想内容"的反思，而是对"思想前提"的反思。"思想的前提，就是思想构成自己的根据和原则，也就是思想构成自己的逻辑支点。人的任何思想，都蕴含着构成

---

① 孙正聿. 哲学通论[M]. 沈阳：辽宁人民出版社，1998：172.
② 马克思恩格斯选集：第四卷[M]. 北京：人民出版社，1995：364.

自己的前提；对思想的前提批判，就是思想的逻辑层次的跃迁。"①哲学的反思就是要揭示、考察和论述科学活动中所隐含的那个"不自觉的和无条件的前提"。

对思想的前提批判，既是哲学反思的实质性内容，又是哲学的艰巨的使命。而哲学思想的艰巨性，就在于思想前提所具有的"隐匿性"和"强制性"。"思想前提的'隐匿性'和'强制性'，构成了哲学反思的必要性。这就是，只有通过哲学反思，才能超越对思想内容的反思，而达到对构成思想的前提的反思；也只有通过对构成思想的前提的哲学反思，才能揭示出'隐匿'在思想的过程和结果中的'前提'，并以哲学批判的方式去解除这些思想前提的'逻辑强制性'，从而使人们解放思想，创立新的思想。"②

思想前提，它作为构成思想的根据和原则，是思想中的"一只看不见的手"，也是思想构成自己的"幕后操纵者"。它虽然"隐匿"在思想的过程中，却直接地规范着人们想什么和不想什么、怎么想和不怎么想、做什么和不做什么、怎么做和不怎么做。这就是思想前提对构成思想的隐匿性和逻辑强制性，这也构成了哲学反思的必要性。只有通过哲学反思，才能揭示出"隐匿"在思想的过程和结果中的"前提"，并以哲学批判的方式去解除这些思想前提的"逻辑强制性"，重新建构思想构成自己的根据和原则，从而变革人的思维方式、价值观念、审美意识和终极关怀。这是作为人类把握世界的一种基本方式的哲学的特殊的社会功能。

在人的思想过程和结果中，思想前提是"无处不在"和"无时不有"的，从根本上说，思想的"前提"具有普遍性。这种普遍性主要体现在以下四个方面：其一，任何思想的前提都有构成其自身的根据，即都是以某种"世界观""认识论"和"方法论"为前提的，它们深层地规范人的所思所想和所作所为；其二，任何思想构成自己都要遵循思维的规则和方法，概念的"外延逻辑"和"内涵逻辑"在两个逻辑层面上规范人的思维方式和思想

---

① 孙正聿. 哲学通论 [M]. 沈阳: 辽宁人民出版社, 1998: 175.

② 孙正聿. 哲学通论 [M]. 沈阳: 辽宁人民出版社, 1998: 176.

内容；其三，任何思想的构成又总是某种人类把握世界的基本方式的产物，这些"基本方式"及其相互关系成为思想构成自己的基本"前提"；其四，人的全部思想活动中隐含着"思维和存在的关系问题"，是人的全部活动的最深层的"不自觉的和无条件的前提"。人类的全部活动都以思想构成自己的前提为逻辑的支撑点。思想前提的"隐匿性""强制性"和"普遍性"，构成了其对思想的前提批判的必要性和可能性。

　　哲学则正是把"思维和存在的关系"作为"问题"而予以"反思"，从而不断揭示隐含在理论思维的"不自觉的和无条件的前提"之中的矛盾，实现人类在思维方式上的变革。"思维和存在的关系问题"之所以成为问题，则是源于人类的存在方式——实践本性——之中。人类作为改造世界的实践—认识主体，其全部活动的指向和价值，在于使世界满足人类自身的需要，把世界变成对人来说是真、善、美相统一的世界。因此，具有理论思维能力的人类，不仅仅是把思维和存在的统一当作"理论思维的不自觉的和无条件的前提"，去探索自然的、社会的和人类的奥秘，而且总是对"前提"本身提出质疑，力图在最深刻的层次上把握人及其思维与世界的内在统一性，并以人类所把握到的统一性去解释人类经验中的一切事物和规范人类的全部行为。哲学的特殊性质就在于，它是人类的这种最深层的渴望与追求的理论表达，使人类不断深化对思维和存在关系问题的认识，从而不断地更新人类的思维方式、价值观念和审美意识，并引导人类现实地变革自己的生存状态和生活方式。

　　关于"前提批判"的哲学史意义，必须将其置于整个德国古典哲学的背景下进行判断："'前提批判'是近代尤其是德国古典哲学以来解决形而上学问题上的一个必然的逻辑结果。"①康德首先面对的问题是，一种科学的形而上学何以可能？为了解决这个问题，康德回到了先验认识能力的考察上。康德通过对知性认识结构的考察发现，经验知识的必然有效性的前提不

――――――――
① 吴宏政. 前提批判的形而上学原理——《哲学通论》以德国古典哲学为媒介展开的哲学史对话［A］// 哲学基础理论研究：第二辑. 北京：中国社会科学出版社，2009：46.

是在"思想"中获得的，而是在主观的"知性"这一纯粹"思维形式"中获得的，这就是先天综合范畴。但知性认识这一"前提"在这里已经被退回到了"思维"本身亦即意识内被解决了。但这个统一不过就是作为知性的认识活动，思维与自己的"现象"的统一，而没有解决思维与作为对象的"物自身"之间的统一。因此，康德仅仅解决了常识和科学何以可能的问题。使经验对象成为可能，一定建立在主观的先验直观形式和知性范畴这一前提之上，否则，常识和科学将成为不可能。这样，康德为常识和科学提供了认识论的"先验前提"。康德哲学的深层底蕴是："人类思维把握存在的逻辑，只是思维用以把握存在的逻辑，它只具有主观逻辑的意义，而不具有客观逻辑的意义，它只能构成人所理解的世界，而不能表述世界的本来面目。"①作为"物自体"的本来世界依然是无法认识的。

黑格尔在超出知性的意义上，进入"思辨理性"来解决形而上学问题。在辩证逻辑中，思维与存在的关系就是绝对精神自己和自己的关系。可见，到黑格尔这里，形而上学重新从"思维与存在的统一何以可能"回到了"存在何以可能"。因此，辩证逻辑就是从思想的"纯粹逻辑"内部自己给自己提供根据，"黑格尔以思维和存在的自在同一性或逻辑先在性为出发点，其目的在于说明：（1）思维和存在之所以能够在人类思维的进程中自为地实现统一，其根源在于它们自在地就是统一的；（2）人类思维自为地实现的统一，是把自在的统一升华成自为的统一，把潜在的统一转换成现实的统一，因此思维与存在的统一又是一个辩证的发展过程；（3）哲学的任务就在于使人类自觉到思维的本性，按照思维自己构成自己的道路去实现思维与存在的自在自为的统一。"②这就是黑格尔解决"思维与存在相同一"的逻辑思路。思维与存在的统一的活动作为逻辑自身的运动，就是存在的自我显现。

"与黑格尔一样，'前提批判'就是回到作为绝对的存在，即思想自

---

① 孙正聿. 哲学通论 [M]. 沈阳: 辽宁人民出版社, 1998: 252.

② 孙正聿. 哲学通论 [M]. 沈阳: 辽宁人民出版社, 1998: 252.

身的无限领域。因此，前提批判中的'前提'，不是现成存在着的，而是有待在批判中自己呈现给自己的（通过对思想的根据和原则的反思）。前提是思想自己给自己提出来的前提，并向自己内部寻找这一前提，这就构成了'纯反思'活动。前提批判就是回到存在处，从存在的内部来发现思维与存在的关系，也就是思想自己实现自己的过程。"①关于"前提批判"的这一判定虽然把"前提批判的哲学"提高到德国哲学的高度上，这对于我们理解前提批判的哲学史意义具有至关重要的价值。但是将前提批判理解为"与黑格尔一样""纯反思活动"，也就抹煞了前提批判的哲学理论同黑格尔哲学之间的差别。将前提批判局限在"意识哲学"的范围之内。而在前提批判的哲学理论看来，"人类自身的实践活动，是人类思想客观性的现实根据。"②"人类实践活动的客观性和人类存在的历史性，是辩证唯物论理解思想客观性的'最切近'的出发点。"③前提批判的哲学理论的立脚点不是黑格尔的纯反思活动，而是基于人类存在的实践性和历史性，立足于马克思主义哲学实践观点的思维方式。

黑格尔和胡塞尔在自觉到了哲学的思维方式的同时，也都指向了理论思维的前提。但是他们都只是想一劳永逸地揭示出"隐匿性"的前提，把其当作一个永恒不变的、超历史的真理，但他们并没有在解除"强制性"的意义上对其进行批判，所以黑格尔才认为真理在他的哲学体系中找到了。其实，他们都没有摆脱传统形而上学把某种终极物质、理念或心灵看作全部现象的本体根据，并不同程度地设想本体自身存在的控制论式的思维方式。而理论思维的前提批判，不仅是对科学活动的反思和批判，也是对人类全部活动中的"不自觉的和无条件的前提"——思维和存在的同一性——的前提批判。人类的全部活动——实践活动、认知活动、评价活动和审美活动——都隐含

---

① 吴宏政. 前提批判的形而上学原理——《哲学通论》以德国古典哲学为媒介展开的哲学史对话［A］//
　　哲学基础理论研究：第二辑. 北京：中国社会科学出版社，2009：49.

② 孙正聿. 哲学通论［M］. 沈阳：辽宁人民出版社，1998：256.

③ 孙正聿. 哲学通论［M］. 沈阳：辽宁人民出版社，1998：257.

着一个"不自觉的和无条件的前提",这就是对思维和存在的同一性的"悬设"和"承诺"。批判地反思永远指向人类全部活动中所"悬设"和"承诺"的根本性的前提——思维和存在的关系问题。"理论思维的前提批判"的重要意义就在于此,它为我们永远敞开了哲学批判的空间,永远不会宣称其达到了一个绝对的终结真理性的认识。正是在这个意义上,理论思维的前提批判突破了传统形而上学的思维方式,使彻底的反思成为可能。

　　思维与存在的关系本身并不是哲学的基本问题,只有在思维把"思维与存在的关系"当作"问题"进行"反思"时,"思维与存在的关系问题"才成为哲学的重大的"基本问题"。思想的自我反思有两个基本层次:一是思想对自己的思想内容的反思,二是思想对构成自己的根据和原则的反思。前者是普遍地存在于各种思想活动之中的思想自我反思,后者则是属于哲学层面的哲学反思。黑格尔的反思与前提批判的反思是不一样的,黑格尔的反思仅仅是哲学反思的第一个层次。第一个层次的反思是思维与存在统一性的反思,是以实现思维与存在的统一性为目的的;第二个反思是思维与存在的关系的反思,是以实现彻底的反思为前提的。概括黑格尔对反思的认识,黑格尔只是揭示了反思作为"后思"的特性,而并没有把反思全部的独特性系统地论述出来。前提批判的哲学理论把哲学的基本问题从"思维与存在的关系问题"转换为"思维与思维与存在的关系的关系问题",也就是思维把思维与存在的关系当作了问题。由思维对存在变成了思维对"思维和存在的关系",从而实现了彻底的反思。基于黑格尔哲学的辩证思维在哲学思维方式充分自觉的基础上最终成为一种彻底的反思。

第十五章　"辩证法就是认识论"的涵义与意义

　　任何一个有价值的哲学命题都具有深刻的涵义与意义，我们切不可不求甚解、甚至望文生义。"辩证法就是认识论"这一命题对于我们理解辩证法具有重大的理论意义，但却往往被简约化为"辩证法研究的认识论范式"或"认识论的辩证法"，从而忽视了其最真实的理论内涵。"辩证法就是认识论"的涵义与意义，不仅关涉到我们对辩证法理论实质的理解，而且也关系到对哲学思维方式甚至是哲学理论本性的理解。

　　列宁在《谈谈辩证法问题》这篇具有总结性和纲领性的短文中，明确地提出了"辩证法也就是（黑格尔和）马克思主义的认识论"的著名命题。列宁指出："辩证法也就是（黑格尔和）马克思主义的认识论：正是问题的这一'方面'（这不是问题的一个'方面'，而是问题的实质）普列汉诺夫没有注意到，至于其他的马克思主义者就更不用说了。"①列宁的这一命题可以分为三重意思：第一，辩证法也就是黑格尔和马克思主义的认识论。列宁是在把黑格尔和马克思并列起来或者等同起来的意义上强调辩证法就是认识

① 列宁. 哲学笔记［M］. 北京：人民出版社，1993：308.

论的；第二，这不是问题的一个"方面"，而是问题的"实质"。在列宁看来，如果把这个命题归结为"把辩证法应用于反映论"，这只是问题的一个"方面"，而问题的"实质"则是必须从"认识论"或"认识的规律"去理解辩证法的理论性质；第三，普列汉诺夫没有注意到，其他的马克思主义者就更不用说了。列宁在此强调的是理解这一"问题的实质"的重要性和艰巨性。详细地探究这一命题的三重意思，是我们领悟这一命题重大理论价值的前提性条件，更是我们推进马克思主义辩证法理论研究最重要的关键所在。

一、"辩证法就是认识论"的涵义

"辩证法就是认识论"具有两个针对性或者说具有两个方面的涵义。一方面，对于列宁的这个命题，应该从"认识论必须包括辩证法的方面"去理解。必须把辩证法运用于认识反映的过程和发展，必须从辩证法去理解认识论的内容和实质；另一方面，也必须从认识论去理解辩证法的性质。这关系到对辩证法学说的理解，尤其是影响到对辩证法理论性质的理解。因此，所谓辩证法就是认识论，就是强调要把辩证法与认识论统一起来：应当从辩证法去理解认识论的内容，但同时也必须从认识论去理解辩证法的性质。这两个问题不仅不能分割开来去理解，而且简直可以说就是一个问题。对于列宁的这个论断，在通常的意义上都是从第一方面即从认识论必须包含辩证法的方面去理解，但这只能看作列宁这一论断的一个方面的涵义，更为重要的是这一论断的另一个方面。必须把辩证法运用于认识反映的过程和发展，必须从辩证法去理解认识学说的内容和实质是毫无疑问的，但与此同时，也必须从认识论去理解辩证法的性质，只有这样才能真实地把握住辩证法的理论本性。在《哲学与主体自我意识》中，高清海教授明确指出："所谓辩证法是认识论，就是强调要把辩证法与认识论统一起来。这里也应当包含两个方面的意义。一方面，应当从辩证法去理解认识论的内容；另一方面，也必须从认识论去理解辩证法的性质。只有在二者的统一中，辩证法和认识论才能够都成为科学的理论。"①

认识论所要解决的基本问题是"思维与存在的关系问题"，如果说辩证法就是认识论或者说把辩证法与认识论统一起来的话，那么辩证法也就应该是以解决和实现思维与存在的统一性为根本任务的。"所谓辩证法是认识论，这就是说，辩证法也是以解决认识论的基本问题即思维与存在的统一为任务的。辩证法不但应当揭示出自然和历史运动的客观规律，更为重要的，还必须把这种规律运用于人类的思维活动和认识的发展过程，以便解决客观世界的运动在概念的运动中的反映的问题。"②像这样以解决思维反映存在的问题为内容的贯彻到底的辩证法，当然同时也就是认识论。"思维和存在的关系问题"作为哲学的基本问题，它既是认识论的根本问题，也是辩证法的根本问题。

恩格斯在《路德维希·费尔巴哈和德国古典哲学的终结》一书中提出了哲学的基本问题：思维和存在的关系问题。恩格斯指出，"全部哲学，特别是近代哲学的重大的基本问题，是思维和存在的关系问题"。③我们通常把哲学的基本问题——思维和存在的关系问题——分成两个方面："谁为第一性"和"有无同一性"的问题。思维和存在谁为第一性的问题，也就是谁为"本原"、谁为"派生"的问题，在通常的解释中被称为"本体论"问题；思维和存在有无同一性的问题，也就是思维能否认识存在的问题，这通常被称作"认识论"问题。关于哲学基本问题的通常解释，对于人们理解哲学基本问题的基本内涵和主要内容，不仅是必要的，而且是重要的。但是，在这种关于哲学基本问题的通常解释中，隐含着一个需要认真思考和深刻反省的理论问题：辩证法与"本体论"和"认识论"到底是什么关系？能否把辩证

① 高清海. 哲学与主体自我意识：论马克思实践观点的思维方式［M］. 北京：北京师范大学出版社，2017：401-402.

② 高清海. 哲学与主体自我意识：论马克思实践观点的思维方式［M］. 北京：北京师范大学出版社，2017：402.

③ 恩格斯. 路德维希·费尔巴哈和德国古典哲学的终结［M］. 北京：人民出版社，1997：15.

法排斥于"思维和存在的关系问题"之外？

可见，在通常对哲学基本问题的理解中，我们遗失了辩证法问题，忽视了辩证法和哲学基本问题之间的本质性关联。列宁提出"辩证法就是认识论"，就是要求必须从哲学基本问题的高度去认识辩证法的理论性质。辩证法所要解决的是客观世界的运动在概念的运动中的反映的问题。世界发展的一般规律必须转化为思想内容的自己运动的逻辑，以及在对思想内容的反思中才能揭示和阐发出来。如果不懂得思维在怎样的形式中才能反映出客观世界的运动，如果不掌握思维运动和存在运动的统一的规律，是不可能把思维与存在彻底统一起来的。因此，不掌握辩证法，就无法完成认识论的根本任务。列宁的这一论断在哲学基本问题的高度上把辩证法与认识论统一了起来。认识论要想把思维与存在真正统一起来，就一刻也离不开辩证法理论，必须以辩证法主客统一的逻辑运动过程为自己的内容。"这样，在解决哲学的基本问题的理论中，彻底的辩证法与彻底的认识论便汇合起来，成为一个东西了。"①毫无疑问，辩证法与认识论一样，也应当以解决思维与存在的统一问题为自己的理论宗旨。这就是列宁所说的"辩证法就是认识论"这一论断的基本含义。

列宁非常赞赏黑格尔讲过的一句话。黑格尔说，"造成困难的从来就是思维，因为思维把一个对象的实际联结在一起的各个环节彼此区分开来。"②列宁认为这句话说得很对。列宁赞赏这句话，因为它道出了问题的症结所在。实际上所谓辩证的与不辩证的问题，主要是同思维的反映活动联系在一起的。"如果不把不间断的东西割断，不使活生生的东西简单化、粗陋化，不加以划分，不使之僵化，那么我们就不能想象、表达、测量、描述运动。思想对运动的描述，总是粗陋化、僵化。不仅思想是这样，而且感觉

---

① 高清海. 哲学与主体自我意识：论马克思实践观点的思维方式 [M]. 北京：北京师范大学出版社，2017：402.

② 列宁. 哲学笔记 [M]. 北京：人民出版社，1993：219.

也是这样；不仅对运动是这样，而且对任何概念也都是这样。"①所以，问题不在于有没有运动，而在于如何用概念的逻辑去表达它。这就是辩证法的实质，也是其所要解决的核心问题。辩证法就是要克服思想对运动描述的粗陋化和僵化，这也是辩证法作为认识论的理论价值所在。

列宁指出："如果一切都发展着，那么这是否也同思维的最一般的概念和范畴有关？如果无关，那就是说，思维同存在没有联系。如果有关，那就是说，存在着具有客观意义的概念辩证法和认识辩证法。"②按照列宁的判断，具有客观意义的概念辩证法和认识辩证法肯定同最一般的概念和范畴有关。那么，辩证法是如何通过概念去解决思想对运动描述的粗陋化和僵化的问题呢？"辩证法是什么？概念的相互依赖，一切概念的毫无例外的相互依赖，一个概念向另一个概念的过渡，一切概念的毫无例外的过渡。概念之间对立的相对性……概念之间对立面的同一。"③每一个概念都处在和其余一切概念的一定关系中和一定联系中。在此意义上，辩证法就是概念运动的逻辑。辩证法克服了知性思维对概念的僵死性和隔绝性的理解而使概念燃烧起来、流动起来和联系起来。"辩证法一般地说就是'概念中的纯思维运动'（用不带唯心主义神秘色彩的说法，也就是人的概念不是不动的，而是永恒运动的，相互过渡的，往返流动的；否则，它们就不能反映活生生的生活。对概念分析、研究，'运用概念的艺术'（恩格斯），始终要求研究概念的运动、它们的联系、它们的相互过渡）"。④辩证法就是运用概念，以把握存在运动的艺术，最终构成具有必然联系和必然发展的知识体系。

存在的事物的本质是概念，反映在思维中的感官印象和意识内容也具有概念性的本质，因而思维把握对象的普遍规定既是思维的主观逻辑方式，

---

① 列宁. 哲学笔记 [M]. 北京: 人民出版社, 1993: 219.

② 列宁. 哲学笔记 [M]. 北京: 人民出版社, 1993: 215.

③ 列宁. 哲学笔记 [M]. 北京: 人民出版社, 1993: 167.

④ 列宁. 哲学笔记 [M]. 北京: 人民出版社, 1993: 212-213.

也是对象的客观本质和规律。在列宁看来，认为思维形式只是"供使用"的"手段"，这是不对的；认为思维形式是"外在形式"，只是附着于内容而非内容本身的形式，这也是不对的。辩证法的形式和内容是统一的，两者不是割裂的。列宁指出："黑格尔则要求这样的逻辑：其中形式是富有内容的形式，是活生生的实在的内容的形式，是和内容不可分离地联系着的形式。"①这一逻辑既是思维和认识过程的规律，即认识和把握对象的主观逻辑方式，也是认识对象和事物的客观规律，即事物运动的客观逻辑。可见，辩证法的逻辑是主客统一的逻辑，它解决了认识论视域中主体和客体、主观和客观、思维和存在的同一，亦即黑格尔所谓的理论与现实的和解。因此，"辩证法不是一种脱离思想内容的形式工具，辩证法的应用只能理解为在关于对象自己运动的考察中揭露和发现它固有的辩证法运动，这不是一种外在的推理，而只能是一种发自对象内部的'内在判断'。因此，辩证法应用于认识过程，就是揭示'人类全部认识所固有的'辩证法，辩证法应用于反映论，也就是揭示出人类认识的过程和发展的固有的辩证本性。这样看来，辩证法作为人类认识史的总计、总和、结论，也就是马克思主义的认识论。"②只有这样的辩证法，才能够是彻底的辩证法。

二、"辩证法就是认识论"的意义

对于列宁的这个论断，学界一直存在不同的理解和阐释，其中的一种具有代表性的解释模式，是把列宁的这个论断归结为"把辩证法应用于反映论，应用于认识的过程和发展"。这种解释模式从理论形态上把列宁的辩证法思想特别是《哲学笔记》中所阐述的辩证法思想归结为"认识论的辩证法"或"辩证法研究的认识论范式"。这种解释，不仅极大地缩小了"辩证法就是认识论"所具有的深厚的思想内涵，而且还造成了辩证法思想研究

① 列宁. 哲学笔记 [M]. 北京: 人民出版社, 1993: 77.

② 孙利天. 论辩证法的思维方式 [M]. 长春: 吉林人民出版社, 2006: 54.

的重大的"理论误区"。如果把列宁的辩证法思想归结为"认识论的辩证法"，与此相应就会有"存在论的辩证法"。把辩证法区分为"认识论的辩证法"和"存在论的辩证法"，实际上就等于把辩证法的不同维度误解为辩证法的不同类型。列宁"辩证法就是认识论"的思想不是辩证法的一种研究范式，其揭示的恰恰是辩证法理论本身的性质。

列宁之所以提出"辩证法就是（黑格尔和）马克思主义的认识论"的论断，正是因为他是在阅读黑格尔《逻辑学》时感受到马克思《资本论》与黑格尔《逻辑学》之间内在的方法论关联，感受到只有用哲学史（认识史）和认识论的知识才能使辩证法获得确定性的思想内容。否则，就只能用偶然的、任意的实例来理解辩证法的观点。脱离了认识论和认识史的辩证法必然是公式化、形式化的教条，从而沦落为独断的形而上学。所以，列宁感叹半个世纪以来，没有一个马克思主义者是理解马克思的！其原因就在于不钻研和不理解黑格尔的全部逻辑学，因此就不能完全理解马克思的《资本论》，其中最关键的问题就在于不理解作为黑格尔和马克思主义认识论的辩证法。黑格尔哲学（辩证法）最为重要的理论贡献就在于实现了哲学（辩证法）思维方式的理论自觉，这就是"辩证法就是认识论"这一命题的哲学史意义所在。

"辩证法就是认识论"为什么是问题的实质？为了说明这个问题，我们在此有必要引入一对范畴：自在辩证法与自为辩证法的区分。[1]"所谓'自在的辩证法'，是指包括人的思维活动在内的全部存在的辩证运动过程；与此相对应，所谓'自为的辩证法'，则是指人们用以认识世界的辩证的思维方式和辩证法理论。"[2]从哲学的基本问题——思维和存在的关系问题——去看待自在辩证法和自为辩证法：自在辩证法就是包括思维活动和存在运动在内的辩证运动过程。在"自在"的意义上，包括人类在内的整个世界就是

---

① 孙正聿教授关于"自在辩证法"与"自为辩证法"的区分对于理解哲学意义上的辩证法，形成辩证法的思维方式是极其重要的，但可惜的是这一重要的理论区分并没有引起学术界的充分重视。

② 孙正聿. 哲学通论 [M]. 沈阳：辽宁人民出版社，1998：332.

一个辩证的运动过程。而自为辩证法则是思维把握存在的辩证思维方式。作为自为形态的辩证法理论，它的实质内容是以概念的辩证运动去探寻和表达"对象本质自身中的矛盾"。通过分析恩格斯关于哲学基本问题的经典论述，我们可以知道哲学不是以"思维"和"存在"为研究对象去形成关于"思维"和"存在"的某种知识，而是把"思维和存在的关系"作为问题来研究。"辩证法就是认识论"这一命题不是在自在辩证法的意义上，而是在自为辩证法意义上而言的。只有用自为的辩证法即概念的辩证法才能反映"对象本质自身中的矛盾"，才能超越对辩证法经验层次的、直观反映论的理解。

将"辩证法就是认识论"这一命题诉诸考察和追究"思维和存在的关系"，其重大的意义就在于凸显了辩证法的思维方式，从而彰显出哲学的理论本性。如何理解和解释哲学的基本问题，这关系到对哲学的研究对象、理论性质和社会功能等全部哲学问题的理解与解释，而其中最直接地关系到的是对哲学的思维方式的理解与解释。"从人类思想的'维度'上看，'思维与存在的关系'却可以归结为两个最基本的'维度'：一是构成思想的维度，也就是思维以人的认识活动和实践活动为中介而实现的思维与存在相统一的维度；二是反思思想的维度，也就是思想以自身为中介而实现的把'思维和存在的关系'作为'问题'而予以'反思'的维度。"[①] 哲学态度的思维是把"思维和存在的关系"当作问题去反思、去追问。所以，"反思"，是思维对存在的一种特殊关系。只有在"反思"的意义上，才能够理解作为哲学基本问题的"思维和存在的关系问题"。"思维对存在的'反思'关系，从根本上说，就是思维把'思维和存在的关系'作为'问题'（对象）来思考。思维对存在的这种'反思'关系，构成了人类思想的哲学维度。"[②]可见，只有在思维把"思维和存在的关系"当作"问题"进行"反思"时，"思维和存在的关系问题"才成为哲

---

① 孙正聿. 哲学通论 [M]. 沈阳: 辽宁人民出版社, 1998: 147.

② 孙正聿. 哲学通论 [M]. 沈阳: 辽宁人民出版社, 1998: 146.

学的重大的"基本问题"。辩证法的思维方式就是一种反思的思维方式。从思维方式的意义上来看，"辩证法就是认识论"意味着辩证法思维方式的理论自觉。

从哲学发展史的角度看，哲学的基本问题只有到了近代哲学才达到了充分的理论自觉。"辩证法就是认识论"意味着近代哲学的认识论转向。近代哲学经过认识论转向以后，充分自觉到了哲学的思维方式及其理论本性。近代哲学的出发点，就像黑格尔所指出的那样，是"现实的自我意识的立场"。近代哲学的这一立场就是认识论反省的立场。"近代哲学的原则并不是淳朴的思维，而是面对着思维与自然的对立"。因此，"近代哲学并不是淳朴的，也就是说，它意识到了思维与存在的对立。"①古代哲学思维的"淳朴性"表现在古代哲学离开思维与存在的关系而单纯地去直接断言存在，近代哲学思维的"不淳朴性"表现在近代哲学从思维对存在的关系出发，去追究二者的"关系问题"。整个德国古典哲学的基本任务就是去解决思想的客观性问题，即思维和存在的统一性问题。黑格尔哲学的精神和最后的目的就是使精神客观化、自然精神化，从而达到自然和精神的和解。在黑格尔看来，康德所谓思维的客观性仍然只是主观的，因为思想虽说有普遍性和必然性的范畴，但和物自体之间却有一个无法逾越的鸿沟隔开着。黑格尔指出："思想的真正的客观性应该是，思想不仅是我们的思想，同时又是事物的自身（an sich），或对象性的东西的本质。"②"没有认识论的本体论为无效"。思维的不淳朴性意味着近代哲学自觉到了哲学的"反思"的思维方式，开始反省"思维与存在"的关系问题。

"辩证法就是认识论"决不意味着一种认识论范式的辩证法；哲学的基本问题也决不只是近代哲学即认识论哲学或意识哲学这一哲学类型的基本问题，而是全部哲学的重大的基本问题；近代哲学的认识论转向也决不仅仅是哲学发展某一阶段的范式转换，而是具有永恒的哲学史意义。在近代哲学

① 黑格尔. 哲学史讲演录: 第4卷 [M]. 贺麟，王太庆，译. 北京: 商务印书馆，1978: 7.
② 黑格尔. 小逻辑 [M]. 贺麟，译. 北京: 商务印书馆，1980: 120.

认识论转向的前提下，哲学便不能直接地采取一种独断论的态度直接地去考察包括本体论在内的各种哲学问题。哲学必须首先解决思维与存在的对立问题，证明思维与存在的统一性，证明人类知识的客观性，才能够进而在此基础上去考虑其他问题。自觉到哲学认识的理论性质，进而反思哲学认识自身的根据、前提、可靠性、确定性等所谓认识论问题，是哲学认识论转向的主要内容。在西方哲学史上，虽然是迟至近代才出现的哲学认识论转向，但却是哲学未来发展所必经的认识论炼狱。马克思主义哲学在哲学史上被称为"实践论转向"，但是这一转向也必须在认识论转向的前提下，或者干脆说在认识论转向的意义上去理解。马克思主义哲学研究也需要经历这一理论自觉和转向，才能破除僵死的、教条式的马克思主义哲学理解，才能在哲学史、人类认识史的历史发展中理解马克思主义哲学的真实意义，才能在新的历史条件下坚持和发展马克思主义哲学。

"辩证法就是认识论"这一命题的重大意义就在于：第一，它实现了哲学的辩证思维方式的理论自觉。辩证思维方式作为一种哲学思维方式的实质就是主观和客观、主体和客体对立统一的思维方式，从马克思主义哲学的立场看，就是把主观和客观、主体和客体区别又联系起来的实践观点的思维方式。第二，它实现了近代哲学的认识论转向。近代哲学尤其是德国古典哲学，把认识论转向发展为对"思维和存在的关系问题"的逻辑学反思，即以概念运动的形式去描述思维和存在的规律层面上的统一。第三，它有利于深入地去理解马克思所实现的哲学革命。从列宁三者一致的观点来看，马克思主义哲学不能由几个彼此分立和独立的东西拼合而成。三者之所以必须统一，是由思维与存在必须彻底统一的观点决定的。彻底发挥辩证法和彻底贯彻唯物论的结果，必然要导致在思维内容和思维形式及其关系上的统一的理论。列宁从三者统一的原则对马克思主义哲学的阐发，进一步从理论形态上体现出了马克思主义哲学与旧哲学的根本区别。

三、理解这一问题实质的艰巨性

列宁指出"辩证法就是认识论"这一"问题的实质",普列汉诺夫没有注意到,至于其他的马克思主义者就更不用说了。这是因为,普列汉诺夫使辩证法退回到了黑格尔以前的状态,同时也就是把马克思主义的认识论降低到直观唯物论的水平。在普列汉诺夫看来,费尔巴哈是马克思的直接的哲学前辈,而且在很大的程度上还奠定了马克思和恩格斯的世界观的哲学基础。普列汉诺夫认为,费尔巴哈的自然唯物主义成为马克思辩证法的理论基础。"我们的辩证法的基础正是唯物主义自然观。它是支撑在这个唯物自然观之上的;假使唯物主义注定要倒塌的话,那么辩证法也就瓦解了。反之,没有辩证法,则唯物主义的认识论也就不充分、片面,甚至不可能。"①虽然普列汉诺夫认识到辩证法和认识论之间的关联性,但却是直观唯物主义的认识论,因为他并没有认真钻研和思考过黑格尔的概念辩证法。正是在这一认识的基础上,普列汉诺夫做出了如下判断:"黑格尔的辩证法是跟形而上学相符合的。而我们的辩证法是以自然学说为依据的。"②正因如此,普列汉诺夫没能把握到这一问题的实质,而是直接将辩证法降低到了直观唯物论的水平上。

黑格尔的概念辩证法要求我们超越对辩证法素朴实在论的理解。对"辩证法"的最大误解,莫过于把思想的内容与形式割裂开来、把概念的内涵与外延割裂开来、把哲学的理论与方法割裂开来,从而把作为世界观理论的"辩证法"当成没有思想内容、没有概念内涵、没有实证知识的"刻板公式"和"词汇语录"。辩证逻辑不仅关心思维形式,而且关心思维内容,是活生生的内容自己构成自己的运动,是思维内容的内涵逻辑。黑格尔自己曾经清楚地谈论过辩证法的这种特性。"从这个方法与其对象和内容并无不同

---

① 普列汉诺夫. 马克思主义的基本问题 [M]. 张仲实, 译. 北京: 人民出版社, 1957: 82.

② 普列汉诺夫. 马克思主义的基本问题 [M]. 张仲实, 译. 北京: 人民出版社, 1957: 82.

看来，这一点是自明的；——因为这正是内容本身，正是内容在自身所具有的、推动内容前进的辩证法。显然，没有一种可以算作科学的阐释不遵循这种方法的过程，不适合它的单纯的节奏的，因为它就是事物本身的过程。"①辩证法所展现的思维内容本身运动的逻辑也就是事物自身的运动过程。然而问题的关键就在于很难认识到这种主客统一的逻辑，从而把辩证法本身给神秘化、庸俗化、歪曲化。

　　坚持在客观基础上主观辩证法与客观辩证法相统一的观点，就是唯物辩证法；把主观辩证法和客观辩证法的关系颠倒过来，就形成了唯心辩证法；黑格尔的思辨逻辑虽然具有历史性，但不过是作为心灵和观念存在的人的精神历史，是把人从其所处于的现实生活状况中剥离开，抽象化为精神性存在的范畴史。"黑格尔认为，世界上过去发生的一切和现在还在发生的一切，就是他自己的思维中发生的一切。因此，历史的哲学仅仅是哲学的历史，即他自己的哲学的历史。没有'与时间次序相一致的历史'，只有'观念在理性中的顺序'。他以为他是在通过思想的运动建设世界；其实，他只是根据绝对方法把所有人们头脑中的思想加以系统的改组和排列而已。"②可见，在马克思看来，黑格尔的逻辑尽管以历史为载体，但是实际上历史被逻辑化了，历史变成了应用逻辑，逻辑脱离了其所植根之上的历史之土壤。黑格尔最终使得辩证法走向了抽象而且孤立的状态，辩证法作为范畴逻辑变成了一种绝对方法，辩证法被实体化，被形而上学化了。正是在这个意义上，黑格尔辩证法的人学色彩被其形而上学的神学色彩所遮蔽掉，这也是为什么马克思反复强调辩证法在黑格尔那里变成了神秘性的东西。绝对精神在黑格尔的哲学视域中显然具有极强的神学意味，这不仅与早期黑格尔哲学的宗教背景相关，而且关键在于这是黑格尔哲学逻辑推演的必然结果。正如科尔纽所说："黑格尔关于精神活动决定现实的观点，实际上源于基督教的创造观。

---

① 黑格尔. 逻辑学：上卷 [M]. 杨一之，译. 北京：商务印书馆，1976：37.
② 马克思恩格斯选集：第一卷 [M]. 北京：人民出版社，1995：141.

在黑格尔看来，上帝就是宇宙精神，是绝对观念。"①

"辩证法是活生生的、多方面的（方面的数目永远增加着的）认识，其中包含着无数的各式各样观察现实、接近现实的成分（包含着从每个成分发展成整体的哲学体系），——这就是它比起'形而上学的'唯物主义来所具有的无比丰富的内容，而形而上学的唯物主义的根本缺陷就是不能把辩证法应用于反映论，应用于认识的过程和发展。"②如果不把辩证法应用于反映论，就把马克思主义的唯物辩证法变成了直观唯物论。停止于思维隔离性阶段，把概念的凝固性特点绝对化，就是形而上学；辩证法与形而上学的区别不在于是否在感性水平上承认运动和发展，而在于是否在概念水平上承认和表达联系、运动和发展，即是否认为世界在本质上是普遍联系和永恒发展的。辩证法克服了知性思维对概念形式和客观内容的分离。辩证法的庸俗化主要表现在两个方面：一方面，沉湎于现象主义和经验主义。把客观性、实际和实事简单地看作直接呈现的经验现象，而不知道这些直接的观察已经渗透着观察主体已有的理性和情感态度，其结果是放弃了对主体早已具有的主观性的批判考察和自觉反省。在客观性和从实际出发的口号下，却是盲目主观性的恣意横行。辩证法追求的真理的客观性变成了感性经验的实在论；另一方面，变为空洞的形式主义要求。认识的客观性即纯粹理论态度，其把握客观真理的要求，也是一种实现人的历史必然性的实践态度的要求。认识和掌握客观真理必须有客观性的态度，而真理是全面的、具体的，是一个过程，这就要求彻底的客观性必须与辩证思维方式的具体性要求、矛盾发展原则的要求等有机地统一起来。但在认识过程中，往往容易把认识的客观性的原则孤立起来，使它脱离辩证法思维方式的整体框架，变为一种空洞的抽象的形式推理。辩证思维方式的客观性原则只能是既消除了自然对象的片面性，也消除了主体抽象能动性的片面性，从而达到主客体历史统一的客观性的具体性。

---

① 科尔纽. 马克思的思想起源[M]. 王瑾，译. 北京：中国人民大学出版社，1987：16.
② 列宁. 哲学笔记[M]. 北京：人民出版社，1993：310-311.

列宁"辩证法就是认识论"这一命题针对的并不仅仅是旧唯物论的认识学说，它还针对当时流行于马克思主义者中间的被歪曲了的辩证法理论。在《哲学笔记》中，列宁关于辩证法的全部论述，直接针对的是把辩证法"当做实例的总和"，"而不是当作认识的规律（以及客观世界的规律）"。[①]原理加实例成为对辩证法理论最大的歪曲。本来是一把钥匙开一把锁，现在却成为一把钥匙开无数把锁。恩格斯曾经非常尖锐地批判这种歪曲辩证法的倾向。他指出："自从黑格尔逝世之后，把一门科学在其固有的内部联系中来阐述的尝试，几乎未曾有过。官方的黑格尔学派从老师的辩证法中只学会搬弄最简单的技巧，拿来到处应用，而且常常笨拙得可笑。对他们来说，黑格尔的全部遗产不过是可以用来套在任何论题上的刻板公式，不过是可以用来在缺乏思想和实证知识的时候及时搪塞一下的词汇语录。"[②]如果把辩证法的原理教条化、僵化，并且拿来到处搬弄和套用，其最终的结果就是把"辩证法"变成了"变戏法"或"诡辩论"。"概念的全面的、普遍的灵活性，达到了对立面同一的灵活性，——这就是实质所在。主观地运用的这种灵活性=折中主义与诡辩。客观地运用的灵活性，即反映事物过程的全面性及其统一性的灵活性，就是辩证法，就是世界的永恒发展的正确反映。"[③]不顾辩证法运动的客观过程，主观随意地运用概念的灵活性，就变成了诡辩论。把辩证法的思维方式看作可以脱离思想内容而加以运用的主观逻辑方式，实质是用知性思维的原则和方式理解辩证法，这样势必使辩证法通向诡辩论。用知性原则理解辩证法，把辩证法的范畴体系理解为形式化、公式化的东西。

胡塞尔曾说认识论是一个无穷角逐的战场，即使在实践论和生存论转向之后，认识论问题可能仍是永恒的哲学之谜。康德的说法是"认识何以可能"，黑格尔的说法是"思想对客观性的态度问题"，胡塞尔的说法是"内

---

① 列宁. 哲学笔记 [M]. 北京: 人民出版社, 1993: 305.

② 马克思恩格斯选集: 第二卷 [M]. 北京: 人民出版社, 1995: 40.

③ 列宁. 哲学笔记 [M]. 北京: 人民出版社, 1993: 91.

在意识如何切中外部实在",恩格斯的说法是"思维和存在的关系问题"。哲学认识和知识的终极确定性的实质就是思维和存在的关系问题。实际上,生存论和实践论转向不能完全消除认识论问题。无论哲学作为知识还是思想,总要有真与假、好与坏等判断和认识。因此,生存论和实践论只要有所论说,它就是理论和认识,就需要认识论的理解和证明。况且,认识论在某种意义上还标志着哲学独特的反思的思维方式。马克思的高明之处就在于:他不是取消了哲学的认识论问题,而是将哲学的认识论问题,把哲学的认识论转向和其实践论转向统一了起来。在马克思的语境中,认识论和实践论是不矛盾的。

在《哲学笔记》中,列宁揭示了认识论和实践论之间的这种辩证统一关系。列宁明确地提出,"人的意识不仅反映客观世界,并且创造客观世界。"①反映客观世界是认识论问题,创造客观世界是实践论问题。人在自己的实践活动中面向客观世界、外部世界,自然界的规律是人的有目的的活动的基础。人的目的也是客观世界所产生的,是以它为前提的。"世界不会满足人,人决心以自己的行动来改变世界"。②列宁揭示了人的实践活动的目的性要求与外部现实性的辩证关系。如果以此来理解马克思"关于费尔巴哈提纲"第十一条的话,认识世界和改变世界就不再是抽象对立的,而是统一的。实践的观点不仅具有认识论的意义,它也关系到如何理解马克思主义的辩证法。我们强调马克思抓住了作为推动原则和创造原则的否定性辩证法,推动创造的实质不是自然事物的生成和发展,而是人通过实践的自我创造和发展。"人的实践经过亿万次的重复,在人的意识中以逻辑的式固定下来。这些式正是(而且只是)由于亿万次的重复才有着先入之见的巩固性和公理的性质。"③列宁的这个思想,从人类的实践活动出发深刻地揭示了逻辑之所以具有"客观意义"的实践源泉。

① 列宁. 哲学笔记 [M]. 北京: 人民出版社, 1993: 182.

② 列宁. 哲学笔记 [M]. 北京: 人民出版社, 1993: 183.

③ 列宁. 哲学笔记 [M]. 北京: 人民出版社, 1993: 186.

　　马克思的思维方式和话语系统仍与认识论哲学存在着密切关联。辩证思维方式作为对辩证法理论内容的形式自觉，可以说是"应用逻辑"的辩证法，是把辩证法理论作为基本概念框架和认识工具化作主体的自觉的态度和方法。马克思主义哲学通过揭示资本主义社会的内在逻辑，找到超越资本统治的现实道路，实际地改变世界。这样，哲学的目标就不再是黑格尔的人和现实、精神和自然的和解，而是人在与自然和世界的统一性中对世界的改造和自身的发展。哲学的目标变了，价值态度变了，从而其哲学思维方式也就发生了根本变革。马克思在扬弃黑格尔辩证法的基础上，强调辩证法的批判性和革命性，这正是和其改变世界的哲学旨趣相匹配的。

第十六章　辩证法的共产主义观念

关于共产主义，马克思的论述要么语言不详、含混不清，要么是一种近乎诗意的存在论表达。这使得"共产主义"成了马克思全部思想中最令人费解的概念。近年来，西方一些激进左派思想家主张放弃社会主义，重回共产主义。"共产主义的回归"成了当今一些西方左派用来标榜自己激进立场的新政治话语。西方右派的思想家们则将20世纪共产主义政治体制的命运等同于马克思思想的失败，因而宣告"历史的终结"的到来。无论左派还是右派，都将关注点聚焦于"共产主义"，"共产主义"逐渐成为当代马克思主义研究中的一个关键的核心问题。如果我们要对马克思主义进行合法性辩护，必须重新审视马克思的共产主义概念。而这种重新认识必须在一种更新了的、对于马克思思想的后苏联式的理解中展开。这就要求我们既要立足于马克思的经典文本，又要立足于当代资本主义的发展趋势，在双重视域中推进对共产主义的理解。

一、理解共产主义的辩证法立场

关于共产主义，罗素从辩证法的视角对马克思提出了一个强烈的质疑和诘难。罗素认为，"黑格尔是以普鲁士国家来结束他对历史的辩证叙述的。按照黑格尔的说法，普鲁士国家就是绝对观念的完美体现。对于普鲁士国家毫无感情的马克思，把这种说法看作一种站不住脚的和软弱无力的结论。他说，辩证法在本质上应该是革命的，似乎暗示辩证法不可能达到任何最后的静止状态。然而我们却没有听说共产主义建立之后还要再发生什么革命。"①根据罗素的论述，如果说马克思的辩证法是批判的、革命的，那么就不可能达到任何最终的静止状态，而共产主义似乎正是这样一个终极状态。因此，罗素接着指出，"马克思的辩证法并不比黑格尔的辩证法更革命些。况且，按照马克思的说法，既然一切人类的发展都是由阶级冲突所支配的，而且既然在共产主义之下将只有一个阶级，由此可见，就不能有更进一步的发展，人类就必然永远都处于拜占庭式的静止状态中。"②可见，在罗素看来，马克思的辩证法并不比黑格尔的辩证法更革命，因为共产主义在马克思的思想中是一个最终的静止状态，在这个意义上，共产主义也就依然是黑格尔意义上的绝对观念的完美体现。

罗素把马克思的共产主义社会比照为黑格尔的"普鲁士国家"，一个"拜占庭式的静止状态"。然而马克思却声称自己的辩证法是批判的、革命的，批判的辩证法意味着对任何终极静止状态的消解。因此，罗素在这里揭示的是马克思思想当中的一个矛盾：批判的辩证法与共产主义之间的矛盾。如果说，马克思的辩证法是批判的、革命的，那么共产主义就绝不是一个拜占庭式的静止状态。如果说共产主义是一个终极的绝对观念的完美体现，那么马克思的辩证法就与黑格尔并无二致，绝不是批判的、革命的辩证法。马

---

① 罗素. 论历史 [M]. 何兆武, 肖巍, 张文杰, 译. 北京: 生活·读书·新知三联书店, 1991: 167.

② 罗素. 论历史 [M]. 何兆武, 肖巍, 张文杰, 译. 北京: 生活·读书·新知三联书店, 1991: 167-168.

克思的方法和体系之间存在着矛盾。

我们不难发现，罗素对马克思的批判在某种意义上就是马克思、恩格斯对黑格尔批判的翻版。马克思在《资本论》第二版跋中强调："辩证法，在其神秘形式上，成了德国的时髦东西，因为它似乎使现存事物显得光彩。辩证法，在其合理形态上，引起资产阶级及其空论主义的代言人的恼怒和恐怖，因为辩证法在对现存事物的肯定的理解中同时包含对现存事物的否定的理解，即对现存事物的必然灭亡的理解；辩证法对每一种既成的形式都是从不断的运动中，因而也是从它的暂时性方面去理解；辩证法不崇拜任何东西，按其本质来说，它是批判的和革命的。"①在马克思看来，他的辩证方法与黑格尔之间的辩证方法不仅是不同的，而且和它截然相反。马克思要发现黑格尔辩证法神秘外壳中的合理内核。这一合理内核就是辩证法的否定性。马尔库塞曾经就此明确指出，在黑格尔最高水平的著作《逻辑学》中，"黑格尔反复强调，辩证法具有'否定'的特征。否定'构成了辩证理性的本质'。'趋向理性的真正概念'的第一步是'否定的一步'；否定'构成了真正的辩证过程'"。②黑格尔的辩证法本质特性就是否定性。"对于马克思来说，如同对待黑格尔一样，辩证法注重于这一事实：内在的否定实际上就是'运动和创造的原则'，辩证法就是'否定的辩证法'。"③马尔库塞确实看到了辩证法的否定的理论本性，但同时也抹煞了黑格尔辩证法与马克思辩证法之间的本质性区别。虽然黑格尔辩证法也是一种否定的辩证法，但与马克思的否定的辩证法之间存在着本质的不同。

恩格斯在《路德维希·费尔巴哈与德国古典哲学的终结》中不仅指出了黑格尔辩证法的理论贡献，同时也指出了黑格尔辩证法的局限，并且表明了马克思主义辩证法与黑格尔辩证法这种根本性的不同。恩格斯指出，"黑

---

① 马克思恩格斯文集：第5卷［M］．北京：人民出版社，2009：22．

② 马尔库塞．理性和革命——黑格尔和社会理论的兴起［M］．程志明，等译．重庆：重庆出版社，1993：112．

③ 马尔库塞．理性和革命——黑格尔和社会理论的兴起［M］．程志明，等译．重庆：重庆出版社，1993：256．

格尔哲学的真实意义和革命性质，正是在于它彻底否定了关于人的思维和行动的一切结果具有最终性质的看法。哲学所应当认识的真理，在黑格尔看来，不再是一堆现成的、一经发现就只要熟读死记的教条了；现在，真理是在认识过程本身中，在科学的长期的历史发展中，而科学从认识的较低阶段向越来越高的阶段上升，但是永远不能通过所谓绝对真理的发现而达到这样一点，在这一点上它再也不能前进一步，除了袖手一旁惊愕地望着这个已经获得的绝对真理，就再也无事可做了。"①黑格尔辩证法作为否定性的辩证法终结了"人的思维和行动的一切结果具有最终性质的看法"，但同时在"绝对精神"面前不能前进一步、袖手旁观、无事可做。正是在这个意义上，恩格斯批判了黑格尔，指出黑格尔的体系和方法之间是矛盾的。"黑格尔体系的全部教条内容就被宣布为绝对真理，这同他那消除一切教条东西的辩证方法是矛盾的；这样一来，革命的方面就被过分茂密的保守的方面所窒息。"②

　　马克思主义辩证法与黑格尔辩证法的本质性区别正在于此。恩格斯站在批判的辩证法的立场上指出，"历史同认识一样，永远不会在人类的一种完美的理想状态中最终结束；完美的社会、完美的'国家'是只有在幻想中才能存在的东西；相反，一切依次更替的历史状态都只是人类社会由低级到高级的无穷发展进程中的暂时阶段。"③完美的社会状态和完美的国家同批判的辩证法之间是格格不入的。从辩证法的角度来看，人类社会的发展是一个无穷发展的过程，包括资本主义在内的任何一个社会阶段都是一个暂时性阶段。当马克思和恩格斯批判黑格尔方法和体系之间存在着矛盾的时候，意味着他对这个问题有了充分的理论自觉。显然，他不会重蹈覆辙，从而把共产主义理解为黑格尔意义上的绝对完美观念的体现。也就是说，他不会成为他所批判的东西。如果批判的辩证法对共产主义无效的话，那就违反了马克思

---

① 马克思恩格斯文集：第4卷[M]. 北京：人民出版社，2009：269-270.

② 马克思恩格斯文集：第4卷[M]. 北京：人民出版社，2009：271.

③ 马克思恩格斯文集：第4卷[M]. 北京：人民出版社，2009：270.

辩证法的批判本性，而重新沦落为黑格尔哲学的翻版。批判的辩证法是马克思主义的理论方法，共产主义是马克思想要实现的理论旨趣。我们不应该仅仅把批判的辩证法看作共产主义实现的理论途径，共产主义本身也应当在批判的辩证法的意义上获得理解。

二、共产主义与资本主义批判

在批判的辩证法的意义上去理解共产主义，最重要的就是要破除对共产主义进行一种静止的、完美的理想状态的解读。熊彼特认为，马克思主义是一种宗教，而马克思本人是一位"先知"。"马克思主义关于社会主义人间天堂的学说，对于千百万人的内心意味着一道新的光线和新的生活意义。"①在熊彼特的理论视域中，马克思的共产主义就是一种完美的人类社会的理想状态，是一种"人间天堂"。因此，马克思主义不过是人类的乌托邦之梦。它将希望寄托于一个完美的社会，那里没有艰难，没有痛苦，没有暴力，也没有冲突。在共产主义的世界里，没有对抗、私利、占有、竞争或者不平等。物质产品极大丰富，人人平等，毫无贵贱之分。共产主义是一种完美理想状态，是一种乌托邦，而马克思本人是一位先知。这是绝大部分当代西方思想家对马克思的评价。实际上，马克思与传统的乌托邦式的思想家有着根本的不同，马克思从来不热衷于对未来社会的描述和建构。正如伊格尔顿所指出的，"马克思对那个没有痛苦、死亡、损坏、失败、崩溃、冲突、悲剧甚至劳动的未来根本不感兴趣。事实上，他根本不关心未来会怎样。众所周知，马克思根本无法描述出社会主义社会或者共产主义社会究竟是什么样子。"②

马克思不仅对描绘未来不感兴趣，并且他认为对未来的描绘会陷入一种教条的抽象概念。马克思在1843年致卢格的信中指出，"我不主张我们树起

① 熊彼特. 资本主义、社会主义与民主[M]. 吴良健, 译. 北京: 商务印书馆, 1999: 46.
② 伊格尔顿. 马克思为什么是对的[M]. 李杨, 任文科, 郑义, 译. 北京: 新星出版社, 2011: 69.

任何教条主义的旗帜，而是相反。我们应当设法帮助教条主义者认清他们自己的原理。例如共产主义就尤其是一种教条的抽象概念，不过我指的不是某种想象的和可能存在的共产主义，而是如卡贝、德萨米和魏特林等人所讲授的那种实际存在的共产主义。这种共产主义本身只不过是受自己的对立面即私有制度影响的人道主义原则的特殊表现。所以，私有制的消灭和共产主义决不是一回事；除了这种共产主义外，同时还出现了另一些如傅立叶、蒲鲁东等人的社会主义学说，这不是偶然的，而是必然的，因为这种共产主义本身只不过是社会主义原则的一种特殊的片面的实现。"① 可见，马克思绝不主张对共产主义做一种固定的、僵化的、教条主义的理解，因为这会使共产主义成为一种教条的抽象概念。

马克思主义即使是一种乌托邦，也不是一种对未来社会的空想，而是一种吉登斯所谓的"乌托邦现实主义"；马克思即使是一位先知，也不是作为预言家的先知。"《圣经》中的先知也从来没有试图预知未来。恰恰相反，先知的伟大之处在于他们谴责现世的贪婪、腐败和权力欲，并向我们发出警告：如果不能做出改变，人类将根本没有未来。马克思正是这样的一位先知，而不是什么预言家。"② 实际上，马克思对预言未来充满了警惕，马克思从来"不想教条式地预料未来"。在马克思的时代，充满了各种对未来的预测——而几乎所有这些预测都出自不可救药的理想主义激进分子之手。先知的伟大不在于预测未来，而在于谴责现世。因此，"对于资本主义的发展变化的分析，才是马克思的真正遗产和他的研究工作的旨趣所在"。③

马克思指出，"实际上，而且对实践的唯物主义者即共产主义者来说，全部问题都在于使现存世界革命化，实际地反对并改变现存的事物。"④ 对于共产主义的理解首先在于对资本主义的批判。"去理解共产主义，不是去

---

① 马克思恩格斯文集：第10卷[M]. 北京：人民出版社，2009：7-8.

② 伊格尔顿. 马克思为什么是对的[M]. 李杨，任文科，郑义，译. 北京：新星出版社，2011：71.

③ 詹姆斯·劳洛. 马克思主义哲学和共产主义[M]//当代英美哲学地图. 北京：人民出版社，2005：628.

④ 马克思恩格斯文集：第1卷[M]. 北京：人民出版社，2009：527.

把它当作本质上与资本主义分离开的东西而同资本主义相对照。去理解共产主义就是去理解资本主义本身，因为资本主义的动态变迁或演化包括着共产主义的出现。"①共产主义是什么？共产主义就是对资本主义的批判。对资本主义的研究也就是对共产主义的研究。马克思将资本主义作为其一生的研究课题，其根本的原因就在于此。未来不是与现在相割裂的状态，在当下中孕育着未来。因此，对于马克思来讲，重要的任务不是对未来的共产主义社会进行多么精细的描述，关键在于对当下的资本主义社会进行深刻的剖析，找到一条通往未来的现实道路。

"任何有闲暇时间的人都可以设计出一个更美好的未来，就像有些人一生都在构思一部伟大的小说，却从来没有动笔写过一个字。马克思认为，重要的不是对于理想未来的美好憧憬，而是解决那些会阻碍这种理想实现的现实矛盾。而为人们指引解决问题的合理方向，正是马克思和所有马克思主义者的历史使命。"②而要想实现这一真正的历史使命，就必须把资本主义社会的生产关系所掩藏的剥削关系揭示出来，在此基础上找到一条通向未来社会的通道。未来不是一个既定的现实状态，未来所意味的正是资本主义生产关系的扬弃。"马克思正是在现实逻辑的自相矛盾中找到了一个完全不同的未来的轮廓。现实的溃败就是未来的真正形象。"③在《法兰西内战》中，马克思充分地表达了革命工人阶级的这一历史使命："工人阶级并没有期望公社做出奇迹。他们不是要凭一纸人民法令去推行什么现成的乌托邦。他们知道，为了谋求自己的解放，并同时创造出现代社会在本身经济因素作用下不可遏止地向其趋归的那种更高形式，他们必须经过长期的斗争，必须经过一系列将把环境和人都加以改造的历史过程。工人阶级不是要实现什么理想，而只是要解放那些由旧的正在崩溃的资产阶级社会本身孕育着的新社会

①　詹姆斯·劳洛.马克思主义哲学和共产主义[M]//当代英美哲学地图.北京:人民出版社,2005:644.
②　伊格尔顿.马克思为什么是对的[M].李杨,任文科,郑义,译.北京:新星出版社,2011:73.
③　伊格尔顿.马克思为什么是对的[M].李杨,任文科,郑义,译.北京:新星出版社,2011:83.

因素。"①如果要使这种希望超越无聊的幻想，就应该采取行动让那个令人心动的美好未来成为可能。共产主义的理想就是对现实的无情的批判，就是资产阶级社会本身不断的崩溃。因此，无产阶级的任务就是解放新的社会因素。

马克思指出，"新思潮的优点又恰恰在于我们不想教条地预期未来，而只是想通过批判旧世界发现新世界"。②马克思的这句话对我们理解共产主义至关重要。马克思不想把共产主义作为一个完美的固定社会状态进行预言，共产主义社会是在批判旧世界过程当中发现的新世界。因此，共产主义要求我们必须对资本主义社会进行批判。"如果我们的任务不是构想未来并使它适合于任何时候，我们便会更明确地知道，我们现在应该做些什么，我指的就是要对现存的一切进行无情的批判，所谓无情，就是说，这种批判既不怕自己所作的结论，也不怕同现有各种势力发生冲突。"③这意味着马克思共产主义的理解不是从与资本主义相割裂的角度去阐释，而是与资本主义相联系的角度去理解，去实现。正如劳洛所指出的，"对于资本主义消失之后而来到的截然不同的社会制度，马克思的确着墨不多。不过，这并非因为马克思的更大的兴趣是批判资本主义而不是描绘他认为'应当'取代资本主义社会的共产主义社会。真正的原因在于，马克思根本不是以这种方式来看待资本主义与共产主义之间的差别。"因此，"与唯心主义和空想家的虚无主义途径相反，理解共产主义的惟一科学道路，就是辩证地理解资本主义，把它理解成一个在其'母体'中孕育着共产主义的发展过程。"④一种真正艰难的未来局面不是对现在的单纯延续，也不是与现在的彻底决裂。真正的未来是对现在的批判。马克思的批判的辩证法是对现实的一切进行无情的批判，是在批判旧世界当中发现新世界。因此，共产主义就是对资本主义的批

---

① 马克思恩格斯文集：第3卷[M]. 北京：人民出版社，2009：159.

② 马克思恩格斯文集：第10卷[M]. 北京：人民出版社，2009：7.

③ 马克思恩格斯文集：第10卷[M]. 北京：人民出版社，2009：7.

④ 詹姆斯·劳洛. 马克思主义哲学和共产主义[M]//当代英美哲学地图. 北京：人民出版社，2005：644.

判，对不公正社会的反驳，在批判的辩证法的意义上，共产主义不是一种完美的、理想的社会制度，它所表达的是人类对这种美好事物的向往，共产主义就是共产主义运动。

三、消灭现存状况的现实运动

马克思在《德意志意识形态》中非常明确地表达了对共产主义的这一理解："共产主义对我们来说不是应当确立的状况，不是现实应当与之相适应的理想。我们所称为共产主义的是那种消灭现存状况的现实的运动。"①这一现实的共产主义运动，在理论的意义上，是人向人的本性复归的运动；在实践的意义上，则是扬弃私有财产从而消除资本逻辑的运动。

在《1844年经济学哲学手稿》中，马克思指出，"共产主义是私有财产即人的自我异化的积极的扬弃，因而是通过人并且为了人而对人的本质的真正占有；因此，它是人向自身、向社会的即合乎人性的人的复归，这种复归是完全的，自觉的和在以往发展的全部财富的范围内生成的。"②马克思把共产主义看作人对人的本质的真正占有，是向合乎人性的人的复归。而这一运动过程需要通过私有财产的扬弃来实现。"对私有财产的积极的扬弃，就是说，为了人并且通过人对人的本质和人的生命、对象性的人和人的作品的感性的占有，不应当仅仅被理解为直接的、片面的享受，不应当仅仅被理解为占有、拥有。人以一种全面的方式，就是说，作为一个总体的人，占有自己的全面的本质。"③马克思把对私有财产的积极的扬弃和人作为一个总体的人占有自己的全面本质看作一个过程。这一扬弃过程在马克思看来就是人类自由解放的过程。"对私有财产的扬弃，是人的一切感觉和特性的彻底解放；但这种扬弃之所以是这种解放，正是因为这些感觉和特性无论在主体

---

① 马克思恩格斯文集：第1卷［M］．北京：人民出版社，2009：539．
② 马克思．1844年经济学哲学手稿［M］．北京：人民出版社，2000：81．
③ 马克思．1844年经济学哲学手稿［M］．北京：人民出版社，2000：85．

上还是在客体上都成为人的。"①在《资本论》中，马克思进一步把共产主义对私有财产的扬弃转化为对资本的批判，具体而言就是对资本逻辑的批判。可见，马克思并不仅仅想在理论的意义上把这一扬弃过程揭示出来。换言之，马克思扬弃的不仅仅是私有财产的观念，而且也是现实当中的私有财产。"要扬弃私有财产的思想，有思想上的共产主义就完全够了。而要扬弃现实的私有财产，则必须有现实的共产主义行动。历史将会带来这种共产主义行动，而我们在思想中已经认识到的那正在进行自我扬弃的运动，在现实中将经历一个极其艰难而漫长的过程。"②

因此，在政治哲学的意义上，马克思的共产主义作为"运动"就绝非一种理性政治，而是知性政治。理性政治是一种宏大的政治。理性政治把历史总体化，把所有问题综合起来，对未来社会做出一个完美的理性规划，从而一举解决所有问题。这对人类历史而言是一个崭新的开端，人类藉此得以重生。柏拉图的理想国、康帕内拉的太阳城、莫尔的乌托邦皆是一种理性政治的谋划，马克思的共产主义社会与它们的区别正在于此。知性政治并不企图一劳永逸地解决所有问题，它逐个地解决问题，它永远在解决问题的途中。马克思的共产主义并不是理性政治的完美谋划，而是作为知性政治的共产主义运动。与此相应，在社会理想的意义上，共产主义是一种调节性理想，而非建构性理想。共产主义社会就是对现存社会的反驳，就是现存社会的反义词。它作为人类的一种价值诉求引导着人类向更加美好、更加符合人性的社会迈进。共产主义作为共产主义运动，在现代社会的条件下，就表现为对资本主义的批判。"共产主义是作为否定的否定的肯定，因此，它是人的解放和复原的一个现实的、对下一段历史发展来说是必然的环节。共产主义是最近将来的必然的形态和有效的原则，但是，这样的共产主义并不是人类发展的目标，并不是人类社会的形态。"③正是由于共产主义社会是"最近将来

---

① 马克思. 1844年经济学哲学手稿[M]. 北京: 人民出版社, 2000: 85-86.

② 马克思. 1844年经济学哲学手稿[M]. 北京: 人民出版社, 2000: 128.

③ 马克思恩格斯文集: 第1卷[M]. 北京: 人民出版社, 2009: 197.

的必然的形态和有效的原则"，共产主义永远都是社会下一阶段发展的目标，但这个目标实现之后就不再是共产主义了，下一个阶段就成了共产主义了，共产主义总是作为历史发展的必然环节而存在的。因此，共产主义是社会状态与价值诉求的统一。如果说共产主义是一种社会状态的话，那么这一状态并不是静止的，而是一个动态的过程。

　　然而，西方右派对共产主义运动的理解往往等同于经验事实意义上的国际共产主义运动的历史，从而也就把苏联与东欧共产主义政治体制的瓦解等同于共产主义运动的失败，进而等同于马克思共产主义思想的破产。正是基于此，当代西方发达的资本主义社会也就自然而然地被看作资本主义的彻底胜利，看作历史的终结。实则不然，当代西方资本主义的发展在某种意义上确证的恰恰是社会主义或共产主义运动的胜利。我们透过当代资本主义的发展可以发现，共产主义运动并没终结，而是活生生地存在于这样的现实当中。"资本主义无疑没有被共产主义所取代，但同样确定的是，资本主义也并没有在马克思所目睹的那种狄更斯式的形式上继续存在。在马克思逝世后的一个世纪里，工业化国家的政府采取了大量改革措施来改善劳动人民的生活水准：劳工法、最低限度工资法、社会福利和保障、平价住房、公共卫生体系，遗产税、累进所得税，等等。如果在马克思的时代，这些措施就会被贴上'社会主义'的标签；马克思甚至在《共产党宣言》里描述过许多这样的措施，而且，难以理解，不采取这些措施，资本主义怎么还能存活下来。"①可见，发达资本主义社会在很大程度上实现了马克思所设想的共产主义的某些重要方面，正是在此意义上，它们的确是发达的。与其说马克思的遗产已经被苏联自封的共产主义遮蔽了，不如更准确地说，它已经被20世纪资本主义的主要发展证明了。当代资本主义的发展确证了社会主义的现实性，体现着追求共产主义价值诉求的发展态势。

　　另一方面，在发达资本主义消极界限的意义上，也更加确证了马克思思

---

① 詹姆斯·劳洛. 马克思主义哲学和共产主义[M]//当代英美哲学地图. 北京：人民出版社，2005：629-
　　630.

想尤其是共产主义思想的正确性。马克思所揭示的资本主义本身所固有的矛盾和问题在发达资本主义时代被放大，更加尖锐地表现出来。人在非神圣形象中的异化被膨胀为整个社会的现实。资本运行的逻辑由工业资本主义时代的"G—W—G′"发展为金融资本主义时代的"G—G′"。这种"以实在货币为起点和终点的流通形式G…G′，最明白地表示出资本主义生产的动机就是赚钱。生产过程只是为了赚钱而不可缺少的中间环节，只是为了赚钱而必须干的倒霉事。［因此，一切资本主义生产方式的国家，都周期地患一种狂想病，企图不用生产过程作中介而赚到钱。］"①这使得资本逻辑所支配的现代人没有国家概念，没有道德底线，也无所谓社会责任。因为，现代社会的金融资本主义已经不再需要传统意义上的"勤劳和努力"等美德了，它的"美德"是"机会主义"。正像马克思在《资本论》中所指出的，"在每次证券投机中，每个人都知道暴风雨总有一天会到来，但是每个人都希望暴风雨在自己发了大财并把钱藏好以后，落到邻人的头上。我死后哪怕洪水滔天！这就是每个资本家和每个资本家国家的口号。"②以金融资本主义为主要标志的现代资本主义社会把资本拜物教放大到了极致。只要资本主义存在，作为资本主义批判的共产主义运动就不会过时。

作为共产主义运动的共产主义更多地昭示的是一种道德理想或价值诉求，而非社会制度的建构。共产主义运动就是对共产主义价值诉求的无穷无尽的指向性。关于共产主义，海德格尔的与众不同之处就在于，他不是从党派斗争或世界观的角度，而是从存在论的角度出发来解读马克思的共产主义学说的历史意义的："人们可以以各种不同的方式来对待共产主义的学说及其论据，但从存在的历史的意义看来，确定不移的是，一种对有世界历史意义的东西的基本经验在共产主义中自行道出来了。"③共产主义永恒的人类性意义就在于它是对人类存在状态的本质性道说。正因如此，作为道德预言

---

① 马克思恩格斯文集：第6卷［M］. 北京：人民出版社，2009：67-68.

② 马克思恩格斯文集：第5卷［M］. 北京：人民出版社，2009：311.

③ 海德格尔. 海德格尔选集：上卷［M］. 孙周兴，选编. 上海：上海三联书店，1996：384.

家的马克思将与世长存。

　　"马克思对解放的认识既反对平稳的延续，也反对彻底的割裂。从这个意义上来说，他是那种世间少有的奇才，一个能保持清醒现实主义头脑的理想主义者。他将注意力从未来的美好幻想转移到枯燥的现实工作中。但正是在这里，他找到了真正丰富多彩的未来。他对过去的看法比很多思想家都更为阴郁，但他对未来的憧憬与很多思想家相比都更具希望。"[①]共产主义之所以是一个谜一般的概念，因为这个概念是理想主义与现实主义的统一，它是价值诉求和社会批判的统一。正是在这种统一之中，才能在批判的辩证法的意义上理解共产主义，才能把握共产主义概念的本质性内涵。共产主义就是共产主义运动。这一命题中蕴涵着马克思共产主义概念的全部秘密。即使这一命题告诉我们：共产主义的理想状态永远无法完全实现。但是，我们必须得有共产主义，如果没有对共产主义的追求，世界就变得缺乏希望。所以詹姆逊提醒我们："社会主义丧失了人们的信任之后，不存在任何伟大的集体性的社会理想或目的。因为资本主义本身是没有社会目的的。"[②]虽然我们永远在途中，但我们永远在回家的路上。

---

① 伊格尔顿. 马克思为什么是对的 [M]. 李杨, 任文科, 郑义, 译. 北京: 新星出版社, 2011: 80-81.

② 詹姆逊. 全球化与政治策略 [A] // 当代国外马克思主义评论: 第二辑. 上海: 复旦大学出版社, 2001: 285.

第十七章 《资本论》与"三者一致"的辩证法

在1914年之前，列宁坚持由恩格斯和普列汉诺夫加以详细阐述的辩证唯物主义观念。1914—1915年，列宁在瑞士的伯尔尼系统地研究了黑格尔哲学，撰写了一批非常重要的摘录性笔记和读书心得，我们将之称为"伯尔尼笔记"。伯尔尼笔记构成了列宁哲学发展的第三个阶段，也是最重要的一个思想阶段。[①] "伯尔尼笔记"意味着列宁实现了向被马克思称为"一切辩证法的源泉"的黑格尔辩证法的"复归"，意味着列宁开始站在黑格尔这一哲学巨人的肩膀上去重新理解和审视马克思的哲学，尤其是马克思最为重要的著作《资本论》。列宁在《哲学笔记》中提到《资本论》时说道，"虽说马克思没有遗留下'逻辑'（大写字母的），但他遗留下《资本论》的逻辑，应当充分地利用这种逻辑来解决这一问题。在《资本论》中，唯物主义的逻

---

① 列宁哲学思想发展可以分为三个时期：第一个时期，从1894年的《什么是"人民之友"？》开始，一直持续到1906年；第二个时期，是从1906年至1913年，这是列宁研究和掌握哲学唯物主义理论的重要时期，这一时期最重要的哲学著作是《唯物主义和经验批判主义》；第三个时期，是从1914年开始，其主体部分就是列宁的"伯尔尼笔记"。

辑、辩证法和认识论［不必要三个词：它们是同一个东西］都应用于一门科学，这种唯物主义从黑格尔那里吸取了全部有价值的东西并发展了这些有价值的东西"。①列宁在这里向我们提出了一个重大的理论问题：马克思所遗留下的《资本论》的逻辑毫无疑问是一种"大写字母"的逻辑，那么，这种大写字母的逻辑究竟指的是一种什么样的逻辑？

根据列宁的论述，澄清《资本论》中"大写字母的"逻辑这一问题，可以从以下三个问题来追问：第一，如何理解《资本论》所实现的"唯物主义的逻辑、辩证法和认识论"是同一个东西，都应用于一门科学？第二，马克思从黑格尔那里所汲取的"全部有价值的东西"指的究竟是什么？第三，马克思怎样"发展了这些有价值的东西"？关于这些问题的探讨，不仅有助于我们理解《资本论》的辩证法，甚至对于理解整个马克思主义的理论本性都具有十分重要的意义。

一、唯物主义的逻辑、辩证法和认识论是同一个东西

虽然列宁的"伯尔尼笔记"主要是列宁阅读黑格尔的《逻辑学》和《哲学史讲演录》等著作所做的笔记，但是在这一笔记中却形成了一种双重语境的互动：黑格尔《逻辑学》与马克思《资本论》的互文性阅读。"一方面，列宁始终以'参看《资本论》'为出发点来探索黑格尔《逻辑学》的'真实意义'；另一方面，列宁又以'继承黑格尔和马克思的事业'的理论自觉而重新理解和阐释《资本论》。正是在《逻辑学》与《资本论》双重语境的互动中，形成了列宁《哲学笔记》的辩证法思想：唯物主义的逻辑、辩证法和认识论'三者一致'的辩证法。"②在《哲学笔记》中，列宁正是从逻辑学或辩证法的视角去解读马克思的《资本论》，并以此为契机一步步地揭示出了《资本论》中"大写字母"的逻辑。

---

① 列宁. 哲学笔记［M］. 北京：人民出版社，1993：290.

② 孙正聿. 马克思主义辩证法研究［M］. 北京：北京师范大学出版社，2017：112.

　　究竟是何种机缘促使列宁在伯尔尼期间去阅读黑格尔的《逻辑学》，去研究辩证法呢？在某种意义上，辩证法是马克思主义哲学的理论标识物。卢卡奇曾经明确地指出，正统的马克思主义指的就是其辩证的方法。辩证法可谓是马克思主义哲学的理论内核。但是，列宁在《第二国际的破产》中指出，普列汉诺夫为了取悦资产阶级而无耻地将辩证法"歪曲"了。列宁尖锐地指出：即使对于那些粉饰战争的陈腐庸俗的论调，"普列汉诺夫也要狡猾地引用'辩证法'（这是这位著作家惯用的手法）来粉饰一番，说什么为了估计当前的具体形势，首先须要找出祸首，予以惩罚；至于其他一切问题，则留待另一种形势到来时再去解决（见普列汉诺夫的小册子《论战争》1914年巴黎版；并见阿克雪里罗得在《呼声报》第86号和第87号上对这种论调的重复）。在用诡辩术偷换辩证法这一崇高事业中，普列汉诺夫打破了纪录"。①列宁直接称呼普列汉诺夫是一个"诡辩论者"。我们知道，列宁的"黑格尔《逻辑学》一书摘要"写于1914年9月至12月，在此期间也就是在1914年10月11日，列宁参加了在瑞士洛桑举行的一场报告会。在这次报告会上，普列汉诺夫作了题为"论社会党人对战争的态度"的发言。针对这次发言，列宁做了非常详细的笔记。根据列宁《在格·普列汉诺夫〈论社会党人对战争的态度〉专题报告会上作的笔记》，我们可以看到普列汉诺夫在这次报告中直接批评列宁的观点为"列宁的形而上学"，并指责"从列宁的每句话里都可看出缺乏辩证法"。②在这次报告会中，列宁的发言只有十分钟，并且只讲出了要点，普列汉诺夫以其常有的尖刻反驳了他，孟什维克疯狂地给普列汉诺夫鼓掌，似乎普列汉诺夫获得了压倒性的胜利。然而值得注意的是，列宁在发言中却并未直接对普列汉诺夫公然批评自己"缺乏辩证法"的言论做出回应。实际上，这次事件使列宁十分生气。因为，普列汉诺夫不仅"用诡辩术偷换辩证法"，而且还反过来污蔑列宁等少数左派领袖不懂辩证法。列宁愤怒地指出："普列汉诺夫式的"所谓辩证法是糟蹋马克思主义的

---

① 列宁. 列宁全集：第26卷 [M]. 北京：人民出版社，1988：234.

② 列宁. 列宁全集：第59卷 [M]. 北京：人民出版社，1988：504.

范例。在考茨基和普列汉诺夫等人那里，"辩证法变成了最卑鄙最下贱的诡辩术！"①

　　这次事件之后，列宁一方面撰写了大量的各种政论性文章，直接地与普列汉诺夫诡辩论式的辩证法展开激烈斗争；另一方面，列宁继续下大工夫研读黑格尔的《逻辑学》，试图彻底弄懂、弄通辩证法。②令人费解的是：如果列宁想要彻底弄懂的辩证法是马克思主义哲学的唯物辩证法，那么列宁最应该阅读和研究的著作应该是马克思的辩证法文本。虽然马克思没有直接的辩证法著作，但是马克思在很多著作中都提到了辩证法，尤其是其主要著作《资本论》。但是，列宁却并没有按照常理这样去做，而是采取了一种迂回的方式：列宁没有将自己学习和研究辩证法的主要对象直接锁定为马克思的文本，而是诉诸黑格尔的哲学，尤其是黑格尔的《逻辑学》。列宁为什么选择通过阅读黑格尔的《逻辑学》入手去研究马克思的辩证法呢？从学理上来讲，这同马克思辩证法与黑格尔辩证法之间的本质性关联是密不可分的。马克思在《资本论》的第二版跋中直接承认自己是黑格尔这位大思想家的学生，并指出黑格尔辩证法是"一切辩证法的源泉"。马克思和恩格斯在两者的通信中，谈及辩证法问题的时候，总是会或多或少地涉及黑格尔。无论是阅读列宁的《哲学笔记》，还是阅读《马克思和恩格斯通信集》，都会发现阅读黑格尔的逻辑学是理解马克思辩证法的终南捷径，是否理解黑格尔的逻辑学就成了是否真正理解辩证法的标识。事实也证明，从黑格尔的《逻辑学》入手，在《逻辑学》与《资本论》的互动阅读中，是一条理解和澄清马克思唯物主义辩证法的正确道路。

　　在列宁看来，黑格尔逻辑学的最高成就就是"辩证法"。列宁指出："黑格尔逻辑学的总结和概要、最高成就和实质，就是辩证的方法，——这是绝妙的。还有一点：在黑格尔这部最唯心的著作中，唯心主义最少，唯物

① 列宁. 列宁全集：第26卷［M］. 北京：人民出版社，1988：252.
② 关于列宁转向辩证法尤其是黑格尔逻辑学原因的研究，张一兵教授做了详细的论述，可参见：张一兵. 回到列宁——关于"哲学笔记"的一种后文本学解读［M］. 南京：江苏人民出版社，2008：267.

主义最多。'矛盾',然而是事实!"①黑格尔《逻辑学》中的辩证法"唯心主义最少,唯物主义最多"。列宁的这个评价充满了"矛盾"。我们通常把黑格尔的概念辩证法称为"唯心主义辩证法",而这一唯心主义性质的辩证法在列宁看来,却"唯心主义最少,唯物主义最多"。并且这种辩证法作为"聪明的唯心主义"(黑格尔的唯心主义)比"愚蠢的唯物主义"(机械唯物主义)更加接近于"聪明的唯物主义"(马克思的新唯物主义)。之所以列宁会得出如此奇特的结论,就在于列宁是作为自觉的马克思主义者来阅读黑格尔《逻辑学》的,是用马克思"新唯物主义"的观点来阅读黑格尔著作的。因此,在《哲学笔记》中,我们会看到列宁在摘录《逻辑学》的时候,总会在旁边批注上"参看《资本论》"。与此同时,列宁也是从黑格尔的《逻辑学》出发去理解马克思唯物主义辩证法的。辩证法在黑格尔那里已经到了"自觉形态":逻辑学、辩证法和认识论是"同一个东西"。如果不站在黑格尔辩证法的高度上去理解马克思的唯物主义辩证法,就不可避免地会将马克思的辩证法庸俗化,将其降低为朴素、自发的东西即列宁所说的"实例的总和"。造成这种歪曲的重要理论根源就在于我们没有深入地研究黑格尔的"逻辑学"。列宁明确和尖锐地指出:"要义:不钻研和不理解黑格尔的全部逻辑学,就不能完全理解马克思的《资本论》,特别是它的第1章。因此,半个世纪以来,没有一个马克思主义者是理解马克思的!!"②凯文·安德森认为:"这是列宁作出的最令人印象深刻的、明确的评论:无论如何黑格尔对于马克思主义来说具有重要的意义。"③为了理解全部马克思主义著作中最重要的理论著作《资本论》,马克思主义者们必须去研究黑格尔的逻辑学,不局限于第一章,对整个《资本论》来说都是如此。而在列宁看来,这竟然成为是否理解马克思的标志。

---

① 列宁. 哲学笔记 [M]. 北京: 人民出版社, 1993: 202-203.

② 列宁. 哲学笔记 [M]. 北京: 人民出版社, 1993: 151.

③ 凯文·安德森. 列宁、黑格尔和西方马克思主义: 一种批判性研究 [M]. 张传平, 译. 南京: 南京大学出版社, 2012: 85.

"钻研和理解"黑格尔的逻辑学最重要的就是要把握逻辑学、辩证法和认识论是"同一个东西",亦即"三者一致"的辩证法。"在《哲学笔记》中,'辩证法也就是认识论'同'辩证法也就是逻辑学',并不是相互独立的两个论断,而是从两个不同的角度所形成的关于'问题的本质'的具有共同的思想内涵的同一个判断。"①从辩证法也就是逻辑学的角度来看,列宁在《哲学笔记》中指出:"如果一切都发展着,那么一切就都相互过渡,因为发展显然不是简单的、普遍的和永恒的生长、增多(或减少)等等。——既然如此,那首先就要更确切地理解进化,把它看作一切事物的产生和消灭、相互过渡。——其次,如果一切都发展着,那么这是否也同思维的最一般的概念和范畴有关?如果无关,那就是说,思维同存在没有联系。如果有关,那就是说,存在着具有客观意义的概念辩证法和认识辩证法。"②"发展原则"是最一般的概念和范畴之间的产生、消灭和相互过渡。列宁对此还特别强调地写下:这是"关于辩证法及其客观意义的问题"。列宁认为,概念和范畴都是帮助我们认识和掌握自然现象之网的"网上纽结"。因此,它们不是抽象的普遍,而是包含着特殊东西的丰富性的普遍。以这种逻辑范畴为基础所展开的逻辑学就"不是抽象的、僵死的、不动的,而是具体的"。列宁在摘录完之后,写下了非常关键的评语:"很有特色!辩证法的精神和实质!"③

从辩证法也就是认识论的视角来看,列宁指出:"辩证法也就是(黑格尔和)马克思主义的认识论。正是问题的这一'方面'(这不是问题的一个'方面',而是问题的实质)普列汉诺夫没有注意到,至于其他的马克思主义者就更不用说了。"④列宁的这个判断是振聋发聩的。列宁把黑格尔和马克思主义并列起来去强调辩证法也就是认识论,也就是强调必须从"思维和

---

① 孙正聿. 马克思主义辩证法研究[M]. 北京: 北京师范大学出版社, 2017: 122.

② 列宁. 哲学笔记[M]. 北京: 人民出版社, 1993: 215.

③ 列宁. 哲学笔记[M]. 北京: 人民出版社, 1993: 84.

④ 列宁. 哲学笔记[M]. 北京: 人民出版社, 1993: 308.

存在的关系"出发去理解辩证法,并标明这是问题的实质,而不仅仅是问题的一个方面。"辩证法是活生生的、多方面的(方面的数目永远增加着的)认识,其中包含着无数的各式各样观察现实、接近现实的成分(包含着从每个成分发展成整体的哲学体系),——这就是它比起'形而上学的'唯物主义来所具有的无比丰富的内容,而形而上学的唯物主义的根本缺陷就是不能把辩证法应用于反映论,应用于认识的过程和发展。"①把辩证法应用于认识论或者说辩证法就是认识论成为马克思主义哲学和旧唯物主义哲学之间的本质性区别。列宁不仅论证了辩证法是人类的全部认识所固有的,而且还指明了人类认识本身是辩证发展的。更重要的是,列宁站在马克思主义哲学的立场上,从人类的实践活动出发深刻地揭示了认识的客观性或逻辑所具有的客观意义。

唯物主义的逻辑、辩证法和认识论的"三者一致"意味着我们应当从思维和存在的关系出发去理解辩证法,从认识的规律以及客观世界的规律去理解辩证法,从主体和客体的逻辑去理解辩证法,才能最终把从概念和范畴出发所达到的对事物本身的认识把握为主客体相统一的逻辑。在这个意义上,辩证法也就是黑格尔和马克思主义的认识论,"唯物主义的逻辑、辩证法和认识论"是同一个东西,都应用于一门科学。

二、黑格尔逻辑学全部有价值的东西

在《哲学笔记》中,列宁的结论清晰地向我们表明:《资本论》从黑格尔的《逻辑学》那里吸取了全部有价值的东西。那么,这些全部有价值的东西究竟指的是什么呢?列宁摘录了黑格尔《逻辑学》第1版序言中的话,"构成真正的形而上学或纯粹的思辨哲学的逻辑科学"和"哲学不能由一门从属的科学——数学——取得自己的方法"以及"只有沿着这条自己构成自

---

① 列宁. 哲学笔记 [M]. 北京: 人民出版社, 1993: 308-311.

己的道路……哲学才能成为客观的、论证的科学"。①黑格尔意义上的逻辑科学或哲学只能走自己构成自己的道路。接着列宁解释和评价道："'自己构成自己的道路'=真正认识的、不断认识的、从不知到知的运动的道路（据我看来，这就是关键所在）。"②在《逻辑学》和《小逻辑》的序言和导言中，黑格尔反复强调自己的方法和逻辑不是僵死的、外在的主观形式，而是活生生的内容自己构成自己的运动，不是无生命的枯骨而是有生命的整体。黑格尔提出自己的辩证法或逻辑是"唯一的真正的与内容相一致的方法"。这种内容作为逻辑不是僵死材料的外在排列，更不是主观公式的硬性安排，而是客观概念发展的结果。

黑格尔逻辑作为自己构成自己的运动，是形式和内容相统一的逻辑。列宁指出，"黑格尔则要求这样的逻辑：其中形式是富有内容的形式，是活生生的实在的内容的形式，是和内容不可分离地联系着的形式。"③在列宁看来，黑格尔的"逻辑"是形式和内容相统一的逻辑，我们可以把这种逻辑称为"内涵逻辑"。列宁进一步揭示了这种"逻辑"的本质性含义："逻辑不是关于思维的外在形式的学说，而是关于'一切物质的、自然的和精神的事物'的发展规律的学说，即关于世界的全部具体内容的以及对它的认识的发展规律的学说，即对世界的认识的历史的总计、总和、结论。"④正是在"发展规律的学说"的意义上，黑格尔的"内涵逻辑"构成了"大写字母"的逻辑。同样，《资本论》的逻辑也应该在这个意义上获得理解。列宁把黑格尔对"逻辑"的这种理解与前黑格尔哲学的"旧逻辑"相比较，他指出："在旧逻辑中，没有过渡，没有发展（概念的和思维的），没有各部分之间的'内在的必然的联系'，也没有某些部分向另一些部分的'过渡'。于是，黑格尔提出两个基本要求：（1）'联系的必然性'和（2）'差别的内

---

① 列宁. 哲学笔记 [M]. 北京: 人民出版社, 1993: 72-73.

② 列宁. 哲学笔记 [M]. 北京: 人民出版社, 1993: 73.

③ 列宁. 哲学笔记 [M]. 北京: 人民出版社, 1993: 77.

④ 列宁. 哲学笔记 [M]. 北京: 人民出版社, 1993: 77.

在的发生'。"①"联系的必然性"指的是现象的某一领域的一切方面、力量、趋向等等的必然联系、客观联系；"差别的内在发生"指的是差别、两极性的演进和斗争的内部客观逻辑。列宁认为黑格尔关于逻辑的这两个基本要求非常重要，深刻地体现了辩证法（逻辑进程）就是在对立面的统一中把握对立面。因此，"辩证法是一种学说，它研究对立面怎样才能够同一，是怎样（怎样成为）同一的——在什么条件下它们是相互转化而同一的，——为什么人的头脑不应该把这些对立面看作僵死的、凝固的东西，而应该看作活生生的、有条件的、活动的、彼此转化的东西。"②列宁的这一论断告诉我们，在对立面的统一中把握对立面，就必须把对立面的统一理解为它们是相互转化而同一的。这意味着辩证法是一个过程，具有客观意义的概念辩证法和认识辩证法是逻辑学。

对于黑格尔而言，辩证法的运动过程是概念的运动过程。"对通常看起来似乎是僵死的概念，黑格尔作了分析并指出：它们之中有运动。有限的？就是说，向终结运动着的！某物？——就是说，不是他物。一般存在？——就是说，是这样的不规定性，以致存在＝非存在。概念的全面的、普遍的灵活性，达到了对立面同一的灵活性，——这就是实质所在。主观地运用的这种灵活性＝折中主义与诡辩。客观地运用的灵活性，即反映物质过程的全面性及其统一性的灵活性，就是辩证法，就是世界的永恒发展的正确反映。"③在这里，列宁对于辩证法下了一个明确的定义：辩证法就是客观地运用概念的灵活性。换句话说，辩证法就是概念运动的客观逻辑和内涵逻辑，这种运动的逻辑是对世界的永恒发展的正确反映。在黑格尔的辩证法中，"否定性"形成了概念运动的"转折点"。这个否定性是自身的否定关系的单纯之点，是一切活动的，即生命的和精神的自己运动的最内在的泉源。"否定性"是辩证法的灵魂。我们必须注意的是："辩证法的特征的和

---

① 列宁. 哲学笔记 [M]. 北京：人民出版社，1993：81.

② 列宁. 哲学笔记 [M]. 北京：人民出版社，1993：90.

③ 列宁. 哲学笔记 [M]. 北京：人民出版社，1993：91.

本质的东西不是单纯的否定，不是徒然的否定，不是怀疑的否定、动摇、疑惑，——当然，辩证法自身包含着否定的要素，并且这是它的最重要的要素，——不是这些，而是作为联系环节、作为发展环节的否定，它保持着肯定的东西，即没有任何动摇、没有任何折中。"①

黑格尔所处的19世纪被称为"思想体系的时代"，黑格尔的逻辑学在某种意义上就是为恩格斯所说的"整理材料"的19世纪科学提供建立各门科学体系的"逻辑基础"。黑格尔指出："哲学若没有体系，就不能成为科学。没有体系的哲学理论，只能表示个人主观的特殊心情，它的内容必定是带偶然性的。哲学的内容，只有作为全体中的有机环节，才能得到正确的证明，否则便只能是无根据的假设或个人主观的确信而已。"②黑格尔的体系是全体的自由性和环节的必然性的统一，哲学的每一部分都是一个哲学全体，哲学的理念同样表现在每一个别环节之中。黑格尔的逻辑学必定是在自身中展开其自身，而且必定是联系在一起和保持在一起的统一体。换言之，真理就是全体。这种逻辑展开的过程就是概念自我运动的过程。黑格尔哲学正是以这种概念发展的辩证法展示了人类思想运动的逻辑，集中地体现了这个"思想体系的时代"的时代精神。对此，列宁在《哲学笔记》中引用黑格尔《逻辑学》中的话明确指出，黑格尔的逻辑学是关于思想的内容与形式相统一的逻辑，是关于思想"自己构成自己"的逻辑。不仅如此，在"辩证法是什么？"的题目下，列宁还在探索黑格尔概念辩证法的真实意义的基础上，对辩证法的实质内容作出如下的论断："概念的相互依赖，一切概念的毫无例外的相互依赖，一个概念向另一个概念的过渡，一切概念的毫无例外的过渡。概念之间对立的相对性……概念之间对立面的同一。"在这一系列论述的旁边，列宁还提醒我们"注意"："每一个概念都处在和其余一切概念的一定关系中、一定联系中。"③这说明，列宁明确地把黑格尔辩证法的逻辑

① 列宁. 哲学笔记 [M]. 北京：人民出版社，1993：195.

② 黑格尔. 小逻辑 [M]. 贺麟，译. 北京：商务印书馆，1980：56.

③ 列宁. 哲学笔记 [M]. 北京：人民出版社，1993：167.

运动理解为概念的相互依赖，概念之间的相互过渡，概念之间对立面的同一。这也意味着列宁明确地把黑格尔辩证法定义为"概念辩证法"。

在西方哲学史上，黑格尔以前的哲学家通常把哲学分割为研究世界本源的本体论、探索人类认识的认识论和考察思维形式的逻辑学三大部分，"本体论""认识论"和"逻辑学"三者之间是割裂的。本体论、认识论和逻辑学在黑格尔哲学中实现了统一，这种统一并非指黑格尔哲学同时具有了本体论、认识论和逻辑学这三个方面的意义，而是把本体论、认识论和逻辑学熔铸为概念发展的辩证法体系。黑格尔把同一性确认为思辨哲学的原则，这种同一性是以人类思想运动的逻辑作为统一性原理的。以人类思想运动的逻辑去展现思维和存在所服从的同一"原理"，也就是把思维和存在所服从的同一"规律"展现为人类思想运动的逻辑即概念发展的辩证法。对黑格尔关于真理的"辩证法"的最大误解，莫过于把思想的内容与形式割裂开来，把概念的内涵与外延割裂开来，从而把关于真理的"辩证法"当成没有思想内容、没有概念内涵、没有实证知识的"刻板公式"和"词汇语录"。作为认识真理的辩证法，是形式和内容、主客体相统一的内涵逻辑。正是在这个意义上，我们把黑格尔的概念辩证法称为"自觉理论形态"的辩证法。在列宁看来，马克思的辩证法所继承和发展的正是黑格尔这一有价值的东西，因而才构成了《资本论》的"唯物主义的逻辑、辩证法和认识论"是"同一个东西"。

三、《资本论》如何发展了这些有价值的东西

马克思的《资本论》不仅从黑格尔的《逻辑学》那里吸取了全部有价值的东西，而且发展了这些有价值的东西。列宁在《哲学笔记》里明确指出："历史唯物主义，是在黑格尔那里处于萌芽状态的天才思想——种子——的一种应用和发展。"[①]可见，在黑格尔的《逻辑学》中具有"历史唯物主义

---

① 列宁. 哲学笔记[M]. 北京: 人民出版社, 1993: 160.

的胚芽",或者说历史唯物主义是黑格尔处于萌芽状态的天才思想的应用和发展。那么,马克思在《资本论》中究竟如何应用和发展了黑格尔的逻辑学,这就成为摆在我们面前的一个非常重要的理论难题。

马克思在《资本论》的第二版跋中公开承认自己是黑格尔这位大思想家的学生,并且声称自己在关于价值理论的一章中甚至"卖弄"起了黑格尔特有的表达方式。根据马克思的这一表述,我们极容易把《资本论》中的辩证法理解为是一种表达方式。马克思指出黑格尔是第一个全面地有意识地叙述了辩证法的一般运动形式,而辩证法的一般运动形式在《资本论》中则表现为商品到货币,再到资本的叙述方式和资本增殖运动形式。当我们把《资本论》辩证法研究局限在叙述方式和研究方式的时候,就会错失马克思辩证法理论最为重要的理论贡献。《资本论》所直接呈现给我们的是一系列经济范畴所构成的理论体系,离开这些经济范畴及其之间的逻辑关系,就不存在《资本论》的逻辑体系。在这个意义上,《资本论》就是"资本运动的逻辑"。资本运动的逻辑,既是马克思以经济范畴所把握到的资本运动的逻辑,也是马克思以思维的规定所把握到的现实规定的产物。列宁认为,《资本论》的这种叙述方式和研究方式,正是表明马克思把黑格尔辩证法的合理形式运用于政治经济学。但是这种逻辑只是《资本论》中"小写字母"的逻辑,而非"大写字母"的逻辑。如果我们把这种逻辑指认为《资本论》的逻辑,我们需要做的工作仅仅是把《资本论》和黑格尔的"逻辑学"进行对照,厘清马克思在《资本论》中对黑格尔逻辑学的应用。①

辩证法最真实的意义是一种"大写字母"的逻辑,是一种主客统一的逻辑,这种逻辑展现为实在主体的自我运动。黑格尔的逻辑学和《资本论》的逻辑的区别就在于对"实在主体"的理解是不一样的。如果说在黑格尔逻辑学中,这个"实在主体"指的是"自我意识或概念"的话,马克思强调的则

---

① 学界如内田弘、阿瑟等学者在研究《资本论》与《逻辑学》关系的时候,都是把马克思的《资本论》与黑格尔的《逻辑学》进行一一对应,以此来阐释《资本论》中的逻辑学问题。这种研究方式所研究的只是《资本论》中"小写字母"的逻辑,而非"大写字母"的逻辑。

是"现实的个人"。马克思在《〈黑格尔法哲学批判〉导言》中指出，人就是人的世界，就是国家、社会。因此，这个实在主体自我运动的逻辑，在马克思的哲学当中，就表现为一种社会的自我运动的逻辑。辩证法都是用主客统一的辩证概念体系去把握实在本身，根据所把握的实在本身，我们可以把辩证法区分为辩证法的"高阶问题"和"低阶问题"。黑格尔所把握的实在本身指的是思维或"精神"本身，而马克思所把握的"实在"指的则是"社会历史"。社会历史的发展是人类所面临的最复杂、最高级的运动形式。因此，马克思辩证法所处理的是辩证法的高阶问题，而黑格尔辩证法处理的则是辩证法的低阶问题。

恩格斯在《在马克思墓前的讲话》中指出："正像达尔文发现有机界的发展规律一样，马克思发现了人类历史的发展规律"，"不仅如此，马克思还发现了现代资本主义生产方式和它所产生的资产阶级社会的特殊的运动规律。"[1]马克思《资本论》中的逻辑所展现的正是人类历史发展的规律，或者说人类文明的大逻辑。在社会形态的意义上，马克思将人类历史的发展分为前资本主义社会、资本主义社会和共产主义社会。与此相应，这一人类历史发展的逻辑也有着深层的存在论根基。在《政治经济学批判大纲》中，马克思揭示了这一逻辑的存在论基础："人的依赖关系（起初完全是自然发生的），是最初的社会形式，在这种形式下，人的生产能力只是在狭小的范围内和孤立的地点上发展着。以物的依赖性为基础的人的独立性，是第二大形式，在这种形式下，才形成普遍的社会物质变换、全面的关系、多方面的需要以及全面的能力的体系。建立在个人全面发展和他们共同的、社会的生产能力成为从属于他们的社会财富这一基础上的自由个性，是第三个阶段。"[2]因此，这一人类历史发展的逻辑也是人的存在方式的逻辑的展现。

苏格拉底曾经生动地把"辩证法"定义为"真理的接生术"。马克思站在黑格尔辩证法的理论高度上，用主客统一的概念辩证体系，试图揭示社会

---

① 马克思恩格斯文集：第3卷 [M]. 北京：人民出版社，2009：601.

② 马克思恩格斯全集：第30卷 [M]. 北京：人民出版社，1995：107-108.

历史发展的逻辑这一辩证法的高阶问题，相对"真理的接生术"而言，我们可以把《资本论》中马克思对辩证法高阶问题的处理，称之为"共产主义的接生术"，抑或"人类文明新形态"的接生术。

哲学逻辑学是通过概念和范畴去反映和把握实在本身的。列宁指出："逻辑学是关于认识的学说。它是认识论。认识是人对自然界的反映。但是，这并不是简单的、直接的、完整的反映，而是一系列的抽象过程，即概念、规律等等的构成、形成过程，这些概念和规律等等（思维、科学＝'逻辑观念'）有条件地近似地把握永恒运动着和发展着的自然界的普遍规律性。"[①]在逻辑学、辩证法和认识论"三者一致"的意义上，辩证法就是黑格尔和马克思主义的认识论，也就是说黑格尔和马克思主义是一致的。但这并不意味着，黑格尔和马克思主义是完全一致的。列宁站在马克思实践观点的立场上，揭示了两者之间细微的但却是本质性的差异。列宁指出："人不能完全地把握＝反映＝描绘整个自然界、它的'直接的总体'，人只能通过创立抽象、概念、规律、科学的世界图景等等永远地接近于这一点。"[②]站在黑格尔的立场上，辩证法作为认识论能够通达真理本身，实现全体的自由性。在列宁看来，黑格尔这样做的话，就是把这个"逻辑观念"、规律性、普遍性神秘化了。事实上，概念和规律只是"有条件地""近似地"把握永恒运动和发展的普遍规律性。换言之，人不能完全地把握、反映和描绘"实在"本身，人只能在实践中，通过概念和范畴这些人类认识之网上的网上纽结不断地接近这一点。人类的认识永远是一个辩证的运动过程。这样，就消解了黑格尔哲学的绝对主义的唯心论观念。

对于1914—1915年伯尔尼期间的列宁来说，最大的政治斗争莫过于批判普列汉诺夫的诡辩论，最大的理论问题莫过于澄清究竟什么是真正的马克思主义辩证法，最大的理论困惑莫过于如何才能真正懂得马克思主义。列宁将这三个问题的解答诉诸对《资本论》中辩证法思想的研究。"我们在这里可

---

① 列宁. 哲学笔记 [M]. 北京: 人民出版社, 1993: 152-153.

② 列宁. 哲学笔记 [M]. 北京: 人民出版社, 1993: 153.

以发现，开始呈现在列宁面前的作为《资本论》核心的，甚至有可能是整个马克思主义核心的并不是经济学而是辩证法。"①为了彻底批判普列汉诺夫诡辩论式的辩证法，列宁通过黑格尔的《逻辑学》去理解和阐释马克思《资本论》中的辩证法，进而去澄清整个马克思主义哲学的理论性质。根据列宁的论断，我们可以确定：第一，马克思的《资本论》与黑格尔的《逻辑学》在逻辑学、辩证法和认识论是"同一个东西"的意义上，也就是在内涵逻辑的意义上，两者是一致的，辩证法也就是黑格尔和马克思主义的认识论。我们必须从黑格尔的逻辑学去理解马克思的《资本论》，必须站在黑格尔哲学的高度上去理解马克思的哲学。第二，如果说马克思吸收了黑格尔逻辑学全部有价值的东西，这一有价值的东西就是黑格尔形式与内容相统一的内涵逻辑。第三，如果说马克思发展了这些逻辑，就是把黑格尔概念运动的内涵逻辑发展为历史运动的内涵逻辑。作为主客统一的"大写字母"的逻辑，这种历史运动的内涵逻辑是人的存在方式的运动逻辑和人类社会发展的运动逻辑的二者统一。

---

① 凯文·安德森. 列宁、黑格尔和西方马克思主义：一种批判性研究[M]. 张传平，译. 南京：南京大学出版社，2012：86.

第十八章 《资本论》与辩证法的高阶问题

研究马克思的辩证法，有两个非常重要的前提。一个是文本前提：对马克思辩证法的研究必须诉诸马克思最为成熟的著作《资本论》。在《1844年经济学哲学手稿》中，马克思指责黑格尔只是为历史的运动找到了抽象的、逻辑的、思辨的表达，自以为触动了现实中的对象，而实际上却在现实面前畏缩不前。这意味着马克思很早就已经清晰地自觉到了黑格尔辩证法的理论缺陷。马克思试图通过确立"合理形态"的辩证法，达到真正改变世界的目的，而这一理论架构是在《资本论》中最终实现的。因此，马克思最为真实的辩证法思想必然蕴含在其成熟时期的著作《资本论》中。另外一个是理论前提：对马克思辩证法的研究必须诉诸黑格尔的辩证法理论。只有站在黑格尔辩证法所达到的理论高度，去诠释黑格尔与马克思错综复杂的理论传承关系，去理解马克思对黑格尔辩证法的超越，才能捕捉到马克思辩证法的真实意蕴。如果离开了黑格尔辩证法所达到的理论高度，去谈论马克思与黑格尔的区别，所导致的直接后果就是把马克思的辩证法思想矮化和简单化。

马克思早在《1844年经济学哲学手稿》中就曾经明确指出："我们如

何对待黑格尔的辩证法这一表面上看来是形式的问题，而实际上是本质的问题"。①辩证法构成了黑格尔和马克思思想关联的核心问题。在马克思看来，黑格尔"他第一个全面地有意识地叙述了辩证法的一般运动形式"。②黑格尔的概念辩证法不仅仅是一种"方法"，更是一种概念运动的"逻辑"。黑格尔关于辩证法最为重要的理论贡献就在于此。马克思对黑格尔辩证法的继承也应该在这双重意义上，尤其是在后一种意义上得到理解。海德格尔曾经指出马克思"深入到了历史的本质性的一度中去了"。马克思凭借什么能够深入到"历史的本质性一度"中，从而比同时代的乃至后世的历史理论具有优越性呢？他所凭借的正是从黑格尔那里继承过来并经过其改造的"辩证的方法"，这一"合理形态的辩证法"在《资本论》中得到了最为深湛和系统的展现。

一、《资本论》中的辩证法迷思

对于《资本论》乃至全部马克思著作的思想架构来说，"辩证的方法"都是事关本质的问题。恩格斯指出："马克思过去和现在都是唯一能够担当起这样一件工作的人，这就是从黑格尔逻辑学中把包含着黑格尔在这方面的真正发现的内核剥出来，使辩证方法摆脱它的唯心主义的外壳并把辩证方法在使它成为唯一正确的思想发展形式的简单形态上建立起来。马克思对于政治经济学的批判就是以这个方法做基础的，这个方法的制定，在我们看来是一个其意义不亚于唯物主义基本观点的成果。"③"不亚于唯物主义基本观点的成果"意味着"辩证方法"和"唯物主义"一样都属于马克思的基本观点，贯穿于马克思的全部著作。因此，马克思在《资本论》的序言和跋文中一再谈论"辩证过程"或"辩证方法"，抱怨"人们对《资本论》中应用的

---

① 马克思.1844年经济学哲学手稿[M].北京：人民出版社，2000：94.

② 马克思恩格斯文集：第5卷[M].北京：人民出版社，2009：22.

③ 马克思恩格斯文集：第2卷[M].北京：人民出版社，2009：602-603.

方法理解很差"，并将这一问题的澄清诉诸其辩证方法和黑格尔辩证方法之间复杂的理论传承关系，也就不足为奇了。

《资本论》中的辩证法问题可谓扑朔迷离。虽然马克思在《资本论》第二版跋中明确地指认自己的方法是"辩证方法"，并且用大量的篇幅谈论辩证法。可是，在《资本论》的正文中却很少出现"辩证法"这一概念，如果不是马克思自己提示他在关于价值理论的一章中"甚至卖弄黑格尔特有的表达方式"，也许很少会有读者将其和辩证法理论联系起来。至少在表面上看起来，它们和辩证法并无直接的联系。这一现象构成了《资本论》辩证法研究的悖论。为了解释这一悖论，黑格尔的"逻辑学"和马克思的《资本论》之间的关系就成了学术界研究的一个重要课题。于是，包括内田弘、阿瑟等在内的诸多知名学者都开始将黑格尔的"逻辑学"和马克思的《资本论》进行一一对照，以此来表明马克思在《资本论》的正文中运用了黑格尔辩证法的叙述方式和研究方式。但事情远非如此简单，这样做不仅无助于解决《资本论》中的辩证法悖论，反而更加容易遮蔽《资本论》中辩证法的真实意蕴。

关于辩证法理论，马克思在《资本论》第二版跋中有三段经典的论述。正是这些经典论述在某种意义上引发了《资本论》中的"辩证法"悖论。这三段经典论述，对于我们理解马克思《资本论》中的辩证法理论至关重要，其中所蕴含的理论问题需要我们做一个彻底的辨析和澄清。

第一段经典论述："我的辩证方法，从根本上来说，不仅和黑格尔的辩证方法不同，而且和它截然相反。在黑格尔看来，思维过程，即甚至被他在观念这一名称下转化为独立主体的思维过程，是现实事物的造物主，而现实事物只是思维过程的外部表现。我的看法则相反，观念的东西不外是移入人的头脑并在人的头脑中改造过的物质的东西而已。"①马克思的这段经典论述主要是为了强调他自己的辩证法和黑格尔辩证法之间的区别，他甚至使用了"截然相反"这样的极端表述。马克思的这一段经典论述造成了《资本

---

① 马克思恩格斯文集：第5卷［M］．北京：人民出版社，2009：22.

论》研究的第一重迷思：好像马克思辩证法和黑格尔辩证法之间没有任何共同之处，从而把马克思的辩证法与黑格尔的辩证法彻底对立了起来。实际上，马克思对黑格尔辩证法的"截然相反"是"超越"，而不是"降低"。马克思的辩证法是在黑格尔辩证法所达到的理论高度上对黑格尔辩证法的超越，而不是将辩证法降低到了黑格尔辩证法的高度之下。如果打着反对唯心主义的旗号，把马克思的辩证法理解成素朴实在论，这种所谓的"截然相反"就不是对黑格尔辩证法的超越，而是对黑格尔辩证法的倒退。

第二段经典论述："将近30年以前，当黑格尔辩证法还很流行的时候，我就批判过黑格尔辩证法的神秘方面。但是，正当我写《资本论》第一卷时，今天在德国知识界发号施令的、愤懑的、自负的、平庸的模仿者们，却已高兴地像莱辛时代大胆的莫泽斯·门德尔松对待斯宾诺莎那样对待黑格尔，即把他当作一条'死狗'了。因此，我公开承认我是这位大思想家的学生，并且在关于价值理论的一章中，有些地方我甚至卖弄起黑格尔特有的表达方式。辩证法在黑格尔手中神秘化了，但这决没有妨碍他第一个全面地有意识地叙述了辩证法的一般运动形式。"①在第二段经典论述中，马克思有针对性地高度赞扬了黑格尔的辩证法成就。他公开承认自己是这位大思想家的学生，并且表示在关于价值理论的一章中甚至"卖弄"起黑格尔特有的"表达方式"。毫无疑问，马克思的这段论述充分表明了黑格尔辩证法对其《资本论》的重要影响。但是，根据马克思的这段论述，我们极容易把黑格尔辩证法对马克思《资本论》的影响界定为一种"表达方式"或"叙述方式"意义上的影响。马克思指出黑格尔是"第一个全面地有意识地叙述了辩证法的一般运动形式"。根据这种"辩证法的一般运动形式"，我们就会按图索骥，寻找辩证法的一般运动形式在《资本论》中的表现形式。将《资本论》中辩证法的运动形式理解为"从商品到价值，从价值到货币，再从货币到资本的叙述方式"，将资本增殖的运动形式理解为一个辩证运动的过程。这样一来，我们就会把《资本论》的辩证法研究局限在叙述方式和研究方式

① 马克思恩格斯文集：第5卷［M］. 北京：人民出版社，2009：22.

的框架内，从而也就错失了马克思辩证法理论最为真实的理论贡献。

第三段经典论述："辩证法，在其合理形态上，引起资产阶级及其空论主义的代言人的恼怒和恐怖，因为辩证法在对现存事物的肯定的理解中同时包含对现存事物的否定的理解，即对现存事物的必然灭亡的理解；辩证法对每一种既成的形式都是从不断的运动中，因而也是从它的暂时性方面去理解；辩证法不崇拜任何东西，按其本质来说，它是批判的和革命的。"①在《1844年经济学哲学手稿》中，马克思特别强调辩证法作为推动原则和创造原则的"否定性"。在这段论述中，马克思明确提出了"合理形态"的辩证法的概念，并进一步指出辩证法的本质是"批判的和革命的"。马克思对其辩证法这一理论本性的强调毫无疑问是非常正确的，但是这也容易使我们认为马克思的辩证法只是消极意义上的否定和批判，而没有任何建构性。而实际上，马克思不仅仅要批判旧世界，他还要发现新世界；不仅要批判资本主义社会，他还要发现未来的共产主义社会。

针对马克思的这三段经典论述，《资本论》中的辩证法应该在以下三重维度上得到重释和澄清：第一，这种辩证法虽然和黑格尔辩证法是截然对立的，但这种对立是一种"超越"，是在黑格尔辩证法的高度上对黑格尔辩证法的超越；第二，马克思虽然卖弄了黑格尔所特有的表达方式，但这并不意味着马克思的辩证法仅仅是一种表达方式，而不是一种实在主体的逻辑展开过程。《资本论》中辩证法是"方法"和"逻辑"的统一；第三，虽然马克思强调辩证法就其本性来讲不崇拜任何东西，是批判的和革命的辩证法，但这绝不意味着"合理形态"的辩证法是完全否定的、消极意义上的，而没有任何建构性。《资本论》中辩证法的这三重维度最终汇聚为一个关键性问题：辩证法不仅仅是一种方法，它还是一种逻辑学。

如果仅仅把辩证法理解为一种方法，理解为《资本论》的叙述方法和研究方法，这只是对辩证法的一种外在化的理解。在《理想国》中，柏拉图指出辩证法是认识理念的科学的逻辑进程。辩证法对真理的认识是通过逻辑来

---

① 马克思恩格斯文集：第5卷 [M]. 北京：人民出版社，2009：22.

保证的，在此种意义上，辩证法作为认识论，就是一种逻辑学。与柏拉图不同，黑格尔认为，它不仅是认识理念的逻辑进程，还是理念（绝对精神）的逻辑展开过程，是主客体相统一的逻辑，在与形式逻辑相区分的意义上，我们可以将之称为"内涵的逻辑"。在《哲学笔记》中，列宁指出："虽说马克思没有遗留下'逻辑'（大写字母的），但他遗留下《资本论》的逻辑，应当充分地利用这种逻辑来解决这一问题。在《资本论》中，唯物主义的逻辑、辩证法和认识论（不必要三个词：它们是同一个东西）都应用于一门科学，这种唯物主义从黑格尔那里吸取了全部有价值的东西并发展了这些有价值的东西。"①《资本论》中的辩证法作为逻辑学的真实意义正是在列宁这一关于《资本论》辩证法思想的经典论述中被揭示出来的。

二、《资本论》中的内涵逻辑

如果把辩证法仅仅理解为一种方法，其实是一种对辩证法做单纯形式的理解。所谓方法乃是纯形式的，纯形式意味着脱离一切内容。对辩证法的这种理解一直广为流行并被普遍接受。恩格斯曾经尖锐地指出："自从黑格尔逝世之后，把一门科学在其固有的内部联系中来阐述的尝试，几乎未曾有过。官方的黑格尔学派从老师的辩证法中只学会搬弄最简单的技巧，拿来到处应用，而且常常笨拙得可笑。对他们来说，黑格尔的全部遗产不过是可以用来套在任何论题上的刻板公式，不过是可以用来在缺乏思想和实证知识的时候及时搪塞一下的词汇语录。"②可见，把辩证法仅仅理解为一种普遍形式方法，即"科学方法论"意义上的抽象方法，不仅在黑格尔逝世之后的整个19世纪，而且在我们的时代也获得了广泛的认可，因为它完全符合现代性知识意义上的"方法"概念。这意味着辩证法可以被加诸任何内容和任何对象之上。辩证法成了"可以用来套在任何论题上的刻板公式"，放之四海而

---

① 列宁. 哲学笔记 [M]. 北京: 人民出版社, 1993: 290.

② 马克思恩格斯文集: 第2卷 [M]. 北京: 人民出版社, 2009: 600.

皆准。辩证法最终沦落为"变戏法"。如果人们只是这样来理解辩证法及其普遍性，这恰恰意味着走向了辩证法的反面。

只要辩证法被当作纯粹形式的方法，辩证法就会被抽象为单纯形式的普遍规律，辩证运动就会从概念运动的逻辑庸俗化为空疏的范畴变换。"黑格尔的伟大之处在于：他试图通过辩证法以超越抽象的理智和空疏的知性，从而深入到知性科学注定不可能抵达的真理或实在之中。"①辩证法是关于真理或者说通达真理的科学，是对知性的片面性的扬弃。对于真正的辩证法来说，"方法"和"运动过程"是同一的。正如海德格尔所说："黑格尔也把'思辨辩证法'径直称为'方法'。用'方法'这个名称，他既不是指一个表象工具，也不仅仅是指哲学探讨的一个特殊方式。'方法'乃是主体性的最内在的运动，是'存在之灵魂'，是绝对者之现实性整体的组织由以发挥作用的生产过程。"②所以对于黑格尔来说，辩证法作为"方法"首先意味着"主体性的最内在的运动"，意味着实在主体的自身展开过程。"方法，亦即思辨辩证法，对黑格尔来说乃是一切现实的基本特征。因此，作为这样一种运动，方法决定着一切发生事件，亦即历史。"③如果说我们必须在黑格尔辩证法的高度上去理解马克思，首先意味着马克思的辩证法必须在"方法—运动"的意义上获得理解。

关于黑格尔的《逻辑学》和马克思的《资本论》之间的关系，阿瑟指出："我们看到黑格尔《逻辑学》和马克思《资本论》在结构上明显的相同性（homology），或者，至少是一方或双方经过某种微小重建工作之后的相同性。"④但是这种结构上明显的相同性最终被阿瑟解读成了一种方法论意义上的相同性。在阿瑟看来，马克思的《资本论》是黑格尔逻辑学方法的具体应用。阿瑟明确说道："我的观点是，黑格尔逻辑学可被用于对资本主义

①　吴晓明. 《资本论》方法的当代意义 [J]. 教学与研究, 2018 (7)：8.
②　海德格尔. 路标 [M]. 孙周兴, 译. 北京：商务印书馆, 2000：507.
③　海德格尔. 路标 [M]. 孙周兴, 译. 北京：商务印书馆, 2000：507-508.
④　阿瑟. 新辩证法与马克思的《资本论》[M]. 高飞, 等译. 北京：北京师范大学出版社, 2018：9-10.

的这种研究，因为资本是一个非常特殊的对象，它以交换中真实的抽象过程为基础，这种交换中的真实抽象与黑格尔以思想抽象力分解和重建现实在很大程度上是相同的。"①可见，阿瑟对黑格尔逻辑的理解仅仅是把逻辑当作一种方法。阿瑟的观点代表了通常的观点：黑格尔的逻辑学在《资本论》中表现为"抽象力"，具体展现为分析资本主义社会的研究方法，从而揭示出了现代社会背后的逻辑架构——资本的逻辑。根据这种观点，我们对《资本论》中辩证法思想的研究，就变成了同黑格尔"逻辑学"的一种对照性研究。阿瑟把马克思的《资本论》和黑格尔的《逻辑学》进行了详细的比照，以此来确证黑格尔的逻辑与政治经济学批判之间的相关性，亦即黑格尔的逻辑是如何被马克思用于政治经济学批判的计划的。阿瑟在仔细比较之后，最终得出这样的结论："从商品交换到价值的运动可类比于黑格尔的'存在论'，货币和商品的二重化可类比于'本质论'，作为实现于劳动和工业中的'绝对形式'的资本具有黑格尔'概念'的全部特征。"②但是殊不知这种辩证法的"抽象力"不仅仅是马克思剖析资本主义的研究方法，方法本身就意味着实在主体的自我运动，意味着形式与内容相同一的逻辑。作为逻辑的辩证法，不仅仅是一种方法论意义上的逻辑，更重要的是一种存在论意义上的逻辑。我们不能把黑格尔的逻辑仅仅视作对马克思叙述方式和研究方式上的帮助。对于马克思来说，黑格尔的逻辑在《资本论》中不仅仅是一种方法论意义上的引进，更是一种存在论意义上的引进。如果说《资本论》中存在论意义上的逻辑是一种"大写字母的"逻辑，那么方法论意义上的逻辑，则仅仅是一种"小写字母的"逻辑。

在黑格尔的《逻辑学》中，辩证法作为逻辑学不仅仅是认识理念的逻辑进程，而且是理念自身展开的过程。众所周知，形式逻辑只关心思维的形式而不关心思维的内容，辩证逻辑与形式逻辑的根本区别在于辩证逻辑不仅关心思维形式而且关心思维内容。黑格尔认为，只有辩证法能够沉入到事情本

---

① 阿瑟. 新辩证法与马克思的《资本论》[M]. 高飞，等译. 北京：北京师范大学出版社，2018：10.

② 阿瑟. 新辩证法与马克思的《资本论》[M]. 高飞，等译. 北京：北京师范大学出版社，2018：88.

身之中，实现形式与其内容真正内在的统一。假如逻辑空洞无物，那并不是逻辑对象的过错，而只可能是把握对象方式的过错。如果彻底否定和抛弃了黑格尔的逻辑学，哲学必然会陷入漂泊无根的虚妄和狂妄自大的傲慢，成为一种空洞的形式主义。因此，"从这个方法与其对象和内容并无不同看来，这一点是自明的；——因为这正是内容本身，正是内容在自身所具有的、推动内容前进的辩证法。显然，没有一种可以算作科学的阐述而不遵循这种方法的过程，不适合它的单纯的节奏的，因为它就是事情本身的过程"。①黑格尔的逻辑是一种内容的逻辑，是一种"自身所具有的、推动内容前进的辩证法"。

黑格尔的方法是唯一的真正与内容相一致的方法。黑格尔的逻辑是活生生的内容自己构成自己的运动。在《小逻辑》的"序言""柏林大学开讲辞"和"导言"中，黑格尔反复强调自己的方法不是空洞的、抽象的方法，自己的辩证法或逻辑是有内容的逻辑。在黑格尔看来，逻辑学的内容不是僵死材料的外在排列，也不是主观公式的硬性安排，而是通过概念产生的中介作用所形成的有机整体。"〔矛盾〕发展的方法从两方面说都是充分足用的，即第一，它异于别的科学所寻求的那种仅仅外在排比；第二，它异于通常处理哲学对象的办法，即先假定一套格式，然后根据这些格式，与前一办法一样，外在地武断地将所有的材料平行排列。再加以由于最奇特的误解，硬要使概念发展的必然性满足于偶然的主观任性的联系。"②正是在这个意义上，黑格尔的逻辑学不是无生命的枯骨而是有生命的整体，不是外在的主观形式而是客观概念发展的结果。但是，概念发展为什么不是材料的外在排列，也不是空疏范畴或抽象概念的名称变换，而是思维运动的内涵逻辑？黑格尔认为，概念的发展是存在作为一个潜在概念向绝对真理的上升过程。单纯的直接性的"纯有"是黑格尔逻辑学的开端。在这一过程中，概念逐步摆脱了自身的有限性和知性的片面性，最终达到了自己的绝对的和全部的真

---

① 黑格尔.逻辑学:上卷[M].杨一之，译.北京:商务印书馆,1966: 37.
② 黑格尔.小逻辑[M].贺麟，译.北京:商务印书馆,1980: 2.

理,即绝对理念,从而实现了环节的必然性和全体的自由性的统一。

黑格尔把自己的"哲学理论"命名为"逻辑学",而不是命名为他要构建的"真理论"或关于真理的"辩证法",这不能不是探讨黑格尔哲学的一个切中肯綮的问题。这个问题的实质在于:哲学就其本性来讲是一种逻辑学;哲学意义上的逻辑学构成了关于真理的哲学和作为哲学灵魂的辩证法。黑格尔之所以能够开辟一条通达社会现实的道路,其根本原因就在于这种主客相统一的辩证法。如果把思想的内容与形式割裂开来,把概念的内涵与外延割裂开来,这种具体的普遍性的辩证法就会变成抽象的普遍性的辩证法,就会成为没有思想内容、没有概念内涵的"刻板公式",被人拿来随处套用。因此,决不能将辩证的方法和观点凝固为、抽象为刻板的公式。这样做的直接后果,不仅使得辩证法声名狼藉,堕落为诡辩论,更为重要的是它使得黑格尔所开创的通达社会现实的道路重新堵塞,辩证法所具有的重大的理论价值和时代意义也隐遁消失。

对此,列宁在《黑格尔〈逻辑学〉一书摘要》中,批评康德以自在之物的"空洞抽象"代替了我们关于事物的知识的日益深入的活生生的进展、运动。列宁指出,"黑格尔则要求这样的逻辑:其中形式是富有内容的形式,是活生生的实在的内容的形式,是和内容不可分离地联系着的形式。"①黑格尔赞扬康德在哲学史上的重大成就在于指出了把握理念的矛盾的必然性,但批评康德对于事物的温情主义,即认为矛盾只是理性在把握理念时所产生的先验幻相。这意味着矛盾只是思维的矛盾,而不是事物本身的矛盾。黑格尔主张用自身发展的自我否定的矛盾概念体系把握无限的全体的真理。这种辩证法在本质上是区别于经验科学的哲学的真理和方法,是一种区别于经验科学思维的较高的哲学思维方式。黑格尔所开创的这一全新的哲学方法或者哲学思维方式的真实内涵是:黑格尔的辩证法或逻辑是一种区别于形式逻辑的思想内容的逻辑,是用主客统一的概念体系把握世界的本质和规律的概念辩证法。

---

① 列宁. 哲学笔记 [M]. 北京: 人民出版社, 1993: 77.

我们之所以一再强调要在黑格尔辩证法的理论高度上去理解马克思的辩证法，最为重要的就是要在黑格尔的内容逻辑（大写字母的逻辑）的意义上去理解《资本论》中的辩证法。"《资本论》作为'大写的逻辑'，它是存在论、认识论和逻辑学相统一的历史的内涵逻辑，它的概念、范畴是推进、深化认识'现实的历史'的阶梯和支撑点。"①这一判断其实需要我们进一步去澄清：黑格尔的辩证法是"存在论、认识论和逻辑学相统一的内涵逻辑"，这是黑格尔辩证法所达到的理论高度，站在这一理论高度上去理解马克思的辩证法，马克思的辩证法也是"存在论、认识论和逻辑学相统一的内涵逻辑"，接下来我们就会追问，这两种"三者一致"的内涵逻辑区别究竟在哪里？

三、辩证法的高阶问题

早在古希腊时期，柏拉图就把辩证法置于城邦教育的顶端。"黑格尔的概念辩证法作为近代哲学乃至全部西方传统哲学的最高理论成果，是不能轻易放弃，也不能轻易掌握的一种高级哲学思维方式。"②正是在这种"高级的哲学思维方式的意义上"，马克思继承了黑格尔的辩证法。马克思对黑格尔辩证法的继承，是一种扬弃，也是一种超越。这意味着马克思是站在黑格尔辩证法的理论高度上对辩证法的继承和发展。我们应该立足于黑格尔辩证法所达到的理论高度去澄清马克思和黑格尔辩证法之间的本质性区别。

为了澄清黑格尔《逻辑学》的内涵逻辑和马克思《资本论》的内涵逻辑之间的区别，我们有必要引入辩证法的"高阶问题"这一概念。在哲学史上，哲学家们为了澄清不同意义上的辩证法，对辩证法进行了各种划分。"暂不讨论这种划分的合理性，可以肯定的是人及其社会历史活动的问题是

---

① 孙正聿. "现实的历史"：《资本论》的存在论[J]. 中国社会科学, 2010（2）：8-9.

② 孙利天, 王丹. 社会历史的辩证法——辩证法的高阶问题与当代处理[J]. 社会科学战线, 2017（1）：2.

最复杂、最高级的运动形式，是辩证法理论中最高阶的问题。原因在于人所特有的自我意识和精神能力实际地参与和改变了自然历史过程，人不仅解释世界，也改变世界，人所创造的社会历史过程是主客统一的过程。因此，要认识和把握社会历史过程的趋势和规律，就只能用主客统一的辩证概念体系，用黑格尔的术语说，是用自觉、自为的有生命的概念体系去把握它的真理性。"①无论黑格尔的辩证法，还是马克思的辩证法都是用主客统一的辩证概念体系去把握实在本身。这是辩证法理论在黑格尔哲学中所达到的理论自觉。根据黑格尔和马克思所把握的"实在"本身或者说所解决的问题的不同，我们可以把辩证法的问题分为"高阶问题"和"低阶问题"。这里所谓的"高阶"和"低阶"只是相对而言的。相对于黑格尔概念辩证法所要解决的思维运动的逻辑问题，社会历史的发展逻辑是人类所面临的更为复杂、更为高级的理论问题。如果说黑格尔概念辩证法所处理的思维运动的问题属于辩证法的低阶问题，那么马克思《资本论》辩证法所处理的人类历史的发展规律的问题则属于辩证法的高阶问题。

辩证法作为逻辑学就是"实在主体"自我运动的逻辑。所谓"实在主体"，指的就是具有实体性内容的自我活动者和自行规定者。黑格尔将实体把握为主体，认为"实体即主体"。实在主体的自我运动指的是绝对理念的自相差别和自我活动。虽说黑格尔的"现实"概念要求并且容纳经验内容，但其最现实并且唯一现实的东西仍然是"理念"。因此，即便黑格尔的逻辑学史无前例地开始考察社会历史的运动逻辑，但其社会历史运动的展开过程仅仅表现为绝对理念的"应用逻辑学"。我们知道马克思对黑格尔的观念论及其神秘化进行了猛烈的批判。对于马克思来说，辩证法的"实在主体"乃是社会。"实在主体仍然是在头脑之外保持着它的独立性；只要这个头脑还仅仅是思辨地、理论地活动着。因此，就是在理论方法上，主体，即社会，

① 孙利天，王丹. 社会历史的辩证法——辩证法的高阶问题与当代处理[J]. 社会科学战线，2017（1）：1.

也必须始终作为前提浮现在表象面前。"①黑格尔所把握的实在本身指的是"思维"或"精神"本身，而马克思所把握的"实在"本身指的则是"社会历史"本身。马克思的实在主体是具有特定实体性内容的"社会主体"，马克思以此取代了黑格尔所谓的绝对理念的东西。

这种社会主体自我运动的逻辑在历史唯物主义的意义上最终构成了"人类历史的发展规律"。在《在马克思墓前的讲话》中，恩格斯指出："正像达尔文发现有机界的发展规律一样，马克思发现了人类历史的发展规律"，"不仅如此，马克思还发现了现代资本主义生产方式和它所产生的资产阶级社会的特殊的运动规律。"②"人类历史的发展规律"和"资产阶级社会的特殊运动规律"两者是并行不悖的，或者说"资产阶级社会的运动规律"就蕴含在"人类历史的发展规律"之中。人类历史的发展规律正是马克思《资本论》的逻辑所要揭示的本质性内容。这一人类历史的发展逻辑不是凭空设想出来的，而是有着深层的存在论根基，是和人的存在方式的变迁关联在一起的。在《1857—1858年经济学手稿》中，马克思揭示了这一历史内涵逻辑的存在论根基："人的依赖关系（起初完全是自然发生的），是最初的社会形式，在这种形式下，人的生产能力只是在狭小的范围内和孤立的地点上发展着。以物的依赖性为基础的人的独立性，是第二大形式，在这种形式下，才形成普遍的社会物质变换、全面的关系、多方面的需要以及全面的能力的体系。建立在个人全面发展和他们共同的、社会的生产能力成为从属于他们的社会财富这一基础上的自由个性，是第三个阶段。"③因此，这一人类历史的发展规律之所以构成历史的内涵逻辑，就在于它同时也是人的存在方式发展的逻辑。

在黑格尔的全部著作中，其《哲学史讲演录》往往被看作单纯的哲学史著作，而被排除在其思想研究之外。其实，《哲学史讲演录》构成了其哲学

① 马克思恩格斯文集：第8卷［M］. 北京：人民出版社，2009：25-26.
② 马克思恩格斯文集：第3卷［M］. 北京：人民出版社，2009：601.
③ 马克思恩格斯文集：第8卷［M］. 北京：人民出版社，2009：52.

思想研究的一个不可或缺的环节，揭示了逻辑学所具有的文明史含义。黑格尔认为，"在哲学史里，我们所了解的运动乃是自由思想的活动，它是思想世界理智世界如何兴起如何产生的历史"。"人的一切文化之所以是人的文化，乃是由于思想在里面活动并曾经活动"。①因此，他的哲学史所要表明的，从根本上说，精神的进展是合乎理性的，精神的进展就是人的文化（文明）的进展。福泽谕吉在《文明论概略》中关于"文明"的定义，就是在黑格尔意义上界定的。福泽谕吉指出："'文明论'是探讨人类精神发展的理论。其目的不在于讨论个人的精神发展，而是讨论广大群众的总的精神发展。所以，文明论也可称为群众精神发展论。"②黑格尔《哲学史讲演录》的意义之于整个黑格尔哲学的重要意义就在于：如果说《精神现象学》阐释了人类精神现象诸环节的自我展开，《逻辑学》揭示了人类概念运动诸环节的自我深化，那么《哲学史讲演录》则展现了人类文明进步诸环节的自我发展。黑格尔的逻辑是精神历程、概念发展和文明进步"三者一致"的逻辑。

如果我们把黑格尔的《哲学史讲演录》界定为人类文明进步诸环节的自我发展，其重要的理论意义就向我们开显出来：黑格尔的逻辑是一种人类文明的"大逻辑"。但是，由于黑格尔把人类文明进步诸环节的自我发展诉诸哲学史或精神史，在某种意义上就等于把人类文明界定为人类精神意义上的文明。但是，在马克思《资本论》的意义上，人类文明已经不再是人类精神意义上的文明，而是"生产方式"和"存在方式"意义上的文明。社会的历史运动的普遍者是生产方式的变动结构。由此，马克思的"历史"不是"观念"的历史，而是真正"现实"的历史。作为辩证法，虽然《资本论》方法首先表现为历史的观点或历史批判的方法。但由于历史进程是通过特定的实体内容展开并具体化的，所以辩证法不可能是任何一种意义上的形式方法。《资本论》的辩证法是"实在主体"（亦即特定社会生产方式）的自我活动。正是基于此，马克思才能够深入到历史的本质性之中，揭示出了人类历

---

① 黑格尔.哲学史讲演录：第一卷[M].贺麟，王太庆，译.北京：商务印书馆，1959：10.

② 福泽谕吉.文明论概略[M].北京编译社，译.北京：商务印书馆，2009：1.

史的发展规律和资产阶级社会的特殊的运动规律。

人类历史发展的规律通向的是一个"新世界"，一个人类文明的新形态。从历史唯物主义的观点来看，以资本主义生产方式为本质性特征的现代社会，我们可以称为"资本的文明"。这种社会或文明形态在自身的发展过程中必然会产生一种新文明形态的可能性，马克思把这种新的文明形态称为"共产主义"。按照马克思的判断，"资本的文明"必将为这种新的文明形态所取代。马克思的《资本论》就是要为这种新文明的实现开辟现实道路。马克思指出："新思潮的优点又恰恰在于我们不想教条地预期未来，而只是想通过批判旧世界发现新世界。"①马克思把《资本论》中"合理形态的"辩证法定义为"批判的和革命的"辩证法。马克思批判的、革命的辩证法不仅仅是对"旧世界"的批判，而且还是对"新世界"的发现。马克思对旧世界的批判，同时就是对新世界的发现。正是在这个意义上，马克思的《资本论》是一部关于人类文明新形态的著作。

但是，我们需要引起警惕的是：马克思所揭示的人类历史发展的规律不是一个抽象的普遍性规律，而是一个具体的普遍性规律。马克思在给《〈祖国纪事〉杂志编辑部的信》中特意强调了这一问题。马克思针对他的批评家说："他一定要把我关于西欧资本主义起源的历史概述彻底变成一般发展道路的历史哲学理论，一切民族，不管它们所处的历史环境如何，都注定要走这条道路，——以便最后都达到在保证社会劳动生产力极高度发展的同时又保证每个生产者个人最全面的发展的这样一种经济形态。但是我要请他原谅。（他这样做，会给我过多的荣誉，同时也会给我过多的侮辱。）"②马克思的这段话是值得我们认真思考的。因为，我们很容易把马克思所揭示的人类历史的发展规律理解为一般发展道路的历史哲学理论，把马克思历史内涵的逻辑教条化、僵化和绝对真理化，从而堕入了黑格尔的窠臼之中。马克思通过列举古代罗马平民所遭到的命运向我们阐明了这一问题。马克思指

---

① 马克思恩格斯文集：第10卷 [M]．北京：人民出版社，2009：7.

② 马克思恩格斯文集：第3卷 [M]．北京：人民出版社，2009：466.

出，古代罗马平民自己所耕种的独立经营的小块土地被剥夺了，这些自由农民成为"无产者"。虽然形成了大地产和大货币资本，但是并没有出现雇佣工人。在罗马历史发展的过程中，发展起来的生产方式不是资本主义，而是奴隶制。马克思指出："使用一般历史哲学理论这一把万能钥匙，那是永远达不到这种目的的，这种历史哲学理论的最大长处就在于它是超历史的。"①相似的历史事件在不同的历史境遇中会引起完全不同的社会历史后果。我们对既定社会的研究，需要进行具体的、历史的研究，而不是把马克思的学说当作现成的公式去到处套用。

从柏拉图一直到黑格尔，传统辩证法理论处理的都是辩证法的低阶问题，揭示出了思维运动的内涵逻辑，苏格拉底曾经把"辩证法"定义为"真理的接生术"，正是对这种辩证法的生动概括。马克思立足于黑格尔关于辩证法的理论自觉，用主客统一的概念辩证体系，试图揭示社会历史运动的内涵逻辑这一辩证法的高阶问题。正是在这一意义上，《资本论》中的辩证法作为逻辑学是人类文明运动的大逻辑，这种逻辑是人类历史发展的逻辑和人类存在方式的逻辑的二者统一。相对概念辩证法作为"真理的接生术"而言，我们可以把《资本论》中的辩证法称为"共产主义的接生术"。马克思正是通过对辩证法高阶问题的处理，展现出了人类文明运动的内涵逻辑，为人类社会通向文明新形态开辟了理论道路和现实道路。因此，我们亦可把《资本论》中的辩证法称为"人类文明新形态"的接生术。

---

① 马克思恩格斯文集：第3卷[M]．北京：人民出版社，2009：467．

结语　马克思主义辩证法的使命与担当

　　辩证法不仅仅是一种思维方式，更为重要的是它是一种理论体系。辩证法理论总是和人类社会的一系列重大的核心问题关联在一起的。我们有必要去澄清马克思所开辟的辩证法道路和其最本己的理论使命。在这一工作前提下，去回应我们时代最为重大的理论问题，才有可能从根本上推进马克思辩证法理论的当代进展，确立马克思辩证法的当代课题。

　　恩格斯指出："哲学在黑格尔那里完成了，一方面，因为它在自己的体系中以最宏伟的方式概括了哲学的全部发展；另一方面，因为他（虽然是不自觉地）给我们指出了一条走出这些体系的迷宫而达到真正地切实地认识世界的道路。"[①] 这条道路就是辩证法现实化的道路。只有把辩证法现实化，才能破除体系的禁锢，在现实生活当中彰显出辩证法批判的、革命的本性。但是如何实现辩证法的现实化，马克思在手稿中写下了这样一段话：

　　"黑格尔的《现象学》及其最后成果———辩证法，作为推动原则和创造原则的否定性———的伟大之处首先在于，黑格尔把人的自我产生看作一个过

---

① 恩格斯. 路德维希·费尔巴哈和德国古典哲学的终结 [M]. 北京: 人民出版社, 1997: 11.

程，把对象化看作非对象化，看作外化和这种外化的扬弃；可见，他抓住了劳动的本质，把对象性的人、现实的因而是真正的人理解为他自己劳动的成果。"① 在这里，马克思认为黑格尔"抓住了劳动的本质"，这是因为黑格尔通过辩证法"把人的自我产生看作一个过程，把对象化看作外化和对外化的扬弃"，两者的共同点都在于把自身理解为一个辩证法的扬弃的过程。那么黑格尔所"抓住的劳动的本质"就是一个辩证法的扬弃的过程，"黑格尔惟一知道并承认的劳动是抽象的精神劳动"②，所以在黑格尔的哲学里，辩证法被诉诸"抽象的精神劳动"，即观念或精神。而马克思的劳动已经不再是抽象的精神劳动，而是"感性的现实的活动"，即作为人类实践活动的最基本形式的生产劳动。这样，马克思就把辩证法诉诸生产劳动，把生产劳动的本质看作一个辩证法的扬弃的过程，从而走出了一条辩证法现实化的道路。

马克思认为："费尔巴哈的著作是继黑格尔的《现象学》和《逻辑学》之后包含着真正理论革命的惟一著作"③。但费尔巴哈作为一个哲学家，也只是"停留在半路上，他下半截是唯物主义者，上半截是唯心主义者；他没有批判地克服黑格尔，而是简单地把黑格尔当作无用的东西抛在一边"④。费尔巴哈没有"找到从他自己所极端憎恶的抽象王国通向活生生的现实世界的道路"。与此相反，马克思找到了一条真正地通向"活生生的现实世界"的道路。马克思通过转换辩证法的承担者，把抽象的精神劳动转变为现实的生产劳动，辩证法以生产劳动为载体，运用于现实生活领域，使辩证法的批判性和革命性产生了现实的效果。由于黑格尔把辩证法诉诸抽象的精神劳动，所以"人的本质，人，在黑格尔看来等于自我意识"⑤。马克思把辩证法的承担者转换为生产劳动，就必须把人当作在历史中行动的人去研究，就

① 马克思. 1844年经济学哲学手稿[M]. 北京：人民出版社，2000：101.
② 马克思. 1844年经济学哲学手稿[M]. 北京：人民出版社，2000：101.
③ 马克思：1844年经济学哲学手稿[M]. 北京：人民出版社，2000：4.
④ 恩格斯. 路德维希·费尔巴哈和德国古典哲学的终结[M]. 北京：人民出版社，1997：33.
⑤ 马克思. 1844年经济学哲学手稿[M]. 北京：人民出版社，2000：102.

是从现实的人及其历史出发。这样，马克思就把黑格尔作为"人类思想运动的逻辑"的辩证法转变为"关于现实世界的运动发展"的辩证法，从而使辩证法理论在现实生活中产生了批判的、革命的意义。

随着辩证法的现实化的路径的拓展，马克思的视域也发生了转换。马克思认为："作为自然界的自然界，这是说，就它还在感性上不同于它自身所隐藏的神秘的意义而言，与这些抽象概念分隔开来并与这些抽象概念不同的自然界，就是无，是证明自己为无的无，是无意义的，或者只具有应被扬弃的外在性的意义。"①马克思这句话的意思是说人外在的自在的自然界是"存在着的无"，同时马克思也认为"被抽象理解的，自为的，被确定为与人分隔开来的自然界，对人来说也是无"。②

马克思既不研究自在的自然界，也不研究抽象的自为的自然界。他的研究视域是现实的生活世界。所以，恩格斯认为他和马克思的哲学"只是世界观"，这种世界观是关于现实生活世界的世界观，既不是关于自在世界的世界观，也不是关于自为世界的世界观。如果把世界观理解为关于自在世界的世界观，那世界观就变成了"观世界"，即18世纪的法国唯物主义；如果把世界观理解为关于自为世界的世界观，那就变成了"人类思想运动的逻辑"，即黑格尔的唯心主义哲学。恩格斯所谓的世界观是关于现实生活世界的世界观，我们只有把世界观理解为现实生活世界的世界观，才契合了马克思哲学的原意。现实生活世界的世界观，就是研究人与世界的关系，马克思的哲学就是想达到人与自然界的真正的统一，从而实现人类的解放。马克思认为，"在人类历史中即在人类社会的形成过程中生成的自然界，是人的现实的自然界；因此，通过工业———尽管是以异化的形式———形成的自然界，是真正的、人本学的自然界"③。人要达到与自然界的真正的统一，就必须扬弃异化，这种扬弃了异化的状态就是共产主义，"共产主义是私有财

① 马克思.1844年经济学哲学手稿[M].北京：人民出版社，2000：118.

② 马克思.1844年经济学哲学手稿[M].北京：人民出版社，2000：118.

③ 马克思.1844年经济学哲学手稿[M].北京：人民出版社，2000：89.

产即人的自我异化的积极的扬弃，因而是通过人并且为了人而对人的本质的真正占有。因此，它是人向自身、向社会的即合乎人性的人的复归。这种共产主义，作为完成了的自然主义等于人道主义，作为完成了的人道主义等于自然主义"①，它是人和自然之间、人与人之间的矛盾的真正解决，它是历史之谜的解答。

从思维和存在的关系的角度来看，在黑格尔的哲学里，"思存关系"表现为概念逻辑与意识中的存在的关系，或者说是思维形式和思维内容的关系。但马克思认为"人的思维是否具有客观的真理性，这不是一个理论的问题，而是一个实践的问题"②。这样，马克思就把哲学从天国拉回到了尘世。回到现实生活世界之后，"思存关系"就变成了人与自然界的关系问题，辩证法也就由"人类思想运动的逻辑"变成了社会历史发展变化的理论，如生产力和生产关系的矛盾运动的规律，经济基础和上层建筑的矛盾运动的规律等，也即马克思的历史唯物主义。马克思通过对黑格尔辩证法的改造，把辩证法诉诸生产劳动，找到了一条辩证法现实化的道路，这样，马克思就把辩证法应用到了现实的生活领域，形成了关于社会历史发展的理论，即马克思的历史唯物主义。换言之，马克思辩证法关于现实生活世界的理论形态就是历史唯物主义。在马克思的哲学中，辩证法和历史唯物主义是统一的，马克思的辩证法作为关于现实生活世界的辩证法，就是历史唯物主义。

如果说在黑格尔哲学中，辩证法只是为其政治主张和国家理念提供了逻辑论证，那么在马克思的哲学中，辩证法则直接和人类社会关联了起来。这种关联性表现为马克思辩证法批判的和革命的理论本性，表现为它要对现存的一切——资本主义社会进行无情的批判，表现为它能引起"资产阶级及其空论主义的代言人的恼怒和恐怖"。黑格尔辩证法所谓的"否定性"指的是"在辩证的阶段，这些有限的规定扬弃它们自身，并且过渡到它们的反面"。在黑格尔辩证法的意义上，"否定性"仅仅指的是对知性概念片面性

---

① 马克思. 1844年经济学哲学手稿[M]. 北京: 人民出版社, 2000: 8.

② 马克思恩格斯文集: 第1卷[M]. 北京: 人民出版社, 2009: 500.

和局限性的扬弃。马克思在黑格尔的辩证法中发现了辩证法"潜在"的批判本性，他所要做的主要工作就是把辩证法的批判本性拯救和彰显出来。马克思把辩证法的否定性具体化为"批判性"和"革命性"。在《资本论》第二版跋中，马克思非常明确地指出：辩证法在它的"合理形式"上，就是"在对现存事物的肯定的理解中同时包含对现存事物的否定的理解，即对现存事物的必然灭亡的理解；辩证法对每一种既成的形式都是从不断的运动中，因而也是从它的暂时性方面去理解；辩证法不崇拜任何东西，按其本质来说，它是批判的和革命的"。①

马克思指出："新思潮的优点又恰恰在于我们不想教条地预期未来，而只是想通过批判旧世界发现新世界。"②马克思把《资本论》中"合理形态的"辩证法定义为"批判的和革命的"辩证法。马克思批判的、革命的辩证法不仅仅是对"旧世界"的批判，而且还是对"新世界"的发现。马克思对旧世界的批判，同时就是对新世界的发现。通过对"旧世界"的批判，内源性地彰显出"新世界"。在《法兰西内战》中，马克思充分地表达了革命工人阶级的这一历史使命："工人阶级并没有期望公社做出奇迹。他们不是要凭一纸人民法令去推行什么现成的乌托邦。他们知道，为了谋求自己的解放，并同时创造出现代社会在本身经济因素作用下不可遏止地向其趋归的那种更高形式，他们必须经过长期的斗争，必须经过一系列将把环境和人都加以改造的历史过程。工人阶级不是要实现什么理想，而只是要解放那些由旧的正在崩溃的资产阶级社会本身孕育着的新社会因素"。③

马克思通过批判"旧世界"发现"新世界"不是任意进行的，"新世界"的显现是受人类历史的发展规律制约的。换句话说，马克思的辩证法作为方法和内容的统一，既是对"现存的一切"所进行的无情的批判，同时也揭示了人类社会发展的一般规律。辩证法作为逻辑学就是"实在主体"自我

---

① 马克思恩格斯文集：第5卷 [M]. 北京：人民出版社，2009：22.

② 马克思恩格斯文集：第10卷 [M]. 北京：人民出版社，2009：7.

③ 马克思恩格斯文集：第3卷 [M]. 北京：人民出版社，2009：159.

运动的逻辑。马克思的实在主体是具有特定实体性内容的"社会主体",这种社会主体自我运动的逻辑在历史唯物主义的意义上最终构成了"人类历史的发展规律"。人类历史的发展规律正是马克思《资本论》的逻辑所要揭示的本质性内容。辩证法是"实在主体"(亦即特定社会生产方式)的自我活动。马克思的"历史"不是"观念"的历史,而是真正"现实"的历史。正是基于此,马克思能够深入到历史的本质性之中,揭示出了人类历史的发展规律和资产阶级社会的特殊的运动规律。由于马克思对人类历史发展规律的揭示是建立在批判的、革命的辩证法的基础上,因此马克思所揭示的人类历史发展的规律不是一个抽象的普遍性规律,而是一个具体的普遍性规律。我们决不能把马克思的学说当作现成的公式去到处套用。

人类历史发展的规律通向的是一个"新世界",一个人类文明的新形态。从历史唯物主义的观点来看,以资本主义生产方式为本质性特征的现代社会,我们可以称为"资本的文明"。这种社会或文明形态在自身的发展过程中必然会产生一种新文明形态的可能性,马克思把这种新的文明形态称为"共产主义"。按照马克思的判断,"资本的文明"必将为这种新的文明形态所取代。马克思的《资本论》就是要为这种新文明的实现开辟现实道路。马克思辩证法的批判本质实际上根源于马克思哲学的理论旨趣。马克思的全部思想可以称之为"人类自由解放的学说"。站在马克思的立场上,所谓的"人类的自由解放"就是使人从被奴役的关系当中解脱出来。在我们时代现实性的意义上,这种被奴役的关系指的就是资本主义社会的生产关系。正是在这个意义上,马克思的《资本论》开辟了一条超越资本主义的道路,是一部关于人类文明新形态的著作。相对概念辩证法作为"真理的接生术"而言,我们可以把马克思的辩证法称为"共产主义的接生术"或"人类文明新形态"的接生术。

西方"历史终结论"的问题症结就在于,他们不仅将共产主义等同于苏联模式的极权主义,而且沉迷于资本主义社会所营造出来的意识形态假象,从而将西方的自由民主制度看作"历史的终结"。毫无疑问,在人类文明史上，西方的自由民主制度是有史以来最为成功和优越的社会制度。但这并不意味着它将是人类唯一合法的和最为完满的社会制度，因为它仍然无法彻底地解决马克思对资本主义社会的批评，无法解决资本增殖的逻辑所带来的灾难性后果。辩证法的批判本性正是对这种"历史终结论"的有力反驳，它告诉我们："历史同认识一样，永远不会在人类的一种完美的理想状态中最终结束；完美的社会、完美的'国家'是只有在幻想中才能存在的东西；相反，一切依次更替的历史状态都只是人类社会由低级到高级的无穷发展进程中的暂时阶段。"①马克思主义"塑造和引导新的时代精神"如何落到实处？只有在"新的文明形态"的意义上才成为可能。柏拉图通过辩证法试图建构理想的城邦体制，黑格尔通过辩证法想确立奠基于理性原则的新的社会秩序，马克思通过批判的辩证法试图实现共产主义，这都意味着辩证法最本己的使命是和人类的美好生活关联在一起的。在资本逻辑宰治的现代社会，超越"资本的文明"，确立一种人类文明的新形态，就成为马克思辩证法最为重大的历史使命。

---

① 恩格斯. 路德维希·费尔巴哈和德国古典哲学的终结 [M]. 北京：人民出版社，1997：8.

● 主要参考文献

一、中文参考文献

（一）著作

[1] 马克思恩格斯选集: 第1—4卷 [M]. 北京: 人民出版社, 1995.

[2] 马克思恩格斯文集: 第1—10卷 [M]. 北京: 人民出版社, 2009.

[3] 马克思恩格斯全集: 第1卷 [M]. 北京: 人民出版社, 1995.

[4] 马克思恩格斯全集: 第30卷 [M]. 北京: 人民出版社, 1995.

[5] 马克思恩格斯全集: 第31卷 [M]. 北京: 人民出版社, 1998.

[6] 马克思恩格斯全集: 第32卷 [M]. 北京: 人民出版社, 1998.

[7] 马克思恩格斯《资本论》书信集 [M]. 北京: 人民出版社, 1976.

[8] 马克思. 1844年经济学哲学手稿 [M]. 北京: 人民出版社, 2000.

[9] 马克思. 资本论: 第1—3卷 [M]. 北京: 人民出版社, 2004.

[10] 马克思. 剩余价值学说史: 第1—4卷 [M]. 上海: 上海三联书店, 2008.

[11] 恩格斯. 路德维希·费尔巴哈和德国古典哲学的终结 [M]. 北京: 人民出版社, 1997.

[12] 列宁选集: 第1—4卷 [M]. 北京: 人民出版社, 1995.

[13] 列宁全集: 第55卷 [M]. 北京: 人民出版社, 1990.

[14] 列宁. 哲学笔记 [M]. 北京: 人民出版社, 1993.

[15] 邓小平文选: 第1—3卷 [M]. 北京: 人民出版社, 1993.

[16] 柏拉图. 柏拉图全集: 第1卷 [M]. 王晓朝, 译. 北京: 人民出版社, 2002.

[17] 柏拉图. 柏拉图全集: 第2卷 [M]. 王晓朝, 译. 北京: 人民出版社, 2003.

[18] 柏拉图. 柏拉图全集: 第3卷 [M]. 王晓朝, 译. 北京: 人民出版社, 2003.

[19] 柏拉图. 柏拉图全集: 第4卷 [M]. 王晓朝, 译. 北京: 人民出版社, 2003.

[20] 柏拉图. 理想国 [M]. 郭斌和, 张竹明, 译. 北京: 商务印书馆, 1986.

[21] 亚里士多德全集: 第9卷 [M]. 颜一, 秦典华, 译. 北京: 中国人民大学出版社, 1994.

[22] 亚里士多德. 政治学 [M]. 吴寿彭, 译. 北京: 商务印书馆, 1965.

[23] 亚里士多德. 形而上学 [M]. 吴寿彭, 译. 北京: 商务印书馆, 1959.

[24] 亚里士多德. 尼各马可伦理学 [M]. 廖申白, 译注. 北京: 商务印书馆, 2003.

[25] 居古拉·格里马尔迪. 巫师苏格拉底. 邓刚, 译. 上海: 华东师范大学出版社, 2007.

[26] 策勒尔. 古希腊哲学史纲 [M]. 济南: 山东人民出版社, 1992.

[27] 韦尔南. 希腊思想的起源 [M]. 秦海鹰, 译. 北京: 生活·读书·新知三联书店, 1996.

[28] 康德著作全集: 第4卷 [M]. 李秋零, 译. 北京: 中国人民大学出版社, 2005.

[29] 康德. 纯粹理性批判 [M]. 邓晓芒, 译. 北京: 人民出版社, 2004.

[30] 康德. 未来形而上学导论 [M]. 庞景仁, 译. 北京: 商务印书馆, 1982.

[31] 康德. 历史理性批判文集 [M]. 何兆武, 译. 北京: 商务印书馆, 1990.

[32] 黑格尔. 精神现象学: 上、下卷 [M]. 贺麟, 王玖兴, 译. 北京: 商务印书馆, 1979.

[33]黑格尔.逻辑学:上卷[M].杨一之,译.北京:商务印书馆,1966.

[34]黑格尔.逻辑学:下卷[M].杨一之,译.北京:商务印书馆,1976.

[35]黑格尔.法哲学原理.[M]范扬,张企泰,译.北京:商务印书馆,1961.

[36]黑格尔.历史哲学[M].王造时,译.上海:上海书店出版社,2001.

[37]黑格尔.小逻辑[M].贺麟,译.北京:商务印书馆,1980.

[38]黑格尔.哲学史讲演录:第1—4卷[M].贺麟,王太庆,译.北京:商务印书馆,1978.

[39]亚当·斯密.国富论[M].谢宗林,李华夏,译.北京:中央编译出版社,2011.

[40]大卫·李嘉图.政治经济学及赋税原理[M].郭大力,王亚南,译.北京:商务印书馆,1962.

[41]叔本华.作为意志和表象的世界[M].石冲白,译.北京:商务印书馆,1982.

[42]尼采.权力意志——重估一切价值的尝试[M].张念东,凌素心,译.北京:商务印书馆,1991.

[43]罗素.论历史[M].何兆武,肖巍,张文杰,译.北京:生活·读书·新知三联书店,1991.

[44]马克斯·韦伯.新教伦理与资本主义精神[M].苏国勋,覃方明,赵立玮,秦明瑞,译.北京:社会科学文献出版社,2010.

[45]胡塞尔.哲学作为严格的科学[M].倪梁康,译.北京:商务印书馆,1999.

[46]胡塞尔.纯粹现象学通论[M].李幼蒸,译.北京:商务印书馆,1992.

[47]胡塞尔.现象学的观念[M].倪梁康,译.北京:人民出版社,2007.

[48]胡塞尔.欧洲科学的危机与超越论的现象学[M].王炳文,译.北京:商务印书馆,2001.

[49]胡塞尔.文章与讲演(1911—1921年)[M].倪梁康,译.北京:人民出版社,2009.

[50]胡塞尔.胡塞尔选集:上、下卷[M].倪梁康,选编.上海:上海三联书店,1997.

[51]胡塞尔. 纯粹现象学通论[M]. 李幼蒸, 译. 北京: 中国人民大学出版社,
    2004.

[52]胡塞尔. 笛卡尔沉思与巴黎讲演[M]. 张宪, 译. 北京: 人民出版社, 2008.

[53]胡塞尔. 第一哲学: 上、下卷[M]. 王炳文, 译. 北京: 商务印书馆, 2006.

[54]胡塞尔. 经验与判断——逻辑谱系学研究[M]. 邓晓芒, 张廷国, 译. 北京:
    生活·读书·新知三联书店, 1999.

[55]胡塞尔. 生活世界现象学[M]. 倪梁康, 张廷国, 译. 上海: 上海译文出版
    社, 2002.

[56]海德格尔. 存在与时间[M]. 陈嘉映, 王庆节, 合译. 北京: 生活·读书·新知
    三联书店, 1999.

[57]海德格尔. 海德格尔选集: 上、下卷[M]. 孙周兴, 选编. 上海: 上海三联书
    店, 1996.

[58]海德格尔. 存在论: 实际性的解释学[M]. 何卫平, 译. 北京: 人民出版社,
    2009.

[59]海德格尔. 形式显示的现象学: 海德格尔早期弗莱堡文选[M]. 孙周兴, 译.
    上海: 同济大学出版社, 2004.

[60]海德格尔. 时间概念史导论[M]. 欧东明, 译. 北京: 商务印书馆, 2009.

[61]海德格尔. 面向思的事情[M]. 陈小文, 孙周兴, 译. 北京: 商务印书馆,
    1999.

[62]海德格尔. 形而上学导论[M]. 熊伟, 王庆节, 译. 北京: 商务印书馆, 1996.

[63]海德格尔. 现象学之基本问题[M]. 丁耘, 译. 上海: 上海译文出版社,
    2008.

[64]海德格尔. 尼采: 上、下卷[M]. 孙周兴, 译. 北京: 商务印书馆, 2002.

[65]海德格尔. 康德与形而上学疑难[M]. 王庆节, 译. 上海: 上海译文出版社,
    2011.

[66]海德格尔. 路标[M]. 孙周兴, 译. 北京: 商务印书馆, 2000.

[67] 海德格尔. 人, 诗意地安居 [M]. 郜元宝, 译. 桂林: 广西师范大学出版社, 2000.

[68] 伽达默尔. 真理与方法: 上、下卷 [M]. 洪汉鼎, 译. 上海: 上海译文出版社, 2004.

[69] 伽达默尔. 哲学解释学 [M]. 夏镇平, 孙建平, 译. 上海: 上海译文出版社, 2004.

[70] 梯利. 西方哲学史 [M]. 葛力, 译. 北京: 商务印书馆, 1995.

[71] 列菲弗尔. 论国家——从黑格尔到斯大林和毛泽东 [M]. 李青宜, 等译. 重庆: 重庆出版社, 1988.

[72] 卡西尔. 国家的神话 [M]. 范进, 杨君游, 柯锦华, 译. 北京: 华夏出版社, 1999.

[73] 卡西尔. 人论 [M]. 甘阳, 译. 上海: 上海译文出版社, 1985.

[74] 鲁道夫·希法亭. 金融资本 [M]. 福民, 等译. 北京: 商务印书馆, 1994.

[75] 熊彼特. 资本主义、社会主义与民主 [M]. 吴良健, 译. 北京: 商务印书馆, 1999.

[76] 卢卡奇. 历史与阶级意识 [M]. 杜章智, 任立, 燕宏远, 译. 北京: 商务印书馆, 1999.

[77] 马尔库塞. 理性和革命——黑格尔和社会理论的兴起 [M]. 程志民, 等译. 重庆: 重庆出版社, 1993.

[78] 阿多诺. 否定的辩证法 [M]. 张峰, 译. 重庆: 重庆出版社, 1993.

[79] 阿尔都塞. 哲学与政治: 阿尔都塞读本 [M]. 陈越, 编. 长春: 吉林人民出版社, 2003.

[80] 阿尔都塞. 保卫马克思 [M]. 顾良, 译. 北京: 商务印书馆, 2006.

[81] 阿尔都塞, 巴里巴尔. 读《资本论》 [M]. 李其庆, 冯文光, 译. 北京: 中央编译出版社, 2008.

[82] 悉尼·胡克. 对卡尔·马克思的理解 [M]. 徐崇温, 译. 重庆: 重庆出版社, 1989.

[83]布罗代尔. 资本主义论丛[M]. 顾良, 张慧君, 译. 北京: 中央编译出版社, 1997.

[84]赫希曼. 欲望与利益——资本主义走向胜利前的政治争论. 李新华, 朱进东, 译. 上海: 上海文艺出版社, 2003.

[85]海尔布隆纳. 资本主义的本质与逻辑[M]. 马林梅, 译. 北京: 东方出版社, 2013.

[86]利奥塔. 后现代性与公正游戏——利奥塔访谈、书信录[M]. 谈瀛洲, 译. 上海: 上海人民出版社, 1997.

[87]科西克. 具体的辩证法[M]. 傅小平, 译. 北京: 社会科学文献出版社, 1989.

[88]伊曼纽尔·沃勒斯坦. 沃勒斯坦精粹[M]. 黄光耀, 洪霞, 译. 南京: 南京大学出版社, 2003.

[89]赫伯特·施皮格伯格. 现象学运动[M]. 王炳文, 张金言, 合译. 北京: 商务印书馆, 1995.

[90]罗尔斯. 政治哲学史讲义[M]. 杨通进, 李丽丽, 林航, 译. 北京: 中国社会科学出版社, 2011.

[91]哈贝马斯. 后形而上学思想[M]. 曹卫东, 付德根, 译. 上海: 译林出版社, 2001.

[92]鲍德里亚. 象征交换与死亡[M]. 车槿山, 译. 上海: 译林出版社, 2006.

[93]罗蒂. 哲学和自然之镜[M]. 李幼蒸, 译. 北京: 商务印书馆, 2003.

[94]罗蒂. 后哲学文化[M]. 黄勇, 编译. 上海: 上海译文出版社, 2004.

[95]诺曼·莱文. 不同的路径: 马克思主义与恩格斯主义中的黑格尔[M]. 臧峰宇, 译. 北京: 北京师范大学出版社, 2009.

[96]詹姆逊. 单一的现代性[M]. 王逢振, 王丽亚, 译. 天津: 天津人民出版社, 2005.

[97]劳伦斯·卡弘. 哲学的终结[M]. 冯克利, 译. 南京: 江苏人民出版社, 2001.

[98]吉登斯. 资本主义与现代社会理论[M]. 郭忠华, 潘华凌, 译. 上海: 上海译文出版社, 2013.

[99] 吉登斯. 现代性的后果 [M]. 田禾, 译. 南京: 译林出版社, 2000.

[100] 丹尼尔·贝尔. 资本主义文化矛盾 [M]. 赵一凡, 蒲隆, 任晓晋, 译. 北京: 生活·读书·新知三联书店, 1989.

[101] 伊格尔顿. 马克思为什么是对的 [M]. 李杨, 任文科, 郑义, 译. 北京: 新星出版社, 2011.

[102] 宾克莱. 理想的冲突 [M]. 马元德, 王太庆, 译. 北京: 商务印书馆, 1986.

[103] 米歇尔·于松. 资本主义十讲 [M]. 潘革平, 译. 北京: 社会科学文献出版社, 2013.

[104] 施太格缪勒. 当代哲学主流 [M]. 王炳文, 燕宏远, 张金言, 等译. 北京: 商务印书馆, 2000.

[105] 德勒兹, 迦塔利. 什么是哲学? [M]. 张祖建, 译. 长沙: 湖南文艺出版社, 2007.

[106] 奈格里. 《大纲》: 超越马克思的马克思 [M]. 张梧, 孟丹, 王巍, 译. 北京: 北京师范大学出版社, 2011.

[107] 斯拉沃热·齐泽克. 斜目而视: 透过通俗文化看拉康 [M]. 季广茂, 译. 杭州: 浙江大学出版社, 2011.

[108] 柄谷行人. 跨越式批判——从康德到马克思 [M]. 赵京华, 译. 北京: 中央编译出版社, 2011.

[109] 内田弘. 新版《政治经济学批判大纲》的研究 [M]. 王青, 李萍, 李海春, 译. 北京: 北京师范大学出版社, 2011.

[110] 迈克尔·佩罗曼. 资本主义的诞生——对古典政治经济学的一种诠释 [M]. 裴达鹰, 译. 桂林: 广西师范大学出版社, 2001.

[111] 伯尔基. 马克思主义的起源 [M]. 伍庆, 王文扬, 译. 上海: 华东师范大学出版社, 2007.

[112] 宾克莱. 理想的冲突——西方社会中变化着的价值观念 [M]. 马元德, 陈白澄, 王太庆, 吴永泉, 等译. 北京: 商务印书馆, 1983.

[113]艾伦·梅克森斯·伍德.民主反对资本主义——重建历史唯物主义[M].吕薇洲,刘海霞,邢文增,译.重庆:重庆出版社,2007.

[114]马里翁.还原与给予:胡塞尔、海德格尔与现象学研究[M].方向红,译.上海:上海译文出版社,2009.

[115]桑德尔.金钱不能买什么:金钱与公正的正面交锋[M].邓正来,译.北京:中信出版社,2012.

[116]梅格纳德·德塞.马克思的复仇——资本主义的复苏和苏联集权社会主义的灭亡[M].汪澄清,译.北京:中国人民大学出版社,2006.

[117]托马斯·皮凯蒂.21世纪资本论[M].巴曙松,等译.北京:中信出版社,2014.

[118]福泽谕吉.文明论概略[M].北京编译社,译.北京:商务印书馆,2009.

[119]阿瑟.新辩证法与马克思的《资本论》[M].高飞,等译.北京:北京师范大学出版社,2018.

[120]罗素.论历史[M].何兆武,肖巍,张文杰,译.北京:生活·读书·新知三联书店,1991.

[121]罗素.我们关于外间世界的知识[M].陈启伟,译.上海:上海译文出版社,2008.

[122]瓦托夫斯基.科学思想的概念基础——科学哲学导论[M].范岱年,吴忠,金吾伦,林夏水,等译.北京:求实出版社,1989.

[123]贺麟.贺麟选集.长春:吉林人民出版社,2005.

[124]陈康.论希腊哲学[M].北京:商务印书馆,1990.

[125]陈岱孙.从古典经济学派到马克思[M].北京:商务印书馆,2014.

[126]高清海.高清海哲学文存:第1—6卷[M].长春:吉林人民出版社,1997.

[127]高清海.高清海哲学文存续编:第1—3卷[M].哈尔滨:黑龙江教育出版社,2004.

[128]叶秀山.西方哲学史:第一卷[M].南京:凤凰出版社、江苏人民出版社,2004.

[129]叶秀山. 苏格拉底及其哲学思想 [M]. 北京: 人民出版社, 1986.

[130]孙正聿. 哲学通论 [M]. 沈阳: 辽宁人民出版社, 1998.

[131]孙正聿. 思想中的时代: 当代哲学的理论自觉 [M]. 北京: 北京师范大学出版社, 2004.

[132]孙正聿. 马克思主义哲学智慧 [M]. 北京: 现代出版社, 2016.

[133]孙正聿. 马克思主义辩证法研究 [M]. 北京: 北京师范大学出版社, 2012.

[134]孙正聿. 理论思维的前提批判——论辩证法的批判本性. 北京: 中国人民大学出版社, 2010.

[135]孙利天. 论辩证法的思维方式 [M]. 长春: 吉林人民出版社, 2006.

[136]孙利天. 让马克思主义哲学说中国话 [M]. 武汉: 武汉大学出版社, 2010.

[137]俞吾金. 实践与自由 [M]. 武汉: 武汉大学出版社, 2010.

[138]俞吾金. 重新理解马克思 [M]. 北京: 北京师范大学出版社, 2005.

[139]靳希平. 海德格尔早期思想研究 [M]. 上海: 上海人民出版社, 1995.

[140]倪梁康. 面对实事本身——现象学经典文选 [M]. 上海: 东方出版社, 2000.

[141]倪梁康. 胡塞尔现象学概念通释 [M]. 北京: 生活·读书·新知三联书店, 2007.

[142]吴晓明. 黑格尔的哲学遗产 [M]. 北京: 商务印书馆, 2020.

[143]吴晓明, 王德峰. 马克思的哲学革命及其当代意义——存在论新境域的开启 [M]. 北京: 人民出版社, 2005.

[144]唐正东. 从斯密到马克思——经济哲学方法的历史性诠释 [M]. 南京: 江苏人民出版社, 2009.

[145]俞可平. 全球化时代的"马克思主义" [M]. 北京: 中央编译出版社, 1998.

[146]赵汀阳. 天下体系——世界制度哲学导论 [M]. 南京: 江苏教育出版社, 2005.

[147]赵汀阳. 每个人的政治 [M]. 北京: 社会科学文献出版社, 2010.

[148]贺来. 辩证法与实践理性 [M]. 北京: 中国社会科学出版社, 2011.

[149]贺来. 辩证法的生存论基础——马克思辩证法的当代阐释[M]. 北京: 中国人民大学出版社, 2004.

[150]高云涌. 社会关系的逻辑: 马克思辩证法理论的合理形态[M]. 北京: 中国社会科学出版社, 2009.

[151]白刚. 瓦解资本的逻辑——马克思辩证法的批判本质[M]. 北京: 中国社会科学出版社, 2009.

[152]高广旭. 意义批判的逻辑——马克思辩证法的存在论阐释[M]. 北京: 中国社会科学出版社, 2013.

[153]黄志军. 辩证法的实践哲学阐释[M]. 北京: 社会科学文献出版社, 2015.

(二)论文

[1]F.费迪耶等辑录. 晚期海德格尔的三天讨论班纪要[J]. 丁云摘, 译. 哲学译丛, 2001(3).

[2]卡西尔. 康德与形而上学问题——评海德格尔对康德的解释[J]. 张继, 选译. 世界哲学, 2007(3).

[3]费赫. 现象学、解释学、生命哲学——海德格尔、狄尔泰及雅斯贝尔思遭遇[J]. 朱松峰, 译. 世界哲学, 2005(3).

[4]叶秀山. 海德格尔如何推进康德之哲学[J]. 中国社会科学, 1999(3).

[5]倪梁康. 历史现象学的基本问题[J]. 社会科学战线, 2008(9).

[6]俞吾金. 资本诠释学——马克思考察、批判现代社会的独特路径[J]. 哲学研究, 2007(1).

[7]俞吾金. 自然辩证法, 还是社会历史辩证法?[J] 社会科学战线, 2007(4).

[8]孙正聿. 辩证法: 黑格尔、马克思与后形而上学[J]. 中国社会科学, 2008(3).

[9]孙正聿. 论哲学的表征意义[J]. 社会科学战线, 1997(3).

[10]孙正聿. "哲学就是哲学史"的涵义与意义[J]. 吉林大学社会科学学报, 2011(1).

[11] 孙正聿. 改革开放以来中国哲学发展的历史与逻辑 [J]. 吉林大学社会科学学报, 2008 (9).

[12] 孙正聿. 马克思主义哲学的当代课题 [N]. 光明日报, 2010-08-24 (11).

[13] 孙正聿. "现实的历史":《资本论》的存在论 [J]. 中国社会科学, 2010 (2).

[14] 吴晓明. 回到社会现实本身 [J]. 学术月刊, 2007 (5).

[15] 吴晓明. 当代中国的精神建设及其思想资源 [J]. 中国社会科学, 2012 (5).

[16] 孙利天, 黄杰. 寻求根基性的存在经验 [J]. 社会科学辑刊, 2014 (3).

[17] 孙利天. 后形而上学思想的确定性 [J]. 社会科学战线, 2011 (1).

[18] 孙利天, 王丹. 社会历史的辩证法——辩证法的高阶问题与当代处理 [J]. 社会科学战线, 2017 (1).

[19] 王南湜. 辩证法与实践智慧 [J]. 哲学动态, 2005 (4).

[20] 王南湜. 历史唯物主义何以可能——历史唯物主义之 "历史" 双重意义的统一性 [J]. 学习与探索, 2009 (5).

[21] 王南湜. 全球化时代生存逻辑与资本逻辑的博弈 [J]. 哲学研究, 2009 (5).

[22] 张盾. 马克思哲学研究的思想史路经——以 "市民社会与历史唯物主义" 为案例 [J]. 哲学研究, 2010 (1).

[23] 刘森林. 作为存在论的辩证法 [N]. 光明日报, 2014-04-06 (011).

[24] 刘森林. 实践、辩证法与虚无主义 [J]. 哲学研究, 2010 (9).

[25] 方朝晖. "辩证法" 一词考 [J]. 哲学研究, 2002 (1).

[26] 张文喜. 辩证法与政治哲学: 萨拜因笔下的马克思哲学批判 [J]. 清华大学学报 (哲学社会科学版), 2011 (6).

二、外文参考文献

I. Works

［1］Karl Marx, Frederick Engels. Karl Marx and Frederick Engels: Collected Works[M]. London: Lawrence and Wishart, 1975.

［2］Derrida. The Problem of Genesis in Husserl's Philosophy[M]. Translated by Marian Hobson. Chicago: The University of Chicago Press, 2003.

［3］Hang-Georg Gadamer. Hegel's Dialectic: Five Hermeneutical Studies[M]. New Haven: Yale University Press, 1976.

［4］Hans-Georg Gadamer. Dialogue and Dialectic: Eight Hermeneutical Studies on Plato[M]. New Haven: Yale University Press, 1980.

［5］Roy Bhaskar. Dialectic: The Pules of Freedom[M]. New York: Routledge, 2008.

［6］Alan Norrie. Dialectic and Difference: Dialectical Critical Realism and Grounds of Justice[M]. New York: Routledge, 2010.

［7］Bertell Ollman. Dance of the Dialectic: Steps in Marx's Method[M]. New York: University of Illionis Press, 2003.

［8］Fredric Jameson. Valences of the Dialectic[M]. London: Verso, 2009.

［9］Tony Smith. Dialectical Social Theory and Its Critics: From Hegel to Analytical Marxism and Postmodernism[M]. New York: State University of New York Press, 1993.

［10］Tilottama Rajan. Deconstruction and the Remainders of Phenomenology[M]. California: Stanford University Press, 2002.

［11］Rudolf Hilferding. Finance Capital: A Study of the latest phase of capitalist development (Economic History)[M]. Translated by Morris Watnick and Sam Gordon. New York: Routledge & Kegan Paul Ltd, 2006.

［12］Michael Perelman. The Invention of Capitalism[M]. North Carolina: Duke University Press Books, 2000.

［13］Althusser, Louis. Reading Captical[M]. London: Verso, 1998.

［14］Althusser, Louis. For Marx[M]. London: Verso, 2005.

［15］John Rawls. Lectures on the History of Political Philosophy[M]. Cambridge: The Belknap Press of Harvard University Press, 2007.

［16］Anthony Giddens. The Consequences of Modernity[M]. Stanford: Stanford University Press, 1991.

［17］Vattimo. The End of Modernity[M]. Cambridge: Polity Press, 1988.

［18］George G. Brenkert, Marx, Justice and History: A "Philosophy and Public Affairs" Reader[M]. New Jersey: Princeton University Press, 1980.

［19］Cleaver, Harry. Reading Capital Politically[M]. Anti/Theses, 2000.

［20］Harvey, David. A Companion to Marx's Capital[M]. London: Verso, 2010.

［21］Michael J Sandel. What Money Can't Buy: The Moral Limits of Markets[M]. New York: Farrar, Straus and Giroux, 2012.

［22］Thomas Piketty. Arthur Goldhammer, Capital in the Twenty-First Century[M]. Cambridge: The Belknap Press, 2014.

［23］Elizabeth Anderson. Private Government—How Employers Rule Our Lives (and Why We don't Talk about it)[M]. New Jersey: Princeton University Press, 2017.

II. Articles

［1］Michael J Sandel, Stanley Hoffmann. Markets, Morals, and Civic Life[J]. American Academy of Arts and Sciences, 2005, 58: 4.

［2］Michael Perelman. Karl Marx's Theory of Science[J]. Taylor and Francis, Ltd., 1978, 12: 4.

〔3〕Richard W Miller. The Consistency of Historical Materialism[J]. Philosophy and Public Affairs, 1975, 4: 4.

〔4〕Ranjit Sau, Class Struggles. Economic Laws and Historical Materialism[J]. Social Scientist, 1980, 9: 2-3.

〔5〕Alan Soble. The Natural, the Social, and Historical Materialism[J]. Philosophy and Phenomenological Research, 1985, 46: 1.

〔6〕Robert Sparling. Theory and Praxis: Simone Weil and Marx on the Dignity of Labor[J]. The Review of Politics, 2012, 74: 1.

〔7〕Elizabeth S Anderson. What Is the Point of Equality?[J]. Ethics, 1999, 109: 2.

〔8〕Elizabeth Anderson. Expanding the Egalitarian Toolbox: Equality and Bureaucracy[J]. Proceedings of the Aristotelian Society, 2008, 82.

● 后 记

　　长期以来，辩证法理论一直是吉林大学哲学学科研究的根本性方向，也是吉林大学哲学传统的血脉所在。从高清海先生的《唯物辩证法的实质与核心》、邹化政先生的《黑格尔哲学统观》开始，孙正聿教授的《理论思维的前提批判——论辩证法的批判本性》、孙利天教授的《论辩证法的思维方式》、孟宪忠教授的《实践辩证法导论》、王天成教授的《直觉与逻辑》、贺来教授的《辩证法与实践理性》都是中国哲学界名噪一时的辩证法专著。

　　1998年，我还在吉林大学哲学系基地班学习的时候，高清海先生就为我们开设了辩证法研究的专题课程。从此开始，我就萌发了对辩证法研究的兴趣。2001年，我跟孙正聿教授做硕士研究生的时候，在孙正聿教授马克思主义哲学研究专题的课堂上，我做了一个辩证法的发言。孙正聿教授给予了我非常高的评价，能得到老师的肯定，对学生来说是一个莫大的鼓舞，此情此景至今仍历历在目。后来，我在发言的基础上，整理成了一篇论文，定名为《马克思的辩证法与哲学的视域转换》，并非常冒昧地投给了《人文杂志》。《人文杂志》的编辑张蓬老师收到之后，托刘福森老师转告我准备刊用。这篇文章的发表对我来说意义非常重大。它不仅是我学术生涯的第一篇文章，而且它使我确信我有能力开启自己的学术生涯。

自此之后，辩证法理论研究始终是我一个重要的研究领域，即使我后来研究德法现象学，现在研究《资本论》与当代社会发展，辩证法都没有淡出我的视野。我博士同届的高云涌、白刚和我都将马克思主义辩证法作为博士论文选题。博士毕业之后，我们在《天津社会科学》等期刊组过系列辩证法研究专题，在学术界产生了很好的反响。辩证法研究不仅是我学术生涯的开端，也是我们学术友情的见证。

数年前，求是网的编辑找到我，问我能不能针对当下辩证法的研究现状写一篇正本清源的论文。我思忖再三，最终还是婉拒了。一是因为，在我看来，单单一篇论文很难把辩证法讲清楚；另一方面我觉得网上流传的东西都缺乏对辩证法应有的了解，写批评性文章，无异于对牛弹琴。数月前，我一位在金融界工作的朋友，又给我转来了一篇有关辩证法的文章。看完之后，使我出离愤怒了。那种对辩证法的偏见、无知、嘲讽和谩骂，到了无以复加的地步。这使我不得不重新正视自己原初的想法。我有责任和义务为辩证法的澄清做一些力所能及的工作。

本书是我研究辩证法理论的论文汇编，全书共分为上下两篇，上篇是辩证法的哲学史，主要是对古希腊一直到现当代的辩证法理论做了一个大概的梳理；下篇是辩证法的哲学观，主要是关于如何理解辩证法，以及应当确立怎样的辩证法观念。本书主要是从正面的角度论述辩证法究竟是什么，接下来，我会写一本《辩证法及其敌人》的著作，会从反面的角度来理解和阐释辩证法。我不期望这本关于辩证法的著作能够起到正本清源的作用，如果能够促使大家严肃认真地去思考辩证法理论，我也就心满意足了。

是为记

王庆丰

2016年6月于美国罗格斯大学

　　本书是我2016年在美国罗格斯大学哲学系访学期间整理而成的。回国之后由于各种原因一直未能付梓出版，最主要的是我的研究兴趣转向了《资本论》哲学思想研究，所以此书就一直耽搁至今。2020年突如其来的新冠疫情，反而使我沉静下来，有了更多的时间去思考关于哲学的根本性的问题，愈发觉得辩证法问题之于哲学的重要性。因此，决定重新整理此书。在2016年所整理书稿的基础上又加上了几篇最近几年写的辩证法论文，有近三分之一的内容是没有发表过的。其中第三章"康德先验辩证法的旨趣及其局限"、第四章"黑格尔辩证思维得以可能的前提"分别是和王英、彭小伟合作的。

　　感谢我的导师孙正聿先生，我今天所取得的所有成绩都和他有关。孙正聿先生在2020年上半年为吉林大学文科优秀青年学者开设了"理论思维讲习班"，我有幸在年过不惑之时还能再次系统地聆听老师的教诲，真乃人生之一大幸事。通过"理论思维讲习班"的学习，一方面重新使我找回了做老师学生的感觉，另一方面又重新激发了我想做大学问的学术抱负。

　　感谢我的学生李坤钰、耿佳仪、郝志昌、刘也、蔡垚、谭新凤、程汉、刘晓晨、张冉、李颂婧、陈东宁、杨慧宇等帮我校对了全稿。感谢发表我论文的《哲学动态》《社会科学战线》《天津社会科学》《江西社会科学》《长白学刊》《学术界》《上海大学学报》《东南大学学报》《辽宁大学学报》等期刊。感谢转载我论文的《新华文摘》以及中国人民大学复印报刊资料《哲学原理》《新思路》等。

　　在本书编辑的过程中，吉林大学出版社的代景丽老师提出了很多中肯的意见，付出了很多辛劳，在此一并致谢。

王庆丰

2020年7月14日于吉林大学匡亚明楼